JN437308

읽기와 쓰기

박삼열 · 박연숙 · 차봉준 · 이광진

숭실대학교 출판국

읽기와 쓰기 (개정판)

초 판 발 행 2013년 2월 27일
초판3쇄발행 2015년 3월 3일

지은이 박삼열 · 박연숙 · 차봉준 · 이광진

펴낸이 한헌수

펴낸곳 숭실대학교 출판국
서울 동작구 상도로 369

등록 제14-2호(1982.1.25)
TEL.02-820-0771~2
FAX.02-817-5297
http://press.ssu.ac.kr

찍은곳 한컴인쇄정보
TEL.02-2274-3394
FAX.02-2274-3397

값 12,000원

ISBN 978-89-7450-306-2 03710

머릿말

정보화 사회를 살아가는 현대인에게 읽기와 쓰기 능력은 필수적이다. 이러한 능력은 사람과 사람의 관계 속에서 일상적으로 일어나는 정서적 공감뿐만 아니라, 상대방을 설득하는 데 있어서도 매우 요긴하다. 따라서 읽기와 쓰기 능력은 이 시대를 살아가는 모든 사람이 갖춰야 할 필수 덕목으로 자리잡아가고 있다.

'읽기와 쓰기' 교과목은 일반적 의사소통 능력을 향상시킬 수 있도록 읽기 · 쓰기 · 말하기 영역을 균형 있게 구성하였다. 이에 더하여 대학에서의 전공학문을 수학하는 데 필요한 기본 역량을 강화할 수 있는 요소들도 충실히 반영하였다. 즉 자신의 생각을 설득력 있게 펴나가는 능력, 스스로 문제의 답을 찾아가는 능력, 그리고 창조적으로 사유하는 능력을 향상시킬 수 있도록 내용을 고르게 편성했다. 앞으로 전개될 대학에서의 학문적 의사소통 능력을 온전히 갖추기 위해서는 텍스트에 대한 정확한 분석과 평가의 안목이 길러져야 한다. 그리고 이에 대한 비판적 사고와 논리적 추론 능력도 겸비되어야 한다. 최종적으로는 글쓰기 절차와 방법에 대한 올바른 이해를 바탕으로 작문 능력의 향상이 이루어져야 한다. 이에 더해 토론을 통한 문제해결 능력으로 자신의 의견과 주장을 설득력 있게 전개할 수 있다면 금상첨화다. 이 모든 능력과 절차의 학습과 숙련을 위해 '읽기와 쓰기'는 학생들에게 나름의 도움을 제공하게 될 것이다.

이 책의 제1부는 읽기와 쓰기의 구체적 방법을 제시한다. 여기서는 글쓰기에 대한 기초적인 지식과 함께 요약적인 읽기와 쓰기, 비판적인 읽기와 쓰기에 대한 전반적인 학습을 한다. 아울러 설득력 있는 주장, 잘못된 논증과 논리적 오류, 정확하고 자연스러운 문장, 대학생활을 위한 보고서 작성법에 이르기까지 매우 구체적인 내용으로 구성하였다. 제2부에서는 우리 사회의 여러 측면을 폭넓게 바라보고 비판적으로 사고할 수 있도록 다양한 읽을거리를 담았다. 지식인과 사회, 시장과 경제, 가상과 현실, 폭력과 정의, 환경위기와 생태론, 예술과 문화, 생활과 과학 등 우리 사회 전반을 고르게 반영하는 주제들은 대상과 현상을 비판적으로 해석하고 논리적으로 표현하는 기회를 제공한다. 끝으로 제3부는 총체적인 의사소통 능력 향상을 목표로 다양한 활동을 하게끔 집필되었다. 음식과 문화, 사형제도와 인권, 성차별과 양성평등, 생명복제와 윤리, 유비쿼터스 혁명과 미래사회, 의무투표제와 국민주권, 기부금입학제와 기회균등에 대한 상반된 주장들을 읽으면서 자신의 주장을 정립하는 능력을 기를 수 있도록 구성했다.

아무쪼록 이 책을 통해 우리 학생들이 지식인으로서의 기본 소양을 갖추고, 균형 잡힌 사고를 할 수 있기를 희망한다.

2013년 2월

필진 일동

목차

제 I 부

읽기와 쓰기의 방법

‘읽기와 쓰기의 방법’은 자신의 생각을 설득력 있게 펴나가는 능력만이 아니라 개별 지식들의 종합 능력, 스스로 답을 찾아가는 탐구 능력 및 상상력 등 종합적 의사소통 능력을 향상하기 위한 내용으로 구성되어 있다. 1장 ‘글쓰기의 기초와 효과적인 읽기’에서는 현대사회에서 읽기와 쓰기의 중요성과 글쓰기의 세 가지 요소인 지식, 구성, 문장에 대한 정보를 제공한다. 2장 ‘설득력 있게 주장하기’에서는 연역적 논증과 귀납적 논증을 중심으로 논리적 사고에 대해 다룬다. 3장 ‘잘못된 논증과 논리적 오류’는 누구나 알게 모르게 범할 수 있는 오류들을 소개한다. 4장 ‘정확하고 자연스러운 문장’은 항상 우리를 곤란하게 하는 띄어쓰기, 맞춤법 등에 대해 정보를 제공한다. 5장 ‘보고서 작성법’은 보고서 작성을 위한 기술적 · 윤리적 기준을 제시한다.

1장 글쓰기의 기초와 효과적인 읽기

급변하는 정보화 사회에서 리더에게 요구되는 가장 중요한 자질은 합리적 의사소통 능력이다. 이 능력은 주어진 정보를 일목요연하게 요약하여 정리된 자료로 만들고, 그 자료를 올바른 근거를 들어 비판적으로 검토한 후 여기에서 도출된 자신의 생각을 다른 이에게 설득력 있게 전달하는 과정으로 이루어진다. 이제 우리 사회는 정보의 양도 중요하지만 합리적 과정을 통해 그 정보를 특화할 수 있는 능력을 요구하고 있는 것이다. 이러한 능력의 향상을 위해서는 먼저 의사소통의 핵심 과제인 요약, 비판, 전달을 큰 틀에서 이해하는 것이 필요하다.

1. 읽기와 쓰기의 중요성

'교양'이라는 말은 인간의 인격, 즉 됨됨이를 의미한다. 서구의 고전적 개념에서 이 말은 경작을 의미하는 'cultivation'으로부터 발전하였다. 이렇듯 교양은 말 그대로 땅과 밭을 갈아서 농사를 짓듯 사람 농사를 짓는 것으로 이해되었다. 땅과 밭을 인간이라고 상정할 때 경작은 인간의 영혼을 갈고 닦는 것, 즉 인격의 도야를 의미한다. 또한 독일어에서 교양을 뜻하는 'Bildung'도 비슷하게 발전하였다. 이 말은 '건축' 또는 '축조'의 의미를 가진다. 이것은 인간정신을 개발하여 풍부한 것으로 만들고, 인간 영혼을 '건축'하고 완전한 인격을 형성해 간다는 뜻이 포함되어 있음을 알 수 있다. 교양은 교육을 통해 인간의 자아를 형성하고 발전시키며 개인의 형성과 가치를 발현시키는 것을 의미한다. 대학에서는 전문적인 연구능력을 가르치는 전공교육 못지 않게 기본소양을 함양하는 교양교육도 중요하다.

대학의 교양교육은 고도로 발달된 과학문명 시대에 자칫 소홀해지기 쉬운 인격의 도야와 함양을 강조한다. 이것을 위해 교양교육은 학습자가 지 · 덕 · 체를 고루 갖춘 인격을 형성하고 전공분야의 학문탐구에 앞서 편협한 시각에서 벗어나 원만하고 성숙한 인성을 갖추도록 돕는다. 특히, 인격의 바탕 위에 대학인으로서 학문 탐구의 소양을 갖추는 것을 지향한다. 따라서 전공교육과정과 연계하여 전공 기초 지식과 이의 활용 능력을 배양하고 학습 동기를 높이는 데에 주안점을 둔다.

이처럼 전인적이며 실제적인 공부를 위해서는 대학에서 수업을 통해 많은 지식을 가르치고 받아들이는 것도 중요하지만 어떻게 지식을 효과적으로 활용하고 전달할 것인가의 문제 또한 간과해서는 안 된다. 따라서 대학에서 전공을 공부하고 사회에서 능력을 발휘하기 위해 선결되어야 할 것들이 있다. 그것은 자신의 주장을 분명하게 개진할 수 있는 말하기와 쓰기 능력을 포함하는 의사소통 능력을 키우는 것이다. 이러한 의사소통 능력은 세계화 시대와 지식 기반의 정보화 시대에 필수적으로 요구되는 능력이다. 의사소통 능력은 단순한 진술형식만을 말하는 것이 아니라 정보의 해석과 전달에 가장 중요한 도구가 되는 언어 구사 능력과 이를 통한 비판적 사고능력까지 포함한다. 그렇기 때문에 현대 사회에서 의사소통 능력은 개인과 사회 전반의 필수 능력으로 인식되고 있다.

(1) 일상의 의사소통

지식 기반의 정보화 시대를 맞이하면서 교육 분야뿐만 아니라 거의 모든 분야에서 의사소통의 중요성이 부각되었다. 이에 따라 일상생활에 필요한 의사소통 능력과 학문적 의사소통 능력의 함양이 대학 사회에 시급한 과제로 부상했다.

특히, 최근에는 이메일이나 자기소개서 작성과 더불어 미니 홈페이지와 블로그, SNS나 문자 메시지 같은 일상적인 글쓰기가 유행하고 있다. 이런 글쓰기 공간의 확대와 다양화는 소수 또는 일부 계층에만 국한 되었던 글쓰기에 많은 사람들이 참여할 수 있는 기회를 제공해 주었으며, 동시에 누구나 기본적인 글쓰기 능력이 요구되는 풍토가 자리 잡게 되었다. 일상생활에서 글쓰기는 자신의 삶 속에서 일어나는 일들을 성찰을 통해서 자아발견을 할 수 있는 계기가 될 수 있다. 생활 속에서의 글쓰기는 생각과 정보를 공유함으로써 자신뿐만 아니라 인간을 이해하고 타인과 더불어 조화를 이루며 살 수 있는 중요한 역할을 한다. 글쓰기를 통해 자아와 타자와의 공감대를 형성할 수 있고, 소통의 새로운 장을 마련할 수 있을 뿐만 아니라 인간의 환경과 세계를 이해할 수 있다. 생활 속에서의 글쓰기는 자신이 살고 있는 삶의 환경에 토대를 두면서 다른 환경에서 다른 방식으로 살아가는 타인과 관계 맺을 수 있는 방법으로 나타난다. 인간과 인간 사이의 원활한 관계 맺기를 위해 필요한 것은 의사소통 능력이고, 글쓰기는 바로 일상생활 속에서의 의사소통 능력으로서 사람들 사이의 소통의 오차를 줄이는 역할을 담당한다.

대학 생활 중에도 리포트 작성과 창의적인 글쓰기 등 다양한 글쓰기 활동을 해야 한다. 이런 활동들은 창의적인 사고력의 신장, 합리적인 의사소통 능력의 배양, 그리고 문제 해결 능력의 토대를 마련하기 위한 것이다. 대학 생활 중에 접하는 다양한 글쓰기를 통해 자신의 생각을 막연히 나열하는 것이 아니라 현안에서 문제를 분석하고 해결책을 제시하는 능력을 함양시켜야 한다.

(2) 학문적 의사소통

현대 사회는 컴퓨터와 인터넷의 발달로 다양한 형태의 정보와 지식, 그리고 가치들이 쉽게 대중들에게 전달되고 있다. 정보통신과 기술의 발달은 지식의 습득과 전달방식 뿐만 아니라, 지식의 성격이나 조건에 대한 관점에도 많은 변화를 가져왔다. 따라서 종래의 보편적이고 절대적인 일련의 지식들을 전수하는 활동이나 전문 지식의 나열이라는 교육 방식으로는 현대에 적합한 인재의 양성이 어려운 것이 현실이다. 무엇보다 다양한 정보와 가치관이 쏟아지는 시대의 흐름 속에서 정보의 흐름과 의미를 비판적으로 판단할 수 있는 사고력과 많은 정보들을 조합할 수 있는 논리적 사고, 그리고 갈등의 상황에서 문제를 해결할 수 있는 능력이 필요하다.

지식기반 정보화 사회에는 정보의 폭발적인 증가로 인하여 개별적이고 전문적인 지식보다는 전체를 볼 수 있는 폭넓은 안목과 급변하는 사회에 대처할 수 있는 보편적인 지식의 습득이 요구된다. 또한 학문의 분과적 성격에서 벗어나 다양한 학문 간의 상호 연결을 통하여 창의적인 의미를 찾아내는 능력이 필수적이다. 그러기 위해서는 다양한 정보를 좀 더 부가가치가 높은 지식으로 가공하여 생산성을 극대화하는 능력과 전문지식을 또 다른 지식으로 적용하는 능력이 무엇보다 중요하다. 따라서 사회인으로서 갖추어야 할 기본소양은 비판적 사고력과 문제해결능력에 초점이 맞춰지고 있다.

특히 이러한 학습은 다양한 견해의 공유와 협상을 통해서 이루어진다. 비판적 사고력과 문제해결 능력은 타인과 끊임없이 토론하고 비판하는 과정에서 성장하는 것이다. 다양한 견해를 성취하기 위해서는 학습자 자신의 견해를 피력하고 서로 공유할 수 있는 학습 환경을 구축해야 하며, 이는 다른 구성원들과의 대화를 통해서 가장 쉽게 이루어 질 수 있다. 즉 한 주제에 대해 다양한 관점을 서로 전개하고, 비교하며, 이해하려고 노력하는 과정이 필요한 것이다. 배운 것들을 결합하고 다시 우리사회의 문제와 연결하여 현실적으로 이해하도록 돕는 가장 기본적인 훈련과정이 읽기와 쓰기이다.

읽기와 쓰기는 주어진 문제를 비판적으로 분석하고 그 분석을 토대로 합리적인 해결책을 찾을 수 있는 능력을 심어준다. 책을 읽고 문제를 제기하고 토론하는 학습과정을 통해 문제를 해결하는 응용능력을 기를 수 있는 것이다. 이를 통해 단순한 언어 표현의 영역을 넘어 서로 교감할 수 있는 의사소통의 중요한 능력을 향상시키고, 사회가 요구하는 교양인의 중요한 자질을 배양시킬 수 있다. 결과적으로 대학에서 지향하는 글쓰기는 일상생활 속의 글쓰기뿐만 아니라 비판적 사고력의 신장과 함양을 목적으로 하는 학술적 글쓰기 능력을 배양한다.

(3) 리더십과 의사소통

21세기는 흔히 정보화 시대, 세계화 시대로 불린다. 정보화 사회에서는 개별화, 다양화, 창의성이 강조되고 있으며 스스로 판단할 수 있는 주체적인 인간을 필요로 하고 있다. 특히 정보화의 진행에 따라 개인 간의 관계는 수평적이고 다원적인 '탈중심성'의 모습으로 전환되었다. 최근의 사회는 지식의 습득 및 전달방식에 커다란 변화를 요구하고 있다. 시시각각 변화하는 세계화 · 정보화시대에 적응할 수 있는 의사소통능력은 사회인에게 필수적으로 요구된다. 최근에는 리더십의 개념에도 변화가 있어 무엇보다 지도자의 의사소통능력이 중요한 요인으로 부각되고 있다. 비판적이고 창의적으로 생각하는 능력, 합리적으로 문제를 해결해 낼 수 있는 능력은 오늘날 리더십에서 요구하는 핵심능력들이기 때문이다.

사회적으로 소통이 강조됨에 따라 과거 권위주의적인 의사결정방식에서 벗어나, 수평적인 구조로 변화되고 있으며 공동체 상호간에 대등한 의사결정 방식이 필수적 요소로 여겨지고 있다. 또한 리더의 일방적 가르침이나 지시가 아닌 공동체 구성원들의 합리적인 참여과정을 통해 방향을 조정해 나가는 리더십이 강조되고 있다. 현재 우리 사회의 갈등 요인을 보면 갈등 자체가 문제가 아니라 새로운 리더십에 대한 요구에 미치지 못하는 리더의 자질의 문제라는 것을 알 수 있다. 이제 우리 사회 곳곳에서 구성원들 간의 갈등을 해결하며 공동체 전체의 목표를 달성하기 위해서는 무엇보다 현대 사회에 적합한 리더십으로의 전환이 필수적일 것이다. 어떠한 사안에 대해 정확하게 분석하고 방향을 설정하여 강하게 이끌어가는 리더십에서 공동체 구성원들을 설득하여 그들과 함께 결과를 만들어가는 리더십으로 전환될 필요가 있다.

이제는 목표를 제시하는 것만으로는 좋은 리더가 되기 힘들다. 현대의 리더십에서 무엇보다 중요한 것은 구성원들과 효과적인 상호관계를 형성할 수 있는 의사소통 능력이다. 목표를 성취하기 위한 내용뿐만 아니라 구성원들이 동기부여 될 수 있도록 그들의 마음까지 헤아리며 움직일 수 있어야 한다. 따라서 여기서의 의사소통능력은 말하기와 쓰기와 같은 외적 의사표현 수단부터 상호간에 정보와 신뢰, 의견과 감정을 주고받는 내적 능력까지 포함하는 의미이다. 의사소통능력은 단순히 진술방식을 말하는 것이 아니라 한 사람의 영향력과 직결되는 능력이다. 따라서 의사소통능력은 현대에 성공적인 사회생활을 위한 리더십의 필수 조건이다.

2. 좋은 글의 요건

대부분의 사람들은 글쓰기를 두려워한다. 무엇을 써야 할 지, 어떻게 써야 할 지를 두고 오랜 시간 서성인다. 컴퓨터 화면의 깜박이는 커서를 응시하며, 혹은 흰 종이 위에 펜 끝만 대고서는 도무지 쓸 거리가 생각나지 않아 하염없이 시간만 흘려보낸다. 그리고는 생각한다. '글쓰기는 도대체가 나와는 맞지 않아!'라고.

글쓰기가 어려운 것은 무엇 때문일까? 아마도 잘 써야 한다는 강박관념과 멋지고 아름다운 표현을 구사하려는 욕심 때문이 아닐까? 이러한 생각에는 글에 대한 그릇된 선입견이 작용하고 있다. 좋은 글이란 아름다운 문장으로 표현된 글이어야 한다는 생각, 그리고 고상한 내용을 담은 글이라야 남들 앞에 내놓을 만하다는 생각이 오히려 글쓰기를 어렵게 만든다. 그저 이렇게 생각하면 어떨까? 글은 나와 상대방을 이

어주는 소통의 도구, 더 유식하게 표현하면 커뮤니케이션의 수단 정도로 정의하면 될 것이다. 그런데 이렇게 원활하게 소통하기 위해서는 결코 멋진 문장이나 고상한 내용이 최우선의 요건이 아니다. 원활한 소통은 쉽게 이해할 수 있는 명료한 표현을 통해 달성된다.

그렇다면 좋은 글이 갖추어야 할 기본적인 요건에 대해 구체적으로 살펴보자. 좋은 글을 위해서는 다양한 요소에 대한 종합적인 고려가 필요하다. 우선 글쓴이의 좋은 생각이 드러나야 하고, 그것이 좋은 문장으로 표현되어야 하며, 아울러 좋은 짜임새를 갖추어야 비로소 하나의 좋은 글이 완성된다. 우리는 이를 주제, 문장, 구성이라는 틀로 나누어 생각해 볼 수 있다. 예를 든다면, 일반적으로 글쓰기의 과정을 집을 짓는 행위라든가 음식을 요리하는 행위에 비유할 수 있다. 좋은 집을 짓기 위해 우리는 먼저 어떤 용도의 집인가를 생각한다. 주거용인지, 사무용인지, 아니면 다용도인지를 먼저 결정해야 한다. 다음으로는 그러한 용도에 알맞는 재료를 구비해야 한다. 더불어 그러한 재료를 자유자재로 다룰 수 있는 경험 많은 일꾼도 구해야 하고, 주변 환경과 잘 어울리는 미적 감각도 필요하다. 이 밖에도 부지기수의 요건들이 잘 갖추어졌을 때 훌륭한 건축물로 탄생하게 된다. 좋은 글을 쓰기 위한 요건과 절차도 이와 다를 바가 없다. 아래에 소개된 글을 읽은 후 좋은 글의 요건에 대해 좀 더 구체적으로 생각해 보자.

나는 가끔 요리를 한다. 가장이 손수 마련하는 별식을 기다리는 식구들을 위해서이다. 내가 주로 만드는 음식은 국수이다. 삶아 낸 면발을 멸치장국과 같은 국물에 말거나 양념을 하여 비벼 먹는 비교적 가벼운 음식이다. 맛난 요리가 하고 많은데 겨우 국수 하나냐고 반문할 수도 있겠지만, 국수를 잘 만들어 본다는 것도 결코 수월한 일은 아니다. 어떤 분야든 파고들면 기왕에 보이지 않던 세계가 보이는 법이다.

국수라고 하면 저마다 떠오르는 이런 저런 기억이 있을 것이다. 이를테면 시장바닥에 쪼그리고 앉아 먹는 싼값이지만 감칠맛있는 잔치국수라든가, 한여름에 할머니가 해 주시던 시원한 콩국수며, 자취방의 늦은 점심으로 신 김치와 고추장을 듬뿍 넣어 벌겋게 비벼 낸 비빔국수 등, 우리는 서로 다르고 그만큼 특색이 있는 여러 국수를 먹어 왔다. 국수라는 공통점이 있지만 이 국수들은 모두 나름의 준비와 절차를 통해 만들어진다. 아무리 그저 허기를 채우려 한다 하더라도 어떤 국수를 만들려면 그에 맞는 구상이 필요하다.

내가 만드는 국수는 보통 국물이 있는 것과 없는 것으로 나뉜다. 전자의 물 국수를 만들려면 국수를 삶는 외에 멸치와 다시마 등을 우려 낸 장국을 준비해야 하고 달걀 지단을 부치거나 쇠고기, 호박, 부추 등을 볶아 국수 위에 얹을 고명을 마련해야 한다. 이런 조리 작업은 부엌일에 대한 어느 정도의 숙련을 필요로 한다. 호박을 가지런히 썰기 위해서는 칼질이 익어야 하고 지단을 부치려면 프라이팬을 다룰 줄 알아야 한다. 나도 처음에는 고기를 볶기 위해 달군 기름 팬 위에 찬물을 떨어뜨려 기름이 튀어 오르는 바람에 가벼운 화상을 입기도 했다.

사실 국수를 조리하는 데도 익히고 지켜야 할 여러 가지 법들이 있다. 이를 따르지 않으면 맛있는 국수를 만들기는 힘들어진다. 예를 들어 멸치를 너무 오래 끓이면 국물이 맑지 않고 텁텁해진다. 국수는 팔팔 끓는 물에 빨리 삶아 찬물로 잘 씻어 내야 찰진 맛이 난다. 순서와 절차도 중요하다. 국수를 일찍 삶아 내 놓으면 퍼져서 맛이 없게 된다. 조리법이란 재료의 성질에 따라 맛을 살려내는 적절하고 효율적인 방법이다. 그러나 조리법이 국수 만드는 모든 것을 설명해 주지는 않는다. 사실 나는 매번 모험을 하는 편이다. 어느 날은 쇠고기나 부추 대신 구운 삼겹살을 고명으로 얹기도 했고, 회국수를 먹은 기억을 되살려 생오징어를 가늘게 썰어 넣은 냉국수로 찬사를 듣기도 했다. 조리법이란 모험을 통해 발전해 온 것이 아닐까? 영감에 차서 국수를 만들려는 순간이면 나는 종종 일종의 경건한 진지함에 휩싸인다. 새로운 구상과 설계를 해 볼 때는 긴장이 되고 또 즐겁다. 이것은 정녕 창조의 즐거움이다. 그런데 기억의 여신 므니모시네가 아홉 명의 뮤즈를 낳았듯 영감은 기억의 산물일 경우가 많다. 신문이나 잡지 등에 소개된 조리법을 메모하거나 오려 두었다가 참조하는 것도 권할 만하다.

무슨 일이든 그렇지만 맛있고 특색 있는 국수는 테마가 분명해야 하고 테마는 상황에 맞는 분명한 의도와 관련된 것이어야 한다. 더위가 기승을 부리는 한여름에는 오이채를 얹은 시원한 냉국수가 제격이다. 그러나 집안에 몸살이 난 사람이 있다면 푹 삶아 낸 닭 국물에 참살이 채소를 곁들여도 좋을 것이다.

물론 테마가 분명한 국수를 만들기 위해서는 그것을 부각하는 전략이 필요하다. 예를 들어 보양 국수라면 먼저 국물에 주력하는 것이 좋다. 국수 역시 여러 재료가 어우러지는 음식이다. 테마가 분명한 특색 있는 국수란 재료를 한 데 뒤섞는 것이 아니라 새로운 구성의 아이디어를 발휘함으로써 만들어진다. 고기를 많이 넣고 참기름을 듬뿍 친다고 국수가 맛있게 되지는 않는다. 구성의 아이디어란 맛을 내는 재료들의 조화를 찾아내는 것이다. 나만의 비밀 하나는 생굴을 살짝 삶아 낸 육수에 국수를 말고 매콤한 김장 김치를 썰어 김채와 함께 얹은 한겨울의 미각, 굴국수이다. 굴은 굴대로, 김치는 김치대로 살리면서 시원하고 깊은 국물 맛을 내는 것이 맛난 굴국수를 만드는 요령이다.

특색 있는 국수라고 해서 항상 특별한 재료를 필요로 하는 것은 아니다. 평범한 재료라 하더라도 그 재료들의 구성을 어떻게 하느냐에 따라 특별하고 색다른 것을 만들 수 있다. 재료들이 서로 어울려 특색 있는 조합을 형성하게 하기 위해서는 그 조합의 고리들을 찾아내는 모험적이면서도 섬세한 노력이 필요하다. 개성적인 손맛이란 이렇게 탄생하는 것이 아닐까? 총체적인 맛내기에 성공하느냐 그렇지 못하느냐에 따라 요리의 성패는 갈린다.

음식을 만드는 이의 노력은 음식이 식탁에 오르기까지 계속되어야 한다. 음식은 보기에도 먹음직스러워야 하기 때문에 훌륭한 요리사는 음식을 담는 그릇에도 신경을 써야 한다. 김치 비빔국수를 양푼에 담는 것은 제격이지만 다랑어 국물에 새우튀김을 띄운 국수라면 각진 사기그릇이 더 어울린다. 그 위에 쑥갓이나 실파를 파릇파릇 돋아난 것처럼 맵시 있게 올리는 재치도 나쁘지 않다.

신형기, 「국수만들기」, 정희모 외, 『대학 글쓰기』, 삼인, 2011, 16-18쪽.

앞서 좋은 글쓰기를 건축에 비유하여 간단히 이야기했다. 인용된 글은 좋은 글의 요건과 글쓰기의 과정을 '국수 만들기'와 견주어 설명하고 있다. 한 그릇의 맛있는 국수를 만드는 과정에서 우리는 좋은 글을 쓰기 위한 과정과 필요조건을 발견할 수 있다. 대체적으로 다음과 같은 요건들에 충실히 따르면 우리도 좋은 글을 쓸 수 있을 것이다.

(1) 목표를 세워야 한다

맛있고 특색 있는 국수는 테마가 분명해야 한다. 그리고 그 테마는 상황에 맞는 분명한 의도와 밀접하게 연결되어야 한다. 그래서 국수 만들기의 달인은 더위가 기승을 부리는 한여름엔 오이채를 얹은 시원한 냉국수를, 몸살로 고생하는 사람에겐 푹 삶은 닭국물로 육수를 우려 낸 국수가 제격이라고 말한다. 좋은 글도 마찬가지다. 좋은 글이란 그 주제가 타당하고 적절해야 한다. 이것은 글쓰기의 목표 설정과 밀접한 관련을 맺는다. "나는 '무엇'을 위해 이 글을 쓰는가?", "나는 '왜' 이 글을 쓰는가?", 그리고 "나는 '누구'를 위해 이 글을 쓰는가?"에 대해 스스로 묻고 답해야 한다. 이 물음 하나하나에 대한 답이 글의 목표와 주제가 된다. 글의 예상 독자가 누구인지에 따라 우리가 쓰는 글의 주제와 내용은 달라진다. 무엇을 위한 글인지, 누구를 위한 글인지가 정해지지 않은 글이라면 십중팔구 방향을 잃고 헤매는 글이 되기 십상이다. 또한 글의 목표가 무엇인가에 따라서도, 즉 설득을 위한 글인지, 정보를 전달하기 위한 글인지, 혹은 정서를 표현하기 위한 글인지에 따라 글의 주제는 달라지기 마련이다. 이처럼 좋은 글이란 글이 추구하는 목표에 부합하는 적절하고 타당한 주제가 갖추어져야 한다.

(2) 훌륭한 문장을 구사할 수 있어야 한다

모든 음식 만들기에는 능숙한 조리법이 선행되어야 한다. 아무리 고급의 재료를 구해놓아도 그 재료를 손질하는 요리사의 솜씨가 형편없다면 가치는 떨어진다. 단순한 국수 한 그릇 만드는 데도 나름의 숙련된 조리법이 필요하다. 국수에 얹을 고명을 준비하기 위해서는 칼질이 손에 익어야 한다. 고명으로 얹힌 호박, 지단 등이 제각각의 비뚤비뚤한 모양이라면 음식의 가치는 한 단계 떨어지고 만다. 또한 호박을 지지고, 지단을 부치고, 쇠고기를 볶기 위해서는 프라이팬을 다루는 솜씨도 능수능란해야 한다. 적당한 불로 달궈진 프라이팬으로 적당한 시간 지지고, 부치고, 볶아 내야만 국수의 고명으로써 가치가 높아진다. 마찬가지로 좋은 글을 위해서도 이러한 문장 조리법을 익혀야 한다. 어법에 맞는 바른 문장을 구사할 수 있는 능력, 정확한 의미의 어휘를 적재적소에 사용할 수 있는 능력이 훈련되어야 한다. 한 마디로 좋은 글이란 훌륭한 문장으로 표현된 글이다. 훌륭한 문장은 명확한 의미 전달과 잘 읽히는 문장으로 이루어진다. 이를 위해서 꾸준히 문장력을 갈고 다듬는 노력이 필요하다. 우선 명확한 의미의 전달을 위해서 간략하고 쉽게 쓰는 습관이 필요하다. 오해나 혼란을 불러올 수 있는 불명확한 개념어의 사용이나 서술을 피하도록 해야 한다. 일찍이 허균은 어렵고 교묘한 말로 글을 꾸미는 것을 문장의 재앙이라 말하며 경계했다. 그는

'글이란 자신의 마음과 뜻을 다른 사람에게 제대로 전할 수 있도록 쉽고 간략하게 짓는 것'이라는 말을 통해 의미의 명확한 전달을 강조했다. 또한 훌륭한 문장은 잘 읽히는 글이어야 한다. 이를 위해 문장은 가급적 단문으로 써야 한다. 장문쓰기는 좋은 글쓰기를 방해한다. 글을 길게 쓸수록 불필요한 수식이 따라붙으며, 주어와 서술어가 호응을 이루지 못하여 문법적으로 어긋나고, 급기야는 논지가 흐려진다.

(3) 짜임새 있는 구성을 보여주어야 한다

특색 있는 국수라고 해서 항상 특별한 재료를 필요로 하지는 않는다. 평범한 재료를 가지고도 그 재료를 어떻게 구성하느냐에 따라 특별하고 색다른 맛을 낼 수가 있는 것처럼, 좋은 글도 일상적인 글감을 어떻게 구성하느냐에 따라 성패가 결정된다. 좋은 글이란 짜임새 있는 구성을 보여주어야 한다. 짜임새 있는 구성이란 글쓴이의 주장과 글의 내용이 논리적 흐름에 따라 전개된 것이다. 따라서 좋은 글을 위해서는 자신이 쓰고자 하는 글의 목적에 부합하는 나름의 형식적 체계를 갖추어야 한다. 일반적으로 설명문이라면 '머릿말—본문—맺음말', 논설문은 '서론—본론—결론', 그리고 소설과 같은 문학적인 글은 '기—승—전—결'이라는 형식에 따라 글을 구성하는 것이 마땅하다. 다만 우리가 대학생활 글쓰기를 위해 앞으로 써 가야 할 실용적인 글들(설명문, 보고서, 감상문, 논설문, 서평 등)을 아우르는 일반적인 구성으로는 '배경—내용—의견'이라는 3단계 구조를 익혀두면 좋을 것이다. 즉 글의 시작에는 '왜 내가 이 글을 쓰는가?'에 대한 내용이 서술되어야 한다. 글을 쓰는 목적, 취지, 의도 따위에 대한 배경 설명이 필요하기 때문이다. 다음으로는 '내가 쓰고자 하는 글의 핵심은 무엇인가?'에 대한 내용의 서술이다. 그리고 마지막에는 '나의 의견이나 소감은 무엇인가?'를 압축적으로 드러냄으로써 마무리하면 될 것이다. 이러한 세 가지 요소를 반영한 글의 구조는 서평이나 영화평, 혹은 감상문, 설명문, 논술 등 모든 글쓰기에 두루 적용할 수 있는 구성이다.

(4) 창의적인 사고가 담겨야 한다

국수 한 그릇 만드는 것에 어떻게 또 다른 창의적인 방법을 적용할 수 있을까? 그냥 적당히 잘 익힌 면발에 갖은 양념이나 잘 우려 낸 육수 정도, 그리고 보기 좋게 잘 준비된 고명 정도면 누구나, 어디서나 흔하게 맛 볼 수 있는 국수 아닌가? 그런데도 국수 만들기의 달인은 나름의 모험을 통해 색다른 국수를 만들어 가고 있다. 쇠고기나 부추 대신 삼겹살을 고명으로 얹기도 하고, 회국수를 먹은 기억을 되살려 생오징어를 썰어 얹은 냉국수도 시도하는 과정에서 그는 '창조의 즐거움'을 만끽하고 있다. 마찬가지로 좋은 글을 쓰기 위해서도 일종의 창조적인 모험이 필요하다. 대개 우리가 써야 할 글은 비슷한 글감을 바탕으로 유사한 방식의 구성으로 짜이기 마련이다. 여기에 일정 수준에 도달한 문장력이라면 대개의 글이 보여주는 수준은 비슷하다. 이러한 중에서 군계일학(群鷄一鶴)처럼 빛나는 글이 되기 위해서는 창의적인 상상력이 동원되어야 한다. 흔하고 흔한 글감의 반복적 사용, 식상한 문장과 단락의 전개, 그리고 천편일률적인 주장을 넘어서는 창조적 모험이 글쓰기에는 필요하다. 이를 위해서는 무엇보다도 참신한 글감의 확보가 중요하다. 그렇다면 그러한 글감은 어떻게 구해지는가? 그래서 다독(多讀)이 필요하다. 많은 책을 두루두루 읽음으로써 언젠가는 적재적소에 잘 맞아떨어지는 글감으로 활용할 수 있기 때문이다. 아울러 여행을 통한, 또는 다양한 분야의 사람들과의 만남을 통한 경험의 확장도 창의적 상상력을 제공하는 좋은 방편이다.

(5) 정성을 다하는 글다듬기로 마무리해야 한다

음식을 만드는 이는 그 음식이 식탁에 오르는 마지막 순간까지 최선을 다해야 한다. 보기 좋은 떡이 먹기에도 좋다는 말이 그것이다. 그래서 훌륭한 요리사는 음식을 담아내는 그릇의 생김새까지도 고려한다. 어떤 모양의 접시에 담는가, 어떤 색상의 그릇을 사용하는가는 물론이고 그 음식을 돋보이게 만들 장식에까지 고심을 거듭한다. 국수 한 그릇도 양푼에 담을 것과 사기그릇에 담을 것이 다른 것처럼, 준비된 고명도 어떤 식으로 배열하여 얹을 것인가에 따라 식욕을 돋우는 정도가 다른 것이 바로 마지막 순간의 세심함이다. 좋은 글도 이와 마찬가지의 세심한 마무리가 따라야 한다. 아무리 좋은 글감을 동원하고, 그럴듯한 구성과 독자를 사로잡는 테마를 갖추었다 할지라도 격식에 맞지 않는 흠결이 보이는 순간 그 가치는 하락한다. 마지막 순간까지 단어, 문장, 단락, 글 전체를 매만지고 바로잡는 각고의 노력이 필요한 것은 글이 타인과 나를 이어주는 또 다른 '나'이기 때문이다.

3. 요약적 읽기와 글쓰기

(1) 요약의 틀은 텍스트

요약적 글쓰기는 텍스트의 개념을 이해하는 것으로부터 시작해야 한다. 일반적으로 말하는 텍스트란, 문장보다 더 큰 문법 단위, 문장이 모여서 이루어진 하나의 틀을 가리킨다. 요약하기에서 텍스트는 개념이나 이론을 생성하는 틀이며 주제를 드러내는 틀이 된다. 다시 말해, 어떤 문제나 개념, 이론, 주제 등을 구체적으로 제시하거나 추상적으로 암시하는 모든 텍스트는 요약의 대상이 될 수 있다. 대부분의 요약은 우리가 '글'이라고 부르는 읽기의 텍스트를 대상으로 삼는다. 그럼에도 어떤 요약의 대상은 구체적으로 문자화되어 주어지지 않을 수도 있다. 넓은 시각에서 보자면, 글만 아니라, 사람, 사물, 사건 등 다양한 대상이 텍스트라 할 수도 있다. 자연 및 사회에서 발생한 현상(보기), 현상에 대한 반응(느끼기), 발화된 내용(듣기), 문자화된 내용(읽기) 등은 모두 텍스트가 될 수 있고, 요약은 선택된 텍스트를 보다 효과적으로 분석하고 해석하는 작업이다. 다만 여기서는 텍스트가 하나의 글이라고 전제하고 요약하기에 대하여 공부해보도록 하겠다.

(2) 요약의 전제는 논리적인 것

요약적으로 글을 읽고 쓰는 일은 모든 독서 및 글쓰기 과정의 기초다. 글을 읽을 때는 그 글의 내용을 경제적이고도 편리하게 정리하는 요령이 필요하다. 또한 글을 쓸 때에는 그 글의 주제를 그럴듯하면서도 적절하게 표현하는 방법을 알아야 한다. 요약하기는 막연하고 무작정적인 독서를 지양하고, 목적이 있는 독서를 지향하는 글쓰기의 준비 과정으로도 볼 수 있다. 중요한 정보를 놓치지 않고 어떤 문제에 대하여 고유한 입장 및 주장을 관철하기 위해서는 요약하면서 글을 읽고 요약적으로 글을 써야 한다. 따라서 정보화 사회를 사는 사람들에게, 특히 대학교육을 받고 있는 교양인들에게 요약하기는 일차적인 목표이자 기초적으로 요구되는 기술이다.

정서적인 글쓰기가 아닌 이상, 글을 쓸 때에는 우선 논리적이어야 한다. 그렇다면 논리적인 글쓰기란 무엇일까? 논리적인 글을 쓰기 위해서는 첫째, 어떤 문제에 대한 다양한 이론, 정보, 경험 등을 분석하여 하나의 텍스트로 종합해야 한다. 둘째, 문제에 대한 다양한 주장들을 분석하여 하나의 결론을 도출해야 한다. 셋째, 하나의 주제에 대한 다양한 텍스트들을 분석하여 일반화 혹은 유형화하는 과정을 보여줘야 한다. 즉, 논리적이기 위해서는 우선 요약적으로 읽고 쓸 줄 알아야 한다. 마찬가지로, 요약적으로 읽고 쓰기를 위해서는 논리적인 순서와 방향성에 따라야 한다.

(3) 요약의 기본은 재구성

요약하기는 단순히 글을 축약하는 게 아니라, 텍스트를 재가공하는 작업이다. 글을 요약적으로 읽고 요약문을 작성하기 위해서는 다음과 같은 기본 사항에 유의해야 한다. 첫째, 짧아야 한다. 상황에 따라 다르지만, 요약문은 대개 읽기의 대상이 되는 텍스트를 25%에서 10% 정도의 비율로 축약한다. 둘째, 요약하는 대상을 간명하게 정리해야 한다. 요약문은 (자신을 포함하여) 그 글을 접하는 독자에게 빠른 시간에 핵심 내용을 전달해야 한다. 따라서 간결한 내용 정리 및 명료한 어휘의 사용에 유의해야 한다. 셋째, 요약의 대상을 완결성 있게 정리해야 한다. 요약문은 텍스트의 처음부터 끝까지 주요한 내용을 모두 훑으면서 시작과 끝이 확실하게 드러나도록 작성해야 한다. 넷째, 요약의 과정에서 문제를 제기해서는 안 된다. 요약문은 요약의 대상이 되는 텍스트에 전적으로 의존해야 한다. 요약의 목적은 텍스트의 전반내용을 이해하고 그 핵심내용을 전달하는 데 있지, 개별적이거나 새로운 내용에 집중하는 데 있지 않다. 다섯째, 내용상 원래의 텍스트에 충실해야 한다. 요약문은 원래 텍스트의 의미 및 정보를 가지고 쓴다. 따라서 객관적인 입장에서 중요하다고 여겨지는 내용(이를테면 논증)을 빠짐없이 서술해야 한다. 여섯째, 원래 주어진 텍스트와 형식상 달라야 한다. 형식상 요약문은 개개인이 새롭게 만들어내는 글이므로 자신만의 텍스트를 재구성해야 한다. 이에 대해서는 뒤에서 이야기하도록 하자.

(4) 요약의 시작은 분석하기

일반적인 글쓰기 활동은 화제를 선택하는 일에서부터 시작되지만, 요약하기에서는 화제가 이미 정해져 있다. 말하자면, '발상' 및 '구상'에 해당되는 화젯거리의 탐구 과정이 이미 완료되었거나 생략된 셈이다. 따라서 요약의 첫 단계는 새로운 주제를 수립하는 게 아니라 주어진 주제를 중심으로 텍스트의 내용을 분석하는 것이다.

기본 사항에 유의하면서 습득해야 할 요약의 원리는 매우 간단하다. 앞서 밝혔듯이 요약은 '분석하기'를 우선으로 한다. 분석은 요약의 대상이 되는 텍스트를 분류하고, 분류한 내용에 순서를 매기는 작업이다. 그러기 위해서는 우선 텍스트가 제시하는 주제를 파악해야 하며, 이를 중심으로 더 중요한 내용과 덜 중요한 내용을 선별해야 한다.

글을 효과적으로 요약하기 위해서는 텍스트를 분석하는 틀이 분명해야 한다. 먼저 텍스트가 정서적인 글인지, 논리적인 글인지 혹은 비판적인 글인지 그 장르 및 종류를 파악하고, 이에 따라 분석의 틀을 스스로 제시할 수 있어야 한다. 또한 그 글이 묘사적인지, 설명적인지 혹은 비평적인지 문체와 성격을 구분해서 가장 적합한 분석의 방향을 선택해야 한다. 예컨대, 소설과 같이 서사적인 글을 요약할 때 사람들은 이를 단순히 줄거리 작성으로 착각한다. 등장인물의 행동에 따라 발생하는 사건들을 중심으로 글을 축약한다면 그것은 줄거리가 될 터이다. 그러나 서사 텍스트를 요약하는 방법에는 여러 가지 기준이 있을 수 있다. 분석의 틀에 따라 텍스트의 핵심에 접근하는 방법이 달라진다는 것이다. 인물의 내면 심리에 따라, 시간적 순서에 따라, 공간적 질서에 따라 혹은 사건의 추이에 따라 텍스트를 요약한다면 각각 다른 요약문이 나올 수 있다.

(5) 요약의 핵심은 줄이기

당연한 이야기겠지만, 요약의 미덕은 경제성이다. 요약의 핵심은 텍스트를 간명하고 효과적으로 '줄이기'다. 일반적으로 요약은 텍스트의 어휘, 문장, 단락, 더러는 이보다 큰 단위의 글을 삭제하는 작업이다. 이때 주요한 개념은 건드리지 않으면서 텍스트를 경제적으로 축약하는 데 신경을 써야 한다. 핵심에 접근하기 위해 우선적으로 유의할 점은 과감한 삭제이다. 중요한 내용을 선택한다는 것은 덜 중요한 내용을 생략한다는 말이다. 그것이 어휘이든 구문이든 문장이든, 요약을 하기 위해서는 반복되는 것, 부차적인 것, 지엽적인 것, 주변적인 것을 지워야 한다. 또한 그것이 문장이든 단락이든, 설명하거나 묘사하는 내용은 보다 포괄적으로 확대시킨다. 포괄적인 내용으로 확대한다는 것은 단순히 압축하는 일만이 아니라, 대체하는 일에 해당되기도 한다.

(6) 요약의 마무리는 바꾸기

단지 줄이기만 해서는 요약이라 할 수 없다. 텍스트의 내용을 줄인 뒤 그대로 둔다면 이는 단순 발췌에 그친 것이다. 요약은 '바꾸기'의 작업도 포함한다. 오렌지주스를 만들기 위해서는 오렌지의 껍질을 벗기고 알맹이를 꺼내어 믹서에 갈아, 찌꺼기는 버리고 엑기스만 뽑아내야 한다. 두 개 모두 하나의 성분으로 이루어졌으나, 그 양과 성질은 서로 다르다. 말하자면, 요약의 대상과 요약문은 같은 내용을 담고 있으나, 전혀 다른 각각의 텍스트다.

요약문에 쓰이는 문장은 요약의 대상이 되는 텍스트의 문장과 같아서는 안 된다. 요약의 대상이 되는 텍스트를 그대로 베끼지 말고 자신만의 문장으로 바꿔줘야 한다. 원문의 단어나 표현을 바꾸는 것만으로도 새로운 텍스트가 만들어진다. 반복되거나 연속성이 있는 어휘의 경우, 보다 일반적인 말이나 상위개념의 말로 대체한다. 이때 명사보다는 동사나 형용사 등을 바꾸는 편이 좋다. 우리말은 용언이 발달되었으므로 어휘를 대치할 때 체언보다는 용언을 고쳐주는 게 보다 용이하다. 한편, 요약문을 지나치게 압축적으로 쓰다보면 말을 이어서 붙이게 되고, 그로 인해 수식이 많은 문장을 쓸 우려가 있다. 수식어를 나열하는 명사형의 문장을 지양하고, 되도록 서술어로 풀어서 쓰는 것도 바꿔 쓰기의 방법이라 하겠다.

(7) 요약의 훈련은 단락쓰기로

분석이 주관적인 판단력에 의존하고, 축약이 객관적인 지표에 근거한다면, 바꿔 쓰기는 전략적인 훈련을 통해 이루어진다. 요약을 잘 하기 위해서는 여러 장르와 다양한 종류의 텍스트를 접하면서 직접 연습하는 수밖에 없다. 요약 연습을 할 때 가장 효과적인 방법은 텍스트를 단락별로 재편성하는 것이다. 논리적인 글을 요약한다고 가정하면, 단락을 요약하는 데에 가장 중요한 문장은 소주제와 논거에 해당된다. 논리적인 글에서, 하나의 단락에는 하나의 소주제문이 있기 마련이다(이것이 단락의 통일성이다). 이 소주제문은 그 단락에서 전달하고자 하는 주장을 담고 있다. 모든 주장에는 이를 정당화할 수 있는 논거가 따라야 한다. 그리고 이 논거는 여타 뒷받침 문장들을 통해 그 논리의 근거를 보장받아야 한다. 논거를 뒷받침하는 문장들은 수사학적인 게 대부분이다. 이를테면, 인용, 예시, 비유, 유추, 비교, 대조와 같이 쓰인 기법은 논거를 설명하거나 부연하기 위한 기교 문장이므로, 요약의 경제성에 어긋난다.

요약의 대상이 되는 단락을 분석하는 과정에서 각 문장들에 번호를 매긴다. 이어서 더 중요한 것과 덜 중요한 것을 가려내야 한다. 주장과 이를 직접적으로 뒷받침하는 논거가 중요하다면, 여타 뒷받침 문장들은 덜 중요한 것에 해당된다. 덜 중요해 보이는 문장들의 번호를 과감하게 지움으로써 단락을 줄여보자. 이어서 단락의 글을 바꿔 써야 한다. 원래 단락의 문장을 베끼지 말고 자신만의 문장으로 다시 써보자. 이때 '본문에 의하면', '작자에 의하면' 식의 도입문구를 사용하면, 문장에 변화를 줄 수 있으니 활용해 보도록 하자. 또한 다양한 연결어를 사용하여 문장을 고치는 것도 효과적이다. 끝으로 선택된 주요 문장들을 주장과 근거, 혹은 근거와 주장의 순으로 다시 쓴다. 이때 애초 단락의 순서에 크게 구애받을 필요는 없다.

4. 비판적 읽기와 글쓰기

비판적으로 사고한다는 것은 어떤 사안에 대해 그 근거를 따져 묻는 것이다. 흔히 '비판적'이라고 하면 부정적인 태도를 떠올린다. 누군가의 말꼬리를 잡는다든지, 잘못된 점만 찾아내 지적한다든지, 반대를 위한 반대를 생각하게 되는데, 여기서 말하는 비판적 사고는 문제되는 사안에 대한 잘못된 점을 지적하는 것뿐만 아니라 장점을 짚어주고, 잘된 것을 확인해 주는 것까지를 포함한다. 따라서 어떤 사안에 대한 비판적 사고는 그 사안에 대해 말하고 있는 주장에 대해 깊이 있게 이해하고 정확히 파악하기 위해 그 주장의 근거를 따져 묻는 능동적이고 적극적인 사고 행위다. 오히려 비판적 사고를 하지 않는다면 그것은 지성인으로서 극복해야 할 맹목적 태도, 수동적 사고에 해당할 것이다.

글을 읽을 때 비판적으로 사고한다는 것은 크게 두 가지를 검토하는 것이다. 첫째는 그 주장을 제대로 이해하는 것이고, 둘째는 그 주장을 제대로 평가하는 것이다. 사실, 제대로 평가하기 위해서 제대로 이해해야 한다. 비판적 읽기를 위해 비판적 사고를 구성하고 있는 요소들을 점검하는 것이 효과적이다. 비판적 사고를 구성하는 여덟 가지 요소들은 다음과 같다. 다음의 요소들을 참고하면 비판적으로 글을 읽을 수 있다.

(1) 비판적 사고를 구성하는 요소들

① 목적(purpose)

글을 읽을 때 무엇보다도 그 글의 목적을 파악해야 한다. 그 글이 선동하기 위한 것인지, 고백하기 위한 것인지, 제안하기 위한 것인지, 새로운 정보를 전달하는 것인지, 감정을 전달하기 위한 것인지 등을 가려내야 한다. 하나의 글에 한 가지 목적만 있는 것은 아니지만, 글의 목적을 아는 것이 글을 제대로 이해하고 평가하는 기본이다.

② 이슈(question at issue)

글의 목적을 파악한 이후에는 글의 이슈를 찾아내야 한다. 이슈란 글에서 말하고 있는 핵심적인 내용과 밀접하게 관련된 문제를 의미한다. 물론 하나의 글에 여러 가지 문제들이 논의되겠지만, 그 중에서 가장 중심이 되는 문제인 이슈를 찾아야 한다.

③ 개념(conception)

우리는 개념을 가지고 사고한다. 개념 없이는 생각을 일관되게 이어나갈 수 없고, 다양한 경험을 조직적으로 다룰 수 없다. 개념은 우리의 경험을 분류하고 조직화하고 해석할 수 있게 도와주는 관념의 범주에 해당한다. 그런데 그 개념을 자의적으로 사용한다든지, 불분명하게 사용한다든지, 잘못 사용한다면 소통이 가능하지 않을 것이다. 예컨대 한국과 선진국의 실업률을 비교하고 주장하는 글에서 필자가 조사에 사용한 실업의 개념과 실업률의 개념을 밝히지 않는다면 얼마든지 오도된 주장을 할 수 있다. 선진국의 경우는 실업자들이 실업 급여를 받기 위해 적극적으로 정부에 신고하는 반면, 한국의 경우 가정주부나 고령자, 폐업한 자영업자가 적극적으로 실업자 신고를 하지 않기 때문에 수치상으로는 한국이 선진국보다 실업률이 낮게 나오게 된다. 비판적으로 글을 읽을 때는 글에서 사용한 개념이 정확한 것인지, 자의적으로 의미를 덧붙이지는 않았는지 따져봐야 한다. 특히 새로운 개념을 처음으로 언급할 때는 독자에게 충분히 설명하고 분명하게 정의하고 있는지도 따져 보아야 한다.

④ 가정(assumption)

글을 읽을 때는 눈으로 보이는 글 너머의 필자가 전제하고 있는 가정을 파악하고 있어야 한다. 필자의 입장에서는 너무나 당연하여 굳이 밝히지 않은 가정일지라도 비판적 사고를 하는 독자는 전제된 가정을 확인해야만 그 글의 내용을 제대로 이해하고 평가할 수 있다. 예컨대 독재 정치 지도자들이나 사이비 종교 지도자들이 전제하고 있는 가정을 살펴보면, 그 중에는 심각한 문제가 있는 것들이 많다. 그들의 가정을 문제 삼지 않고 그냥 수용하면 심각한 결론에 이를 수 있다. 물론 모든 숨겨진 가정에 문제가 있는 것은 아니다. 가정을 밝히지 않았다고 해서 그 글이 잘못된 것은 아니다. 전혀 어떤 것도 가정하지 않고서는 내용 있는 사고를 전개할 수 없기 때문이다. 비판적 사고를 하는 독자는 전제된 가정이 무엇인지, 그 가정이 수용할만한 것인지 따져 물어야 제대로 이해하고 평가할 수 있다.

⑤ 정보(information)

글에는 많은 정보가 담겨 있다. 여기서 정보란 자료, 증거, 관찰 등 경험과 관련하여 얻어지는 것을 말한다. 글에 제시된 정보를 검토 없이 그대로 수용한다면 비판적 사고를 한다고 할 수 없다. 비판적 사고를 하는 독자는 글에서 제공하는 정보를 그것에 대한 해석이나 함축과 구별해야 하고, 그 정보의 진위 여부를 따져 물어 보아야 한다. 글에서 담고 있는 정보가 충분한지, 부족한 정보를 어떻게 얻을 수 있는지를 고려하는 것도 비판적 사고의 하나다.

⑥ 추론을 통해 도달한 결론(conclusion)

어떤 글이 필자의 주장을 제시하고 그 주장을 입증하기 위한 근거로 구성되어 있다면, 비판적 사고의 핵심적 부분 중 하나는 추론을 검토하는 일이다. 비판적으로 사고한다는 것은 어떤 주장이나 글이 가진 추리와 그 추리에 의해 도출한 내용을 파 악하는 것을 포함한다. 추론은 어떤 생각을 근거로 하여 다른 생각을 도출하는 논리적 사고 과정을 뜻하는 것으로 "이것은 이래서 저렇다"로 표현된다. 논증은 이러한 사고 과정을 포함하는 것으로서 어떤 주장을 정당화하거나 증명하고자 하는 언어적 표현이다.

따라서 비판적 독자라면 글을 읽을 때 주장을 하고 있는 글인지 아닌지를 살피고,

주장을 하고 있다면, 근거 없이 주장만 하고 있는지 근거를 제시하며 주장하고 있는지를 확인해야 한다. 근거를 제시하고 주장하는 글이라면 그 추론의 과정을 밝히고, 그 추론이 타당한지 부당한지를 따져 보아야 한다.

⑦ **관점**(point of view)

비판적 사고의 독자는 필자가 어떤 관점에서 글을 썼는지 파악해야 한다. 예컨대, 우리 시대의 결혼 문화에 대한 글이라면, 경제적, 생태적, 문화적, 정치적, 가부장적, 여성주의적 관점 등 매우 다양한 관점에서 전개될 것이다. 이때 비판적 사고의 독자는 필자의 관점이 지나치게 편향되어 있거나 편협하지 않은지 따져 보아야 한다. 독자와 필자의 관점이 서로 다르다는 것은 문제가 되지 않는다. 글을 쓸 때나 읽을 때 어떠한 관점으로부터 완전히 중립적일 수는 없다. 다루고자 하는 문제에 대해 불가피하게 특정 관점을 선택할 수밖에 없지만, 비판적 사고에서 중요한 것은 같은 문제를 다양한 관점에서 바라보는 열린 태도를 지니는 것이다. 관점에 대한 열린 태도를 갖게 되면 편협한 사고를 극복할 수 있을 뿐만 아니라 보다 폭넓은 사고로 발전시킬 수 있다.

⑧ **주장이 함축하는 귀결**(consequence)

근거로부터 어떤 주장을 하고 있다면 그것은 논증의 결론이지만, 어떤 주장의 내용이 암암리에 의미하고 있는 내용을 말한다면 그것은 귀결이다. 예컨대, 가정형편이 어려운 상황에서 부모님이 "성적을 올려서 장학금을 받아라"라고 말한다면 그 말은 공부를 열심히 해서 성적을 올려 장학금을 받는 것 이외에 "성적을 올려 장학금을 받아서라도 가정 경제의 부담을 줄이도록 해라"는 내용을 함축한다. 가정 경제의 부담을 줄이라는 주장은 명시적으로는 드러나지 않았지만 암암리에 함축된 귀결이다.

비판적 사고의 독자는 명시적으로 드러나지 않지만 어떤 주장이 함축하는 귀결을 파악해야 한다. 그래야 글 전체를 제대로 이해하고 평가할 수 있다.

이상의 여덟 가지 비판적 사고의 요소들은 비판적 사고 전문 연구자인 리차드 폴이 제시한 항목들이다. 이외에도 노이치는 논의되고 있는 문제가 발생한 배경으로서의 문맥(context)과 기존에 설정된 문제와는 다른 목적, 다른 해결책을 제시하는 대안(alternative)을 추가하여 비판적 사고의 열 가지라고 한다. 그러나 모든 글에서 이러한 비판적 사고의 구성 요소 모두를 다 찾을 수는 없다. 신문기사라면 '정보'는 많지만 '주장이 함축하는 귀결'이 없을 수 있다. 글에 따라 중시되는 항목이 다르다는 점을 염두하고 글을 읽을 때 의식적으로 각 요소들을 확인하는 습관을 들인다면 이전보다 훨씬 더 능동적이고 비판적으로 읽을 수 있다.

(2) 비판적 글쓰기의 유형

비판적 글쓰기의 유형으로는 신문 사설, 논설, 서평, 비평 등이 있다. 신문 사설은 해당 신문사의 정치, 경제, 문화, 사회 등을 담당하고 있는 논설위원들이 모여 회의를 통해 국내외의 다양한 사회현상 중 특정 사안, 쟁점을 선정하고 주제를 정한 후 그 영역을 담당하고 있는 논설위원이 쓰는 글이다. 신문 사설은 집필자의 사적인 견해라기보다는 해당 신문사의 합의된 의견이며 공식적인 주장이기 때문에 사설 집필자의 이름을 밝히지 않는 점에서 일반적인 글과 차이가 있다. 반면 논설은 어떤 문제에 대해 필자 개인의 의견과 주장을 논리적으로 서술하는 글이다.

신문 사설과 논설 쓰기에서 가장 우선되어야 할 것은 논의하고자 하는 문제를 충분히 검토하는 것이고, 그 이후에는 전개 방식을 고려하여 글의 구도를 결정하는 것이다. 일반적으로는 글의 이슈와 목적 등을 밝히는 도입부, 필자의 근거들을 밝히는 본론 제시, 주장을 거듭 확인하는 마무리로 구성된다. 가장 일반적으로는 '도입 - 본론(근거) - 마무리'의 삼분구도이다. 삼분구도는 어느 한 편의 입장에 서서 글을 쓰는 경우에 적절한 구도이다. 물론 신문 사설과 논설이 꼭 여기에 한정될 필요는 없다. 전개하고자 하는 논제의 성격이나 범위에 따라 변형이 가능하다. 찬성과 반대로 양립하는 사회적인 이슈에 대해서는 '도입 - 반(필자가 반대하는 쪽의 주장과 근거) - 정(필자의 주장과 근거) - 마무리'의 사분구도가 적절하다. 그 밖에도 기존의 논의를 검토하고 새로운 대안을 제시하는 글일 경우에는 '도입 - 정(필자의 주장과 근거) - 반(반대 쪽 주장과 근거) - 합(재반박과 대안) - 마무리'로 구성하는 오분구도가 적절하다. 이처럼 논제에 따라, 어떻게 전개할 것인지에 따라 다양한 구성이 가능하다.

비판적 글쓰기를 대표하는 또 다른 유형이 비평적 글쓰기이다. '비평'이란 어원상으로 'Krinein'(그리스어), 'criticus'(라틴어)에서 유래한다. 그리스어 'Krinein'은 '분할', '구분' 또는 '결정하다', '식별하다', '권위있는 의견을 말하다'라는 뜻이고, 라틴어 'criticus'는 '재판관', '감정가', '심사위원'이라는 뜻이다. 따라서 비평적 글쓰기라고 하면 어떤 대상의 식별, 감정을 통해 최종적 가치평가를 내리는 일련의 과정을 수행하는 글쓰기 활동이다. 비평적 글쓰기의 범위는 다양하다. 문학비평, 연극비평, 음악비평, 미술비평, 영화비평, 드라마비평, 음식비평, 게임비평, 대중문화비평 등등 다양한 영역으로 확대되고 있다.

서평 역시 비평적 글쓰기의 일종이다. 서평은 서평자가 책을 읽는 데에 그치는 것이 아니라 읽은 책의 내용을 정리하여 독자에게 전달하는 동시에 비판적으로 평가하는 글이다. 단순한 글 읽기 활동에는 즉각적인 감흥이나 단편적 지식 습득이 전부일 수 있으나 비판적 사고의 요소들을 점검하며 비판적 읽기를 한 후 서평을 쓰는 과정에서는 책의 내용에 대한 신중한 검토와 더불어 평가가 개입하게 된다. 읽은 내용을 깊이 있게 곱씹어 볼 수 있다는 점에서 서평은 글 읽기와 별개의 것이 아니라 비판적 글 읽기의 완성이라고도 할 수 있다.

서평 쓰기의 단계는 '정리 - 전달 - 평가'이다. 가장 먼저 책의 내용을 이해하고 핵심적인 주제를 파악하고 정리해야 하고, 그 다음으로 서평자가 파악한 책의 내용을 정확하고 명료하게 전달해야 하며, 끝으로 책의 내용에 대한 서평자의 올바른 평가가 제시되어야 한다. 평가의 과정에서 서평자의 지식수준과 통찰력이 드러나게 되는데, 이 부분이 서평의 핵심이다. 평가를 잘 하기 위해서는 사물과 인간에 대한 통찰을 꾸준히 해야 하고, 해당 분야에 대한 전문적인 식견을 갖추어야 한다.

다음의 서평에서 비평적 글쓰기의 특성을 확인해 보자.

입시지옥과 취업난으로 '성장의 대업'은 아득히 멀기만 하고 '빛나는 청춘'이란 어디에도 없는 것처럼 보이는 이 시대에, 성장소설/청춘소설의 인기는 무척 아이러니하게 느껴진다. 이런 현상에는 복잡하고 모순적인 사회문화적 맥락이 뒤엉켜 있다. 한편에서는 젊은 세대가 처한 답답하고 출구 없는 현실에 대한 근심과 연민이 깊어져가고, 다른 한편에서는 아이돌 문화와 '동안 신드롬'으로 대표되는 젊음에 대한 동경과 예찬이 흘러넘친다. 청소년을 교육과 계몽의 대상으로 다루는 대신에 청소년들 자신의 이야기로 거듭나야 한다는 청소년문학의 온당한 요구는 청소년이라는 새로운 소비자층을 발굴하고 이들을 타깃으로 삼는 마케팅 전략과 맞물려 있기도 하다. 최근 성장소설들이 주는 '위로'의 힘은 어쩌면 다음 두 가지 방식을 통해 생겨나는 것이 아닐까. 이 시대가 잃어버린 젊음을 '향수'로 재생산하여 소비하거나, 젊은 세대가 겪어야만 하는 지독한 현실을 '즐길 만한' 이야기로 변형하거나.

은희경의 『소년을 위로해줘』는 확실히 위로가 되는 성장소설이자, 세련되고 트렌디한 읽을거리이다. 소설 속 'G-그리핀'의 랩처럼 섬세하고 솔직한 열일곱 살 연우의 이야기는 내 안에도 들어 있는 '소년'의 감수성, "모든 불완전한 인간이 가지고 있는 경계인과 아웃사이더로서의 내면"을 건드린다. 힙합과 그래피티로 표상된 하위문화적 감수성은 "시스템 안에 들어가기를 포기한 사람"이 걸어야 하는 '마이너의 길'을 감각적으로 형상화한다. 그 길은 이혼녀이자 옷 칼럼니스트인 연우 엄마 신민아씨, 여덟 살 연상인 그녀를 애인으로 둔 문화평론가 재욱 형, 그리고 작사가 '노랑머리 깡'으로 자라난 연우 자신이 감당해야만 하는 길이다. "시스템의 보호를 받기 위해 거짓으로 살아가는" 대신, 불안하고 외로워도 당당하게 자기다운 삶을 만들어가려는 이들의 모습은 사실 꽤 매력적이다.

"혁명이란 내가 나일 수 있는 세계", "더이상 상처받지 않고 더이상 비겁해질 필요도 없는 세계"이며, 그런 세계가 정말 가능하다고 하는 이 소설의 메시지는 얼마나 마음 편하고 듣기 좋은가. 남의 시선을 너무 의식하거나 '시스템 안'에 들어가려 안달하지 않고 자기 식의 '라이프스타일'을 선택하는 것으로 그런 삶을 살 수 있다면, 그러지 않을 이유가 어디 있을까. 하지만 시스템은 훨씬 더 폭력적이고, 거기에 적응하기를 거부하는 사람들의 생존 그 자체를 끊임없이 위협한다. 생존이 문제가 되는 상황에서 우리에겐 쿨하게 '바깥'을 선택할 권한이 없으며, 그럼에도 언제든 울타리 바깥으로 밀려나고 배제될 위험에 노출돼 있는 것이 지금 이 사회의 현실일 것이다.

그런데 이 소설이 그려내는 '마이너의 길'은 별로 위험하거나 고달파 보이지 않는다. 이들은 오히려 '시스템 안'에 있으면서도 남다른 라이프스타일을 누릴 수 있는 특별한 사람들일지 모르고, 이들의 라이프스타일이란 CF에나 등장할 법한 개성 있고 자유로운 삶의 이미지에 가까울지 모른다. 신민아씨와 연우의 대화에서 무심결에 드러나듯, 누구나 부러워할 만한 우아하고 능력 있는 '한량'의 삶이랄까.

> 연우야, 내가 바라는 너의 미래는 말야, 한량이야. 한량이라고? 응. 그거 어려운 거 아냐? 쉽진 않지. 돈 안 벌고 놀려면 돈이 필요하니까. 우선 돈을 버는 방법부터 익히는 게 한량이 되는 첫걸음일 걸. 열심히 돈이나 벌어야 한다면 그게 무슨 한량이야? 왜 열심히 벌어, 쉽게 벌어야지. 쉽게, 어떻게? 실력이 있으면 돈 쉽게 벌어. 실력을 쌓으라는 건 결국 공부 열심히 하라는 거? 꼭 공부 얘기는 아니고.

그럼 공부 안 하고 실력 쌓는 게 뭔데? 그것까지는 나도 모르지. 거기서부터는 네가 알아서 하는 거야.

이런 식이라면, 시스템에 충실한 수많은 부모들이 자녀에게 바라는 삶의 모습과 크게 다르지 않을 것이다. 그런 의미에서 『소년을 위로해줘』는 '마이너의 길'과 '마이너의 감정'에 대해 이야기하지만, 실제로는 '메이저의 감수성'에 바탕을 둔 소설이라고 말할 수 있지 않을까. 이 소설이 독자들을 조금도 불편하게 만들지 않는 이유, '소년'들에게나 '어른'들에게나 안락한 위로를 줄 수 있는 이유도 여기에 있을 테고 말이다. (중략)

『소년을 위로해줘』는 전형적인 성장 이야기들에서 그리 멀리 있지 않지만, 지금의 트렌드와 감수성을 적절히 배합하여 신선하게 다가오는 소설이다. 세상이 그렇게나 끔찍하진 않으며 네 멋대로 살아도 그럭저럭 괜찮다는 메시지는 '소년'들에게 격려와 위로를 주고, 우리 모두가 "낯선 우주의 고독한 떠돌이 소년"이라는 말은 '어른'들에게도 향수어린 만족감을 제공한다. 그러면 됐지, 더 이상 뭐가 필요하냐고 묻는 독자들에게 이 소설은 매력적인 성장소설로서 부족함이 없을 것이다. 하지만 과연 그것으로 충분한지 의심하는 독자들에게 『소년을 위로해줘』는 이 시대 성장소설이 지닌 모순과 딜레마를 단적으로 보여주는 사례일지 모른다.

박진, 「'메이저 감수성'에 맞게 변형된 '마이너의 길' –은희경의 『소년을 위로해줘』(문학동네, 2010)」, 프레시안북스, 2010년 12월 17일.

2장 설득력 있게 주장하기

말을 하거나 글을 쓰는 목적이 설득인 경우는 주장을 뒷받침하는 논거가 합리적이어야 한다. 합리적 논거로 주장을 뒷받침하고 있는 것을 논증이라 한다. 논증은 설득의 방식이면서 동시에 탐구의 수단이다. 설득의 방식으로서 논증은 자신의 주장을 합리적 독자와 청중이 자발적으로 동의하게 만드는 소통의 과정이며, 탐구의 수단으로서 논증은 불확실한 사태에 대한 논리적 분석을 통해 진실에 접근하는 과정이다. 탐구의 수단으로서 논증은 다른 사람의 말과 글을 검토할 때 필요한 합리적 청중, 합리적 독자의 태도이다.

1. 논거를 통해 합리적으로 주장하기

모든 주장에 논거가 있는 것은 아니고 논거가 없다고 설득력이 없는 것도 아니다. 설득의 힘은 합리적 논거에서만이 아니라 감정에 호소하여도 발휘할 수 있다. 마틴 루터 킹은 1963년 8월 워싱턴 링컨 기념관 계단 앞에서 「나에게는 꿈이 있습니다」로 알려진 유명한 연설을 했다. 그런데 그의 연설에는 피부색에 따른 인종 차별을 비판하고 만민의 평등을 강력하게 주장하고 있지만 그의 연설 어디에도 인종 차별 철폐에 대한 합당한 논거가 직접적으로 제시되어 있지 않았다. 오히려 그의 설득의 힘은 핍박받은 흑인들의 마음을 어루만지고 위로하고 희망을 주며 이전에는 상상하지 못했던 꿈을 심어 준 데 있었다. 그것은 마치 흑인들에게 익숙한 영가처럼 "나에게는 꿈이 있습니다"라는 말의 반복을 통해 이루어졌다. 그러나 그의 연설에 논거가 직접적으로 제시되지 않았다고 해서 그의 주장이 비합리적인 것은 아니다. 인종차별 철폐를 주장하는 그의 연설 뒤에는 모두가 인정하는 숨겨진 전제, "모든 사람은 평등하다"가 있다고 봐야 할 것이다. 비록 감정에 호소하는 것으로 보이지만 숨겨진 전제를 찾아보면 논증의 합리성을 확인할 수 있다.

그러나 대부분의 경우 논거 없는 주장은 위험하다. 주장에 대한 합리적 논거 대신 감정에 호소하는 것은 비합리와 광기에 빠질 위험이 있기 때문이다. 논리적 설득 대신 감정적 도취가 지배하는 순간 대중의 합리적 사고는 마비된다. 비합리와 광기를 대표하는 인물로 히틀러가 있다. 히틀러는 1939년 9월 1일 독일 의회에서 폴란드를 침공하겠다고 선언할 때 다음과 같이 강한 인상을 남겼다. "지금 이 순간부터 제 삶은 송두리째 우리 독일국민의 것입니다. 저는 이제부터 독일제국의 첫 번째 군인일 뿐입니다. 지금 저는 저에게 가장 신성하고 소중한 제복을 다시 한 번 입었습니다. 승리가 확실해질 때까지 이 옷을 벗지 않을 것이며, 승리하지 못한다면 살아서 패배를 보지 않을 것입니다." 히틀러는 독일 국민들을 상대로 게르만 민족의 정복 신화를 이용해 과거에 대한 헛된 망상을 심어주었으며, 헤어 나올 수 없는 도취에 빠뜨리고 되돌릴 수 없는 광기의 공모자로 이용하였다.

그렇다면 과연 인종차별 철폐를 주장하며 "나에게는 꿈이 있습니다"를 부르짖는 마틴 루터 킹의 연설과 게르만 민족의 영광을 호소하는 히틀러의 연설에는 무슨 차이가 있을까? 두 연설 모두 합리적 논거를 제시하지 않고 대중의 감정을 사로잡았다는 점에서는 마찬가지로 보이지만 중요하고 결정적인 차이가 있다는 것을 간과해선 안 된다. 비록 마틴 루터 킹이 자신의 연설에 인종차별 철폐에 대한 논거를 직접적으로 제시하지 않았다 할지라도, 누군가가 주장에 대한 논거를 요구하면 언제든 합리적으로 자신의 주장을 정당화할 수 있는 반면, 히틀러의 연설에는 유대인 증오와 경멸과 저주만을 부르짖었을 뿐 합리적 논거로 정당화될 여지가 없다는 점이다. 사실 히틀러는 독일 전역을 순회하며 많은 연설을 행했지만 그의 연설 대부분은 욕설과 고함소리로 가득 찬 히스테리 환자의 발작과도 같은 광기 자체였다. 대중은 히틀러의 현란한 몸짓과 능수능란한 선동에 열광했던 것이다.

자신의 주장을 다른 사람에게 설득하기 위해서는 무엇보다 합리적 논거를 제시할 수 있어야 한다. 감정에 호소하여 설득의 힘을 발휘한다 할지라도 합리적 논거가 전제되어야 보편적인 설득력을 지닐 수 있다.

2. 숨은 논거와 주장 찾아내기

논거가 자연스럽게 주장 속에 스며들어 논거와 주장 사이에 구분이 분명하지 않을 때가 있다. 이 경우 대부분은 주장이나 전제를 생략하고 압축하여 말할 때이다. 예컨대 선생님이 실수를 하고 "선생님도 사람인데 실수 할 수 있다"고 말하는 경우, 여기서 주장은 "선생님도 실수 할 수 있다"이고 이를 뒷받침하고 있는 논거로 "선생님도 사람이다"를 제시하고 있다. 그러나 "선생님도 사람이다"라는 논거 하나만으로는 "선생님도 실수 할 수 있다"는 주장을 정당화하지 못한다. 이 말이 타당한 논증이 되기 위해서 숨겨진 전제, "모든 사람은 실수를 한다"가 있어야 한다. 이 전제를 수용하지 않으면 결론이 타당한 방식으로 추론되지 않기 때문이다. 대체로 "모든 사람은 실수를 한다"와 같이 누구나 상식적으로 수용하고 있는 전제는 생략하여도 논증의 타당성을 판단하는 데 큰 문제는 없다.

"이 게임은 미성년자 사용불가이다. 라라에게 선물할 수 없다"고 하면 "라라에게 이 게임을 선물할 수 없다"는 주장을 뒷받침하는 숨은 논거, "라라는 미성년자이다"가 숨어 있는 것이다. 논거만이 아니라 주장을 숨길 수도 있다. "이 게임은 미성년자 사용불가이다. 라라는 미성년자이다"라고 하면 "라라는 이 게임을 할 수 없다"는 주장이 생략된 것이다. 누구나 다 인정하는 바이고 상식이기 때문에 생략하는 경우도 있지만 논증을 명확히 평가하기 위해서는 숨은 논거와 주장을 면밀히 검토해야 한다.

숨은 논거 또는 주장을 밝히는 것이 중요한 이유는 숨은 논거 또는 주장의 참 거짓에 따라 논증에 대한 판단이 달라지기 때문이다. 『탈무드』에 여자들의 질투에 관해 남자들이 이야기하고 있는 구절이 나온다. 서로 친구사이인 남자들이 모여 아내들의 질투심에 대해 이야기하다 문득 한 남자가, "이브도 아담을 질투했을까?"를 물었다. 그들은 오랜 시간 진지하게 토론을 했고 이브가 아담을 질투했을 것이라는 결론을 내렸다. 그런데 이 결론에 이르는 데는 서로 다른 두 가지 이유로 나뉘었다. 질투가 따르지 않는 사랑은 있을 수 없기 때문이라고 말한 사람과 질투하지 않는 여자가 있을 리 없다는 사람으로 갈린 것이다. 어쨌든 그들은 아담이 외출했다가 집으로 돌아오면, 이브는 언제나 아담의 갈빗대를 세어 보았을 것으로 결론 내렸다.

이 이야기 속 남자들이 이브가 질투했을 것이라고 주장하는 데는 서로 다른 두 가지 논거가 뒷받침되고 있다. "이브가 아담을 사랑하므로 아담을 질투한다"는 것과 "이브가 여자이므로 아담을 질투한다"는 것이다. 여기에 숨겨진 논거 역시 각각 다르다. 숨겨진 논거까지 밝혀 논증 구조를 살펴보면 다음과 같다.

> 모든 사랑에는 질투가 따른다.(숨겨진 전제)
> 이브는 아담을 사랑한다.
> 따라서 이브는 아담을 질투한다.
>
> 모든 여자는 남자를 질투한다.(숨겨진 전제)
> 이브는 여자이다.
> 따라서 이브는 아담을 질투한다.

첫번째 논증에 있어서 숨겨진 전제는 "모든 사랑에는 질투가 따른다"이고 두 번째 논증에서 숨겨진 전제는 "모든 여자는 남자를 질투한다"이다. 논증의 타당성을 제대로 판단하기 위해서는 이 숨겨진 전제를 수용할 것인지 말 것인지를 결정해야 한다. 만약 "모든 사랑에는 질투가 따른다"를 수용할 수 없거나 "모든 여자는 남자를 질투한다"를 수용할 수 없다면 이 주장은 타당하지 않다.

논증에 있어서 가장 중요한 것은 논증의 타당성을 판단하는 일이다. 이를 위해 가장 우선되는 단계가 바로 주장과 논거를 찾아내고 구분하는 것이기 때문에 숨은 논거나 숨은 주장이 있는지 살피는 세심한 주의가 필요하다. 숨은 논거나 숨은 주장을 찾았다면 그것이 수용 가능한 것인지, 그 논거가 결론을 충분히 지지하는지 확인해야 한다. 이제 구체적인 논증의 방식을 살펴보기로 한다.

3. 연역 논증으로 주장하기

주장과 근거로 구성된 논증의 종류에는 연역 논증과 비연역 논증이 있다. 연역 논증이란 전제가 결론을 필연적으로 뒷받침하는 논증이다. 연역 논증은 기호를 이용해 형식화 하는 것이 가능하여 형식 논리라고 한다. 반면 비연역 논증은 형식적으로 일반화 할 수 없기 때문에 내용으로만 파악해야 한다. 연역 논증은 전제가 참이라면 결론이 반드시 참이 되는 필연성을 확보할 수 있지만, 비연역 논증은 전제로부터 결론이 도출되는 과정에 다만 개연성만이 있을 뿐이다. 연역 논증은 전제가 결론을 증명해주는 관계이지만 비연역 논증은 전제가 결론을 설명해주는 관계이다.

연역 논증이 전제가 참이면 결론도 반드시 참이 되는 형식 논리에 근거하고 전제로부터 결론이 필연적으로 도출되는 법칙적 관계이므로 연역 법칙의 형식을 알고 있으면 연역 논증을 사용하는 데 편리하다. 연역 논증의 대표적 형식으로 조건 삼단논법과 선언 삼단논법이 있다. 이들은 조건문과 선언문에 관계한 연역 논증이다. 조건문은 조건을 담고 있는 말로 '만일 p이면 q이다'의 형식이다. 여기서 p를 전건, q를 후건이라고 부른다. 'p 또는 q'의 형식으로 표현되는 선언문은 선택을 담고 있는 말인데, 이때 p, q의 순서는 중요하지 않다. 일반적인 선언문 'p 또는 q'에서 p, q는 '향수 또는 꽃다발을 선물한다'와 같이 두 개가 동시에 함께 할 수 있는 포괄적 관계를 의미한다. 선언삼단논법의 예외의 경우는 p, q가 '나는 지금 서울에 있거나 부산에 있다'처럼 두 개가 동시에 함께 할 수 없는 배타적인 경우다.

조건 삼단논법과 선언 삼단논법은 형식화가 가능하다. 주어진 형식으로부터 벗어날 때 오류가 된다.

전건 긍정의 법칙

'만일 p이면 q이다'의 조건문 형식에서 전건 p를 전제에서 긍정하면 결론으로 q가 도출된다.

만일 p이면 q이다.	예) 비가 오면 땅이 젖는다.
p이다.	비가 온다.
따라서 q다.	따라서 땅이 젖는다.

전건 긍정의 법칙을 응용한 사례는 다음과 같다.

우주에 생명체가 살기에 적합한 행성이 여러 개 있다면 생명체는 지구 말고 다른 행성에 있을 가능성이 있다. (만일 p이면 q이다)
우주에는 생명체가 살기에 적합한 행성이 여러 개 있다. (p이다)
따라서 생명체는 지구 이외 다른 행성에도 있을 것이다. (따라서 q이다)

사형제도가 중범죄를 예방할 수 있다면 사형제도는 집행되어야 한다.
사형제도가 중범죄를 예방한다.
따라서 사형제도는 집행되어야 한다.

후건 부정의 법칙

'만일 p이면 q이다'의 조건문 형식에서 후건 q를 전제에서 부정하면 결론으로 전건 p의 부정이 도출된다.

만일 p이면 q이다.	예) 비가 오면 땅이 젖는다.
q가 아니다.	땅이 젖지 않는다.
따라서 p가 아니다.	따라서 비가 오지 않는다.

후건 부정의 법칙을 응용한 사례는 다음과 같다.

낯선 사람이 거실에 걸린 그림을 훔쳐갔다면 강아지는 짖었을 것이다. (만일 p이면 q이다)
거실에 걸린 그림이 도난당하는 동안 우리 집 강아지는 전혀 짖지 않았다. (q가 아니다)
따라서 거실에 걸린 그림을 훔친 사람은 낯선 사람이 아니다. (따라서 p가 아니다)

사형제도가 집행되는 국가라면 인권을 중시하지 않는 국가이다.
우리나라는 인권을 중시하는 국가이다.
우리나라는 사형제도가 집행되지 않는다.

선언지 배제법

p와 q 두 개가 동시에 함께 있을 수 있는 포괄적 관계에 있는 'p 또는 q'의 선언지 형식에서 둘 중 어느 하나가 전제에서 부정되면 나머지 하나가 결론으로 도출된다.

p또는 q이다.	예) 결혼 하거나 취업한다.
p(q)가 아니다.	결혼(취업)하지 않는다.
따라서 q(p)이다.	따라서 취업(결혼)한다.

선언지 배제법을 응용한 사례는 다음과 같다.

우리는 인간 본성을 통해 선을 실현하거나 교육을 통해 선을 실현한다.(p 또는 q이다)
우리는 인간 본성을 통해 선을 실현하리라 기대할 수 없다.(p가 아니다)
따라서 우리는 교육을 통해 선을 실현해야 한다.(따라서 q이다)

선거법상 국회의원 후보자가 선거구내의 거주하는 개인이나 기관 · 단체에 기부행위를 하면 1천만원 이하의 벌금 또는 5년 이하의 징역에 처해진다.
기부행위를 하다 적발된 김모 후보자에게 벌금형이 주어지지 않았다.
따라서 김모 후보자는 5년 이하의 징역을 구형받을 것이다.

연역 법칙의 형식을 제대로 지키지 못할 때 형식적 오류가 발생한다. 전건 부정의 오류는 전제에서 전건을 긍정해야 하는데 부정할 때 생기는 것이고, 후건 긍정의 오류는 전제에서 후건을 부정해야 하는데 긍정할 때 생기는 것이다. 선언지 긍정의 오류는 전제 중 하나를 부정했을 때 나머지 전제를 긍정하는 선언지 배제법을 잘못 적용하여 전제 하나를 긍정하는 것으로부터 나머지 전제의 부정을 결론으로 착각하는 오류이다. 형식적 오류는 잘못된 형식에서 비롯된 것으로 전제의 참으로부터 결론의 참이 반드시 필연적으로 도출되는 관계가 아니라는 것을 의미한다. 예컨대 "늦잠을 자면 지각한다. 늦잠을 자지 않았다. 따라서 지각하지 않았다"는 얼핏 맞는 말로 들리지만 전건 부정의 오류를 범한 논증이다. "늦잠을 자면 지각한다. 지각했다. 따라서 늦잠을 잤다" 역시 후건 긍정의 오류를 범한 논증이다. 형식적 오류는 전제의 참으로부터 결론의 참이 필연적으로 도출되지 않는다는 의미이다. 늦잠을 자지 않았어도 다른 일 때문에 지각할 수도 있는 일이다. 오류에 해당하는 논증은 개연적으로는 참일 수 있지만 필연적으로 참이라고는 할 수 없는 경우이다. 앞서 소개한 연역 논증에 해당하는 형식적 오류를 정리하면 다음과 같다.

전건 부정의 오류

'만일 p이면 q이다'의 조건문 형식에서 전건 p를 전제에서 부정한다고 해서 결론으로 q의 부정이 도출되지는 않는다.

만일 p이면 q이다.	예) 비가 오면 땅이 젖는다.
p가 아니다.	비가 오지 않는다.
따라서 q가 아니다.	따라서 땅이 젖지 않는다.

전건 부정의 오류사례는 다음과 같다.

그가 영웅이라면 그는 미인을 얻을 것이다.
그는 영웅이 아니다.
미인을 얻지 못할 것이다.

후건 긍정의 오류

'만일 p이면 q이다'의 조건문 형식에서 후건 q를 전제에서 긍정한다고 해서 결론으로 전건 p가 도출되지는 않는다.

만일 p이면 q이다.	예) 비가 오면 땅이 젖는다.
q이다.	땅이 젖는다.
따라서 p이다.	따라서 비가 온다.

후건 긍정의 오류사례는 다음과 같다.

그가 영웅이라면 미인을 얻을 것이다.
그는 미인을 얻을 것이다.
따라서 그는 영웅이다.

선언지 긍정의 오류

p, q 두 개가 동시에 함께 있을 수 있는 포괄적 관계에 있는 'p 또는 q'의 선언지 형식의 전제에서 어느 하나를 긍정한다고 나머지 하나의 부정이 결론으로 도출되지는 않는다.

p또는 q이다.	예) 취업을 하거나 결혼한다.
p(q)이다.	취업(결혼)한다.
따라서 q(p)가 아니다.	따라서 결혼(취업)하지 않는다.

나는 우리 과에 있는 김모와 친구하거나 박모와 친구한다.
나는 김모와 친구한다.
따라서 나는 박모와 친구하지 않는다.

선언지 긍정의 오류 형식이면서도 예외적으로 타당한 경우가 있다.

선언지 긍정의 오류 예외

p또는 q이다.	예) 서울에 있거나 설악산에 있다.
p(q)이다.	서울에 있다.
따라서 q(p)가 아니다.	따라서 설악산에 있지 않다.

나는 맞선 본 사람 중에 김모와 결혼하거나 이모와 결혼한다.
나는 김모와 결혼한다.
따라서 나는 이모와 결혼하지 않는다.

'p 또는 q'에 해당하는 선언지가 '결혼'과 '취업'같이 서로를 동시에 할 수 있는 포괄적인 경우에는 선언지 긍정의 오류가 적용되지만, "서울에 있거나 설악산에 있다"와 같이 선언지가 동시에 있을 수 없는 배타적인 경우에는 오류에서 예외가 된다.

이제 좀 더 복잡한 주장에서 연역 논증의 구조를 찾아보자.

지난 몇 십 년 동안 평균 해수 온도가 꾸준히 상승하여 많은 해양 생물이 멸종에 이르렀다. 평균 해수 온도의 상승에 관해 현대 과학자들은 산업화를 주범으로 보고 있다. 이산화탄소를 비롯한 온실효과 기체가 대기에 방출되면 평균 해수 온도가 올라간다는 사실이 명확하게 밝혀졌고, 과거 몇 세기 동안 인간의 산업 지대에서 뿜어내는 이산화탄소의 양은 급격하게 늘어났기 때문이다. 그러나 산업화 이전, 혹은 인간이 존재하지 않았던 오랜 옛날에도 대기 중 이산화탄소 비율과 평균 해수 온도가 큰 폭으로 오르내렸다는 지질학적 증거가 있다. 지구의 평균 해수 온도의 상승이 산업화에 따른 이산화탄소 증가에만 있다는 믿음은 잘못된 것이다.

이 글은 산업화를 평균 해수 온도 상승의 주범으로 보는 입장에 대한 반박이다. 자신이 반박하고자 하는 상대 주장에 오류가 있음을 밝히는 것은 반박하는 방식 중 가장 효과적이다. 예시문에서 산업화가 평균 해수 온도 상승의 주범이라는 주장은 오류에서 비롯된다. 이 주장에 담긴 후건 긍정의 오류는 다음과 같다.

산업지대에서 뿜어내는 이산화탄소의 양이 급격히 늘어나면 평균해수 온도가 상승한다. (만일 p이면 q이다.)
지난 몇 십 년 동안 평균 해수 온도가 꾸준히 상승했다. (q이다.)
따라서 산업 지대에서 뿜어내는 이산화탄소의 양이 급격하게 늘어났다. (따라서 p이다.)

일반적으로 산업화에 따른 이산화탄소의 증가가 평균 해수 온도 상승의 주범이라고 생각하지만 예시문의 전제로부터 결론의 추론 과정을 살펴보면 후건 긍정의 오류에 근거한 부당한 논증임을 알 수 있다. 오류를 지적한 것으로 상대의 주장을 반박한 후 새로운 주장이 필요하다는 것을 전건 긍정의 법칙으로 펼쳐 보이면 다음과 같다.

오랜 옛날에도 대기 중 이산화탄소 비율과 평균 해수 온도가 큰 폭으로 오르내렸다는 지질학적 증거가 있다면 평균해수 온도 상승의 탓이 산업화라고만 할 수 없다. (만일 p이면 q이다.)
오랜 옛날에도 대기 중 이산화탄소 비율과 평균 해수 온도가 큰 폭으로 오르내렸다는 지질학적 증거가 있다 (p이다.)
따라서 평균해수 온도 상승의 탓이 산업화라고만 할 수 없다. (q이다.)

평균해수 온도의 상승이 산업화 탓만은 아니라는 주장을 전건 긍정의 법칙에 근거해 설득하고 있다. 연역 법칙에 따른 강한 논증이다. 그만큼 설득력이 높은 주장이다.

지금까지는 연역 법칙의 형식에 초점을 맞추어 연역 논증의 구조를 살펴보았다. 그러나 법칙에 따른 연역 논증을 펼쳤다고 무조건 좋은 논증은 아니다. 연역 논증이 연역 법칙의 형식에 부합할 때는 타당(Valid)하다고 한다. 그러나 타당하다고 해서 곧바로 좋은 논증이라고 할 수는 없다. 연역법칙에 부합한 타당한 논증이지만 좋은 논증이 아닌 사례는 다음과 같다.

고래가 포유류라면 바다는 땅이다.	(만일 p이면 q이다.)
고래는 포유류이다.	(p이다.)
따라서 바다는 땅이다.	(따라서 q이다.)

이 논증은 전건긍정의 법칙에 따라 형식적으로는 타당하다. 그러나 논증 형식을 따랐다고 모두 좋은 논증은 아니다. 위의 전제 중에 "고래가 포유류라면 바다는 땅이다"는 수용할 수 없는 전제이다. 연역 논리의 경우 형식에 맞는 것으로는 충분하지 않다. 좋은 논증을 펼치기 위해서는 전제가 모두 참이어야 한다는 건전성(Soundness) 조건을 갖추어야 한다. 따라서 연역 논증의 경우 좋은 논증은 전제와 결론의 관계가 연역 형식에 맞아야 할 뿐만 아니라 전제가 모두 참이어야 한다. 이처럼 타당성과 건전성이라는 두 조건이 모두 갖춰져야 좋은 논증이 된다.

좋은 논증의 두 가지 조건

논증의 타당성 — 전제를 벗어난 결론을 제시하지 않는다.
논증의 건전성 — 거짓 전제를 제시하지 않는다.

그 밖에도 좋은 논증을 펼치기 위해 주의할 점은 전제들이 모두 수용할 만해야 하고(Acceptability), 전제와 결론 간에 서로 관련이 있어야 하고(Relevance), 전제들이 결론을 충분히 지지해 주어야 한다(Sufficiency). 전제를 수용할 수 없거나 전제와 결론이 서로 관련이 없거나, 서로 관련은 있으되 주장을 지지하기에 충분하지 않다면 아무리 연역 법칙에 부합하는 논증이라 할지라도 좋은 논증이 아니다.

4. 비연역 논증으로 주장하기

연역 논증을 자세히 따져보면 연역 논증의 결론은 이미 전제 안에 들어 있다. "모든 인간은 죽는다"와 "소크라테스는 인간이다"는 전제로부터 "소크라테스는 죽는다"를 결론으로 추론하는 것이 연역 논증인데, 전제 "모든 인간은 죽는다"를 아는 사람은 이미 "소크라테스는 죽는다"를 이미 알고 있는 것이나 마찬가지이다. 연역 논증이 지식의 확장에 별 도움이 되지 못한다는 의미이다. 반면 비연역 논증에 해당하는 귀납 논증, 유비 논증, 연역-결과 논증 등은 전제로부터 결론이 필연적으로 도출되는 강한 논증은 아니지만 새로운 내용이 밝혀지는 지식의 확장을 가져 올 수 있다. 비연역 논증에 해당하는 논증들을 살펴보면서 어떻게 지식이 확장되어 가는지 확인해 보기로 하자.

(1) 귀납적 일반화

개별적인 것들에 대한 관찰을 토대로 일반적인 결론을 이끌어 내는 귀납 논증은 경험에 근거한 논리이다. 귀납적 일반화는 A에 속하는 특정한 몇 개를 관찰하여 그것들이 모두 어떤 특성 F를 갖는다는 것을 토대로 A에 속하는 모든 것이 F라는 성질을 가지고 있다고 추론한다.

첫 번째 관찰한 까마귀는 까맣다.
두 번째 관찰한 까마귀는 까맣다.
세 번째 관찰한 까마귀는 까맣다.
네 번째 관찰한 까마귀는 까맣다.

⋮

n 번째 관찰한 까마귀는 까맣다.
따라서 모든 까마귀는 까맣다.

지금까지 관찰한 수많은 까마귀가 모두 까만 것으로 볼 때 "모든 까마귀는 까맣다"고 일반화할 수 있다.

귀납 논증을 응용한 논증의 사례는 다음과 같다.

"칼을 쓰는 자는 칼로 망한다"고 갈파한 예수의 말씀은 하나의 보편적 진리로 믿어지고 있다. 이는 우리가 잘 아는 몇 가지 사례만 보더라도 알 수 있다. 세계를 무력으로 점거했던 나폴레옹 황제도 결국 무력으로 멸망했다. 세계 2차 세계 대전을 일으켜 세계를 정복하려 했던 히틀러나 뭇솔리니도 연합군에 의해 제압되었다. 그 밖에 남아메리카나 아프리카 등에서 끊임없이 무력으로 정권이 생겨나지만 결국 무력으로 빼앗긴다. 합법적인 절차를 무시하고 총칼의 힘으로 정권을 빼앗는다는 것은 어느 경우나 비평화적 정권교체의 전례를 남기는 것이 되며 그것은 반드시 되풀이된다.

나폴레옹, 히틀러, 뭇솔리니 등등의 구체적인 개별 사례로부터 관찰한 것은 무력은 무력에 의해 망한다는 것이다. 이것을 일반화하여 모든 무력에 대해 확대하여 적용하고 있다.

귀납적 일반화의 하나로 통계적 일반화의 논증이 있다. 통계적 일반화의 논증은 전체 중 일부를 뽑아서 조사하고, 그 조사된 표본 중에서 어떤 성질 F를 가지고 있는 것이 몇 개나 되는지를 확인한 다음, 그러한 경험적 사실을 토대로 전체 중에서 F라는 성질을 갖는 것이 어느 정도의 비율인가를 추론하는 것이다. 여론 조사가 대표적인 통계적 일반화의 논증이라고 할 수 있다.

통계적 삼단 논법

전체 중에서 x개를 조사하여 그 중에서 y개가 F라는 성질을 갖는다. 그러므로 전체의 약 z%(z는 y/x의 백분율)가 F라는 성질을 갖는다.

P의 z%는 F이다. 예) 흡연자의 84%는 잇몸질환이 있다.
a는 P이다. 그는 흡연자이다.
그러므로 a가 F일 가능성은 z%이다. 그가 잇몸질환이 있을 가능성은 84%이다.

귀납 논증의 평가 기준은 올바른 형식에 의해 타당/부당을 가르는 연역 논증과 다르다. 만약 어떤 귀납 논증에서 전제가 결론을 그럴듯하게 지지하는 데 성공하면, 그것은 강한 논증이다. 이와 달리 그렇지 못하면, 그 귀납 논증은 약한 논증이다. 귀납 논증은 연역 논증과는 달리 전제와 결론 사이의 그럼직한 지지 관계가 얼마나 강한지를 따진다. 다음의 두 논증을 비교해 보자.

(A) 가을에 독감 예방주사를 맞은 사람들 중 90%가 겨울에 독감에 걸리지 않았다.
나는 이번에 가을에 예방주사를 맞았다.
아마도 나는 이번 겨울 독감에 걸리지 않을 것이다.

(B) 운동하지 않고 식이요법으로만 다이어트를 한 사람의 35%가 다이어트에 성공했다.
그는 식이요법으로만 다이어트를 했다.
아마도 그는 다이어트에 성공할 것이다.

위의 두 논증에서 (A)는 개연성이 높은 비교적 강한 논증이지만 (B)는 개연성이 높지 않은 약한 논증이다.

귀납 논증의 경우, 전제와 결론의 관계도 고려해야 한다.

(a) 두통을 호소하는 사람 중 아스피린 복용 후 그 중 80%가 완쾌되었다. 그는 두통을 앓고 있다. 그에게 아스피린을 주었고, 아마도 좋아질 것이다.

(b) '읽기와 쓰기' 수강생 중 파란색 펜으로 필기한 핵생 80%가 A를 받았다. 나는 '읽기와 쓰기' 시간에 파란색 펜으로 필기했다. 나도 A를 받게 될 것이다.

우선 (a)는 전제를 참이라고 가정했을 때, 결론의 참이 아주 그럴듯하게 보장될 수 있는 귀납 논증이다. 이 귀납 논증은 비교적 강한 논증이다. 그렇지만 강한 논증이라고 하더라도, 결론이 거짓이 될 수 있다. 예를 들어 아스피린 알레르기를 반응을 보이는 사람의 경우도 있기 때문이다. 두통이 있는 경우에도 단순한 두통이 아닌, 다른 질병으로 인한 것일 수도 있기 때문이다. 그러나 대개는 아스피린이 두통을 완화한다는 것을 알고 있기 때문에 (a)가 강한 논증이라고 말할 수 있다.

그러나 (b)는 형태상으로는 (a)와 거의 같지만, (b)의 경우 전제가 참이라 하더라도, 그 전제가 결론과 무관한 것으로 결론의 참을 보장해 주지 못한다. 따라서 (b)는 약한 논증이다. 파란색 펜으로 필기하는 것이 '읽기와 쓰기' 성적과 어떤 연관관계가 있지 않기 때문이다. (b)의 전제가 참이라 하더라도 그 전제로부터 그 결론을 도출하는 것은 적절하지 않다.

그런데 문제는 실제로 우리가 귀납 논증을 대할 때 그 논증이 강하거나 약하다고 간단하게 결정할 수 없는 경우가 있다는 것이다. 우선 그 논증에서 명시적으로 제시된 전제로부터 얻는 정보가 충분하지 않을 수 있다. 그렇다면 어떤 다른 정보가 가정되어 있는지 살펴보아야 한다. 논증이 주장되는 맥락에서 숨겨진 전제들이 무엇인지 더 많이 알고 있다면, 귀납 논증의 강도를 평가하는 데 더 유리하다.

강한 귀납 논증 중에서 전제가 모두 실제로 참인 논증을 설득력 있는(cogent) 논증이라고 한다. 그러나 강한 귀납 논증이라고 하더라도 주어진 전제들 가운데 거짓인 전제가 끼어 있다면, 그것은 설득력 없는(uncogent) 논증이다. 또한 약한 논증은 모두 설득력 없는 논증에 해당한다.

(2) 유비 논증

두 개체의 유사성의 관계로부터 새로운 결론을 추론하는 것이 유비 논증이다. 유사한 점을 많이 가지고 있는 X와 Y를 비교하면서 Y에 대해 알고 있는 바의 것을 X에 대해서도 추론하는 방식이다. 유비 논증의 구조를 살펴보면 다음과 같다.

X는 a, b, c 의 성질을 갖는다.
Y는 a, b, c 의 성질을 갖고 있고 d 라는 성질도 갖는다.
따라서 X와 Y의 유사점으로 볼 때 X는 d 라는 성질을 가질 것이다.

화성 탐사의 목적을 유비 논증을 통해 이해할 수 있다. 미국의 나사가 목성이나 해왕성이 아닌 화성탐사에 막대한 자금을 투자하는 것은 지구와 가장 유사한 행성이 화성이기 때문이다. 지구와 화성의 유사성에 근거해 지구에 생명체가 살듯 화성에도 생명체가 있는지 궁금한 것이다.

화성은 일정한 공전, 자전, 대기와 더불어 물이 있었던 흔적도 발견되고 있다.
지구는 일정한 공전, 자전, 대기, 물을 가지고 있고 생명체가 살 수 있다.
따라서 화성에도 생명체가 살 수 있을 것이다.

유비 논증은 문제 해결과 발명 등에 많이 활용된다. 예컨대 신약 개발을 위한 동물

실험은 지렁이나 도마뱀이 아닌 인간과 유전적으로 가장 가까운 포유류를 대상으로 삼는데 이것이 바로 유비 논증의 활용이다.

사람은 포유류이고 잡식성이고 인슐린에 의해서 혈당이 조절된다.
침팬지는 포유류이고 잡식성이고 인슐린에 의해서 혈당이 조절되며, a라는 약이 침팬지의 당뇨병에 효능이 있다.
따라서 a라는 약은 사람의 당뇨병에도 효능이 있을 것이다.

유비 논증은 신학과 같은 형이상학적 논증에서도 즐겨 사용된다. 예컨대 해변을 걷다가 모래 위에 떨어져 있는 시계를 발견했을 때 그 시계의 정교함과 복잡함을 보면서 그것이 우연히 파도에 의해 만들어졌을 거라고는 생각하지 않는다. 시계의 정교함과 복잡함은 그것을 만든 지성적인 존재자를 확신하게 한다. 마찬가지로 생명의 세계를 생각하면 생명 세계의 정교함과 복잡함을 발견하게 되고 그것이 우연히 만들어 졌다기보다 시계와 마찬가지로 엄청난 지성을 가진 창조자에 의해 만들어진 것이라 생각하게 된다. 신학에서는 그러한 존재를 바로 신이라고 주장한다. 시계의 복잡함과 정교함으로부터 그것을 만든 제작자를 생각하듯이 생명체의 복잡함과 정교함으로부터 그것을 있게끔 한 창조자를 생각하는 과정이 유비논증에 근거한 것이다.

(3) 귀추법(원인-결과 논증, 가설추리)

어떤 현상이 관찰될 때, 그 현상이 왜 발생했는지를 가설을 통해 설명하는 방식이 귀추법(abduction) 또는 원인-결과 논증, 가설추리라고 부른다. 예컨대 임신 초기에 입덧이 발생하는데 왜 입덧이라는 현상이 발생하는지에 대해 가설을 세워 추론할 수 있다. 임신 초기에 생기는 입덧은 식욕부진은 말할 것도 없고 음식을 보기만 해도 속이 메스꺼워 구역질을 하는 현상이다. 입덧은 태아가 모체의 행동에 영향을 미치는 일로 파악할 수 있다. 입덧이 심한 시기는 임신 3, 4개월째인데, 이 시기가 바로 태아의 기관 발생이 가장 활발하게 형성되는 시기다. 이 시기가 중요하기 때문에 태아 스스로가 자신을 보호하기 위해 모체에게 강력한 신호를 보낸다고 가정할 수 있다. 이 시기에 임신부가 술이나 담배를 포함하여 음식에 묻어 있는 유해성분, 예컨대 바이러스, 곰팡이, 세균, 농약, 제초제, 항생제 등을 함부로 섭취하게 되면 태아에게 치명적인 해를 끼쳐 저능아와 기형아의 출산위험이 늘게 될 것이다. 따라서 입덧은 태아가 자신의 생존율을 높이기 위해 작동시키는 자기방어기제라는 가설을 만들 수 있다.

가설을 형성하는 초기 단계에서는 가설은 여럿일 수 있다. 예컨대 미국에서 조사한 결과 어머니의 80%가 아이를 왼팔로 안는다는 사실을 밝혀냈다. 왜 이런 현상이 일어났는가를 해명하는 가설로는 가슴 왼편에 심장이 있고 아이가 태내에서부터 각인된 어머니의 심장 고동 소리를 들어 더 편안해지고 더 안정되어 덜 보챈다는 가설을 세울 수 있다. 이것은 어머니가 아이를 왼편으로 안아주는 현상을 설명하는 유력한 가설이긴 하지만 왼편으로 안을 때 오른 손이 더 많은 일을 해 낼 수 있는 편리함 때문이라는 가설 또한 가능하다. 물론 이 가설을 뒷받침하기 위해서는 왼손잡이 어머니는 오른 손으로 아이를 안는지에 대한 조사가 뒷받침되어야 할 것이다. 경쟁하는 가설은 확증할만한 증거가 나올 때까지 계속 공존한다. 천동설과 지동설도 과학사에 기록되어 있는 막강한 경쟁 가설이었다. 이 두 가설간의 경쟁은 망원경의 발명으로 확실히 검증될 때까지 수백 년이나 계속되었다.

3장

잘못된 논증과 논리적 오류

일상생활에서 우리는 생각보다 많은 논리적 오류를 범하면서 언어를 사용한다. 우리는 논증을 할 때 타당한 근거를 내세우지 않고 감정에 호소하거나, 언어를 잘못 사용하거나, 또는 주어진 자료나 상황을 잘못 판단함으로써 오류에 빠지는 경우가 허다하다. 잘못된 논증을 피하기 위해서는 상대방 논증의 허점을 간파해서 오류를 정확히 지적할 수 있는 논리적 사고력과 비판적 사고력을 갖추지 않으면 안 된다. 이 장에서는 이러한 잘못된 논증, 즉 논리적 오류들을 설명하고자 한다.

비논리적인 사고는 우리로 하여금 잘못된 논증을 하게 함으로써 오류에 빠지게 만든다. 일상생활에서 우리는 생각보다 많은 논리적 오류를 범하면서 언어를 사용한다. 심지어 어느 정도 논리적 구조를 갖추고 있다고 보이는 신문의 사설이나 논단에서도 이따금 오류를 범하고 있는 경우를 볼 수 있다. 또한 TV 토론 프로그램에 나오는 학자나 전문가들도 잘못된 논증을 함으로써 오류에 빠지는 경우가 종종 있다. 그런 곳에 들어 있는 오류는 교묘한 비유나 말장난으로 깊숙이 감추어져 있기도 하고 우리의 심리적 상태에 호소하기도 해서 쉽사리 찾아내기도 힘들다. 그러한 논증으로 인해 우리는 사태를 잘못 판단하거나 비논리적인 사고에 빠져드는 경우가 허다하다. 잘못된 판단을 하지 않기 위해서는 상대방의 논증의 허점을 간파해서 오류를 정확히 지적할 수 있는 논리적 사고력과 비판적 사고력을 갖추지 않으면 안 된다. 이 장에서는 이러한 잘못된 논증, 즉 논리적 오류들을 설명하고자 한다.

1. 심리적 오류

심리적 오류란 논증을 하는데, 논리적으로 타당하게 근거를 내세우지 않고 심리적인 면에 기대어 설득할 때 빠지는 오류다. 다시 말해 강한 감정 또는 감정 혼동에 이끌려 논증을 함으로써 빠지는 오류다. 심리적 오류가 발생하는 논증들의 결론은 논리적으로 전제와 무관하다. 그러나 전제들이 결론과 심리적으로 관련되어 있기 때문에 마치 결론이 전제들로부터 논리적으로 따라 나오는 것처럼 보인다.

(1) 개인에 호소하는 논증의 오류

개인에 호소하는 논증의 오류란, 논증에 등장하는 사람의 성격, 정황, 직업, 과거의 행적 등을 근거로 해서 자신의 결론을 받아들이도록 주장할 때 빠지는 오류다. 여기에는 개인을 비난하는 논증의 오류, 개인을 긍정하는 논증의 오류, 개인의 정황에 호소하는 논증의 오류, 피장파장의 오류가 있다.

(가) 개인을 비난하는 논증의 오류

이모 의원이 이번에 건의한 선거법 위반에 대한 법안은 야당의원들을 노리고 건의했다는 느낌을 지울 수가 없다. 이 모 의원은 뇌물수수 혐의를 받은 적이 있으며 성추행을 저질러 벌금까지 내지 않았는가!

개인을 비난하는 논증의 오류는 개인의 성격이나 인품을 비난함으로써 자신의 결론을 상대방이 받아들이도록 유도할 때 빠지는 오류다. 위의 사례에서 논증자의 주장은 '이모 의원이 건의한 선거법 위반 법안은 문제가 있다'는 것이다. 그 근거로 이 의원의 '뇌물수수 혐의'와 '성추행'을 들고 있다. 그러나 이 두 가지는 이 의원이 건의한 '선거법 위반 법안'과는 아무런 논리적 관련이 없다. 논증자의 주장이 논리적 정당성을 가지려면 법안의 내용을 면밀히 검토해 보고, 문제점을 지적해야 한다.

예 ① : 베이컨의 철학은 믿을 수 없다. 그는 뇌물을 받은 혐의로 대법관직을 내놓은 사람이기 때문이다.

예 ② : “허나라 의원은 포르노물 검열을 폐지해야 한다고 주장하고 있다. 그러나 허 의원의 주장에 동의해서는 안 된다. 그는 호모에다가 약물 중독자였지 않는가?”

(나) 개인을 긍정하는 논증의 오류

당신은 최석학 교수가 총장으로서는 자질이 부족하다고 말한다. 그러나 최석학 교수는 우리 대학에서 가장 친절한 사람이면서, 또한 교수 개개인의 어려운 문제들에 항상 도움을 주려고 애써 왔던 분이다. 따라서 학교발전을 위해서는 최석학 교수를 총장으로 선출하도록 하자.

개인을 긍정하는 논증의 오류란, 결론과는 아무 관련이 없는, 개인의 인품이나 선행 등 긍정적인 면을 부각시켜서, 그것을 근거로 논증할 때 빠지는 오류다. 위의 사례에서 최석학 교수 개인의 긍정적인 면을 부각시켜서 심리적인 근거에 호소해서 총장이 되어야 한다고 결론내리고 있다. 그러나 친절함, 남을 돕는 일 등은 총장으로서의 자질과 상관이 없다. 이러한 논증이 타당성을 가지려면, 학교발전을 위한 공약의 내용, 총장으로서의 대학 경영 마인드 등을 살펴보고, 이를 근거로 해서 주장을 해야 타당한 논증이 된다.

예 ① : 김경수 의원은 항상 우리 소시민의 권리를 대변해 주었던 국회의원이다. 따라서 당신도 동물복지기금을 위한 법안을 마련하려는 김 의원의 노력을 지지하지 않으면 안 된다.

예 ② : 가수 김장훈 씨는 기부 천사다. 정작 자신은 월세 집에 살고 있으면서도 불우이웃을 위해 많은 기부를 했다. 또한 정기적으로 자선 콘서트를 열고 있으며, 소외된 곳을 찾아가 자원 봉사도 하고 있다. 따라서 이번에 나온 김장훈 씨의 9집 앨범은 인기를 끌어야 하고 많이 팔려야 한다.

(다) 개인의 정황에 호소하는 논증의 오류

여러분은 김씨가 노동자의 임금인상 문제에 관해 뭐라고 주장하든 믿을 수 없을 것입니다. 왜냐하면 그가 노동자이므로 그는 노동자의 임금을 인상하자는 편에 설 것이 당연하기 때문입니다.

개인의 정황에 호소하는 논증의 오류란 개인의 처지, 주어진 상황 등을 근거로 상대방 논증의 정당성을 묵살하려고 할 때 빠지는 오류다. 위의 사례에서 논증자는 김씨가 노동자라는 주어진 정황에 근거해서 그가 말하는 '노동자의 임금인상 문제'를 일축하려고 한다. 그러나 임금인상문제에 대한 김씨의 주장은 그 자체의 타당성에 의해 평가해야 하는 것이지, 김씨가 지금 처한 정황에 의해 평가해서는 안 된다.

예 ① : 소크라테스의 철학은 그리 신통한 것이 못된다. 왜냐하면 그는 소문난 공처가였으니까.

예 ② : 정부의 고소득층 중과세 정책에 대한 배불러 의원의 비판은 들어 보나마나이다. 그는 야당의원에다가 그로 인해 세금을 가장 많이 부담하게 될 백만장자가 아닌가.

(라) 피장파장의 오류

중학생인 영식이는 월요일을 주말로 착각하고, 늦잠을 자는 바람에 10시가 넘어 등교했다. 담임 선생님께서 꾸중을 하시자, 영식이는 "얼마 전에 선생님께서도 학교에 늦게 등교하시는 것 봤어요, 그리고 가끔가다 점심시간 후의 수업에는 이를 닦으시다가 늦게 오실 때도 있잖아요."라고 말했다. 결국 영식이는 선생님께 말대꾸를 한다고 혼이 났지만, 자기가 했던 말은 틀린 말이 아니었다고 생각했다.

피장파장의 오류란 논증자가 상대방의 유죄를 지적할 때, 상대방도 논증자와 같은 유죄라는 것을 지적함으로써 그 점을 떠넘기려 할 때 빠지는 오류다. 당신도 마찬가지 논법, 역공격의 오류라고 불리기도 한다. 위의 사례는 "선생님도 나보다 나을 게 없다"라는 형식을 취함으로써 빠지는 오류다. 영식이는 학생의 신분에 맞게 지각하면 혼나는 것이 당연한데도 불구하고, 선생님의 실수(지각)를 지적함으로써 범하게 되는 오류다. 선생님의 지각은 이 상황에서가 아니라, 나중에 논의해야 될 부분이다.

예 ① : 한 어머니가 우유를 먹다가 컵을 깬 딸을 나무라고 있었다. 그러자 그 딸이 이렇게 대꾸했다. "예전에 엄마도 밥그릇을 깼잖아요."

예 ② : 엄마가 밥 먹을 때 팔을 올리지 말라고 하자 딸이 말했다. "할머니가 그러시는데 엄마도 어렸을 때 팔 올리고 밥 먹었다고 하셨어요."

예 ③ : "너는 어떻게 된게 국어 성적이 항상 70점 이상을 못받니?" "누나도 마찬가지잖아. 내가 누나 중학교 성적표 몰래 봤거든!"

(2) 대중에 호소하는 논증

대중에 호소하는 논증의 오류에는 논증자가 대중의 열망, 욕구에 직접적으로 호소해서 자신의 주장을 관철시킬 때 빠지는 오류가 있고, 많은 사람들이 그 주장을 받아들인다는 이유로 그 주장을 상대방에게 설득시키려고 할 때 빠지는 오류가 있다. 그리고 신분상승의 욕구에 호소해서 상대방을 설득시키려고 할 때 빠지는 오류가 있다.

(가) 대중의 열망, 욕구에 호소하는 논증의 오류

영국의 전 수상인 토니 블레어가 선거를 하던 당시, 노동당이 내건 슬로건은 "Education, Education, Education"이었다. 그래서 대학생들뿐만 아니라, 자녀를 둔 부모들은 상당수 노동당에 투표를 했고, 토니 블레어는 수상으로 당선되었다. 그러나 집권 후 노동당의 교육정책 중 하나는 대학교 등록금 대폭 인상이었다. 당시 대학생과 대학생을 자녀로 둔 부모들은 허탈감에 빠졌다.

대중의 감정에 직접적으로 호소하는 논증은 대부분 화자는 청중들의 열망이나 욕구를 충족시킬만한 주장을 함으로써 마치 공통적인 감정적 유대가 있는 것처럼 보인다. 위의 사례에서 토니 블레어의 노동당은 '교육을 잘 받아야겠다'는 대중의 열망에 호소해서 논증을 하였다. 그러나 노동당이 집권한 후, 대학생들은 더 많은 등록금을 내야 했다. 노동당의 교육정책은 대학교에 들어가는 재정을 유치원, 초등학교 등으로 돌려서 기초 교육을 제대로 해야 된다는 것이었다. 그러나 공약 내용을 제대로 읽어보지 않고, 등록금을 덜 내거나 더 좋은 환경에서 교육을 받을 수 있을 것이라는 막연한 기대감을 가지고, 노동당에 투표를 한 대학생들은 대중의 열망, 욕구에 호소하는 논증의 오류에 빠진 것이다.

이 대중의 열망, 욕구에 호소하는 논증은 정치가들이 잘 이용하는 논증으로 지난 번 국회의원 선거에서의 '뉴 타운 공약'이 그 예라고 할 수 있다. 국회의원 후보들은 '새로운 환경에서 수준 높은 생활을 하고 싶다'라는 대중의 열망과 욕구에 호소해서 뉴 타운 공약을 주장했으나, 당선 후 공약은 지켜지지 않았다. 대중들은 공약의 정확한 근거와 현실성을 제대로 살펴보지 않음으로써 오류에 빠진 것이다.

예 ① : 러시아 혁명 때 농민들, "우리는 혁명에 참가해야 돼! '모든 토지를 농민에게'라고 하잖아!"

예 ② : (대통령 후보가 유권자들에게) "여러분, 경제를 살리겠습니다. 저를 당선시켜 주십시오!"

(나) 인기에 호소하는 논증의 오류

① 변함없는 오랜 명성의 스마트 학생복, 전국 1,500여개 학교에서 입고 있는 이유가 있습니다.

② 강원도 출신의 김 군은 서울 사람들이 마시는 소주가 어떤 상표인지를 유심히 관찰한 후 다음과 같은 결론을 얻었다. "대부분의 사람들이 참이슬 소주를 마시는 것을 보면, 참이슬이 좋기는 좋은가 봐."

많은 사람들이 그 주장에 동의한다는 것을 근거로 해서 상대방이 그 주장을 받아들이도록 설득할 때 빠지는 오류다. '많은 사람들이 좋아하고 동의한다면', 즉 '인기 있으면' 그 주장이 정당하다는 형식을 취한다. ①의 경우, 학생복을 광고하려면, 그 학생복의 디자인, 옷감 재질, 착용감 등에 대한 정보를 알려주어야 함에도 불구하고, 많은 사람들이 입는다는 것을 근거로 논증하고 있다. ②의 경우도 마찬가지로 참이슬 소주가 많은 사람들에게 인기 있다는 것을 근거로 자기 주장을 하고 있다. 이처럼 우리는 광고에서 인기에 호소하는 논증의 오류를 이용하는 경우를 종종 볼 수 있다.

예 ① : 이 차의 성능은 백만인의 고객이 그 품질을 보장합니다.

예 ② : 대한민국 사람 90%가 옥션을 사용하고 있거나 또는 사용하였습니다.

예 ③ : "오늘 수업 빠지자.", "안 돼.", "다들 빠지니까 괜찮아!"

(다) 속물 근성에 호소하는 논증의 오류

처음에 썸씽 스페셜이 나왔을 때 그 양이 적어 많은 사람들에게 공급해드리지 못했었습니다. 고급신사를 위한 술, 썸씽 스페셜.

속물이란 '신분상승의 욕구' 때문에 자기보다 윗사람에게는 아부하고, 아래 사람은 무시하는 사람을 말한다. 신분 상승의 욕구 때문에 상대방의 주장에 동의하게 되면, 다름 아닌 속물 근성의 오류를 범하게 된다. 위의 사례에서 썸씽 스페셜이라는 술은 '고급 신사'라는 신분 상승의 욕구에 호소해서 광고를 하고 있다. '고급 신사'가 되고 싶은 욕구에 물품을 구매한다면, 속물 근성에 호소하는 논증의 오류를 범하는 것이다.

예 ① : 전국 상위 10% 학생들을 위한 학습지, High Class 수능 심화!

예 ② : 롤즈로이스는 만인을 위한 차가 아닙니다. 선택된 소수만 탈 수 있는 차입니다. 당신이 선택된 소수가 되고 싶으시다면, 영국 자동차 주식회사로 오십시오. 주문생산만 가능합니다.

예 ③ : 저희 타이어는 비쌉니다. 그래서 다른 타이어처럼 쉽게 사용하실 수 없습니다. 가치를 아는 자 만의 타이어, 알파 타이어!

(3) 위협에 호소하는 논증의 오류

위협에 호소하는 논증의 오류란 합리적인 논증에 의존하지 않고, 힘, 지위, 권력 등 유·무형의 강압적인 수단을 동원해서 위협함으로써 자신의 주장을 관철시키려고 할 때 빠지는 오류를 말한다. 이 오류를 몽둥이에 호소하는 논증의 오류라고도 한다.

손석희 : 프랑스 민영 방송에서 한국 학생이 개고기를 간식으로 싸가는 장면이 방송된 적이 있습니다. 사실을 필요 이상으로 왜곡한 데에 대해 프랑스가 사과해야 된다고 보지 않습니까?

브리지트 바르도 : 그것은 당연한 일입니다. 한국 사람들이 개고기를 계속해서 먹는다면, 그런 식으로 한국인들을 앞으로도 희화화하고 우스꽝스럽게 만들 것입니다. 내가 이미 여러 차례 경고했습니다.

MBC 100분 토론, 손석희 아나운서와 브리지트 바르도의 전화 인터뷰 중에서

브리지트 바르도의 주장은 한국인들이 개고기 식용을 중단하라는 것이다. 이러한 주장을 상대방에게 설득하기 위해서는 개고기 식용의 문제점을 타당한 근거를 가지

고 설명할 수 있어야 한다. 그러나 그녀는 한국인들이 개고기 식용을 계속한다면, 한국인들을 우스운 꼴로 만들어 버리겠다고 위협함으로써 자신의 주장을 관철시키려고 한다. 브리지트 바르도는 다름 아닌 위협에 호소하는 논증의 오류를 범하고 있다.

마찬가지로 노조를 만들려는 회사 직원에게 "다음 달에 구조 조정이 있을 예정입니다"라고 말하는 경우를 생각해 보자. 노조를 만들지 말라는 것이 결론이다. 그러나 회사 측은 '구조 조정'을 가지고 위협함으로써 사원들이 이 결론에 동의하도록 만들고 있다. 이 역시 위협에 호소하는 논증의 오류다.

예 ① : 학과에서 검찰청 견학을 가게 되었다. 견학을 가기 전 조교가 "오늘 검찰청에 가서는 떠들지 마세요. 만약 지금처럼 떠들다가 걸리면, 다른 학생들보다 늦게 집에 보내 줄 거예요. 개인 상담 들어갈 겁니다"라고 말하였다.

예 ② : (어머니가 남자 친구와 헤어지라고 말씀하시면서) "너 저런 놈팡이와는 다시는 만나지 마라. 그렇지 않으면 다음 학기 등록금은 국물도 없어!"

(4) 연민에 호소하는 논증의 오류

연민에 호소하는 논증의 오류란 상대방에게 연민의 감정 또는 동정심을 유발하여 자신의 잘못된 논증을 관철시키려고 할 때 빠지는 오류다.

(속도위반 운전자) "경찰양반, 한 번만 봐주게나. 부모님이 편찮으셔서 급하게 가느라 그랬다네. 멀리 사느라 자주 찾아뵙지도 못하고 이제 못 보면 또 언제 볼 수 있을지 모르는 데다가 어쩌면 이번이 마지막일수도 있는데 이렇게 부탁하네."

위 논증의 결론은 한 마디로 위반 딱지를 끊지 말아달라는 얘기다. 그리고 그 결론을 연민에 호소해서 상대방을 설득시키려 하고 있다. 그러나 결론은 운전자의 딱한 사정과 심리적으로는 관련이 있을지라도 논리적으로는 전혀 무관하다. 만약 경찰관이 운전자의 사정을 봐준다면 실제 비슷한 상황에서 딱지를 끊은 다른 속도위반 운전자에게는 불이익을 가져다주는 것이다. 따라서 운전자는 연민에 호소하는 논증의 오류를 범하고 있다.

마찬가지로 음주운전으로 단속에 걸려서 면허가 취소될 상황에 놓인 음주운전자가 "경찰관님, 저는 운전으로 먹고 사는 사람입니다. 면허가 취소되면 저희 가족은 먹고 살 길이 막막합니다. 그러니 제발 한번만 봐 주세요"라고 말하는 경우를 생각해 보자. 이 역시 연민에 호소하는 논증의 오류를 범하고 있다.

예 ① : 교수님 정말 죄송합니다. 제가 장학금을 못 받으면 학교를 다닐 수 없습니다. 다른 과목 시험은 잘 봐서 이 과목만 점수 잘 받으면 장학금을 받을 수 있습니다. 저는 오늘 도망치다가 발각된 것만 빼면, 지각과 결석을 한 번도 하지 않았습니다. 제발 학교 다닐 수 있게 F만은 면해 주십시오.

예 ② : 교수님, 리포트 제출 마감일도 지났고, 기말 시험도 보지 못했다는 것을 잘 알고 있습니다. 그러나 그동안 제게는 육체적으로나 정신적으로 너무 큰 문제들이 많았습니다. 학비를 버느라고 아르바이트를 해야 했고, 할머니도 급환으로 돌아가시고, 엎친 데 덮친 격으로 여자 친구마저도 싫다고 도망가 버렸습니다. 겨우 시간이 나서 리포트를 쓰려고 했지만 컴퓨터가 고장이 나서 쓸 수도 없었습니다. 게다가 저는 이 과목 점수만 받으면 졸업이 되는데 이미 지방에 있는 직장도 얻어서 그 곳까지 가는 기차표도 예약해 놓은 상태입니다. 제발 선처해 주시면 이 은혜는 결코 잊지 않겠습니다.

예 ③ : 검사들의 업무가 편한 줄 알고 있는 사람들이 많습니다. 실은 검사들의 업무란 게 무지막지하게 많고도 바쁩니다. 우스갯소리로 오줌 누고 뭐 볼 시간도 없다는 말까지 나옵니다. 그런 우리들이 술 마실 시간이 따로 있겠습니까? 그래서 점심 먹을 때 몇

잔 먹고 돌아오다 가벼운 접촉 사고 좀 냈기로서니 그게 큰 죄가 되겠습니까. 이해해 주시기 바랍니다.

(5) 부적합한 권위에 호소하는 논증의 오류

일반적으로 사람들은 전통과 권위에 대해서 숭배하고, 존경하는 심리가 있다. 이러한 숭경의 심리를 이용해서 논지와 직접적인 관련이 없는 권위자나 권위있는 기관을 근거로 들어 논증한다면, 부적합한 권위에 호소하는 논증의 오류에 빠지게 된다. 이 오류를 숭경의 오류라고도 한다.

준석 : 정호야, 지리학사 중 가장 위대한 인물이 누구라고 생각해?
정호 : 글쎄, 내 생각에는 인문지리학의 아버지라고 불리는 리터가 가장 위대한 지리학자인거 같아.
준석 : 그건 잘못된 생각이야, 지리학사에서 가장 위대한 인물은 훔볼트야. 왜냐하면 박 ○○ 교수님께서 훔볼트는 지리학사상 가장 위대한 지리학자라고 하셨기 때문이야.
정호 : 그렇구나.

지리학사에서 훔볼트와 리터는 둘 다 지리학의 아버지라는 이름으로 위대한 업적을 남긴 인물이다. 리터는 인문지리학의 아버지라는 이름으로, 훔볼트는 자연지리학의 아버지라는 이름으로 불린다. 그러나 단지 교수님의 말에 근거해서 두 인물 중 누가 더 위대하냐를 평가하는 것은 무리가 있다. 교수님의 말을 인용한 이 사례는 부적합한 권위에 호소하는 잘못된 논증이다.

또한 한 학생이 시험 보기 전에 "세계적인 지휘자 정명훈 씨는 무대에 오르기 전에 꼭 우유를 한 잔씩 마시는 습관이 있는데 우유를 마시면 긴장이 풀어지기 때문이래.

우리도 긴장을 풀기 위해 시험 전에 우유를 마시자"라고 말한다면, 이 역시 부적합한 권위에 호소하는 논증의 오류를 범하는 것이다. 왜냐하면 우유가 가지고 있는 어떤 성분이 우리 몸의 긴장을 푸는데 도움이 되는지, 또한 모든 체질에도 효과가 있는지 등의 근거는 말하지 않고, 정명훈이라는 권위자에 호소해서 논증하고 있기 때문이다.

예 ① : (엄마가 모기 물린 부위에 침을 발라 주시며) "정호야, 모기 물린 데에는 침을 발라야 한다. 너희 할머니께서 모기 물린 데에는 침이 특효약이라고 하셨단다."

예 ② : (사우디아라비아에서 유학 온 남학생이) "여자는 네 명까지 거느려도 된다. 왜냐하면 코란에 그렇게 쓰여 있으니까."

(6) 성적 쾌락에 호소하는 논증의 오류

성적 쾌락에 호소하는 논증의 오류란 정당한 논리에 의존하지 않고, 성적인 암시를 통해 성적 쾌락을 유발함으로써 상대방이 자신의 주장을 받아들이게 할 때 빠지는 오류다.

① 인터넷 쇼핑몰 '옥션'의 벰 벨트광고
이브 청바지를 / 벰벨트가 유혹하네
"조금만 더 날 조여줘 / 달콤하게 날 감아줘"

② (벨트 만드는 K회사 광고) "우리 벨트는 굵고, 길며 수명이 아주 길어요."

①번 광고의 4음보 형식의 시조 비슷한 문구는 소비자의 성적 심리에 호소해서 제품을 판매하고자 한다. '유혹하네, 날 조여줘, 날 감아줘'라는 성적인 암시를 통해 제품

을 사면 이성의 사랑을 받을 수 있을 것처럼 소비자의 심리를 자극한다. 타당한 논증을 가진 광고라면 벨트의 재질, 성능, 디자인 등 장점에 관한 내용을 근거로 해서 소비자를 설득하는 것이 바람직하다. ②번 광고도 마찬가지다. 남자의 어느 한 부분만을 비유적으로 말함으로써 소비자로 하여금 벨트를 자꾸 생각하게 만드는 광고다. 이러한 논증은 소비자들을 설득하는데 용이하기 때문에 광고 매체에서 많이 사용하고 있다. 하지만 타당한 근거 없이 소비자의 성적 심리에 호소하고 있는 잘못된 논증이다.

예 ① : (〈에스콰이어〉 잡지, '붉닭' 광고) "매운 맛, 맛의 오르가슴! 한번 먹기 시작하면 자꾸 먹고 싶어진다. 불닭의 매운 맛에 사람들이 몰린다."

예 ② : (뱀장수가) "비암이요, 비암! 자 이 뱀 한 번 먹어 봐. 이불이 하늘로 치솟고 다음 날 마누라 반찬이 달라져."

예 ③ : (천안 버스터미널 군밤장사 플랜카드) "따끈한 군밤. 살짝 벗겨 줄까? 홀딱 벗겨 줄까?"

예 ④ : (비누 광고 중에서) "미끄러운 느낌이 온 몸을 감싼다. 부드럽고, 향기 또한 야릇하다. 깨끗해지는 느낌의 만족~ 오일 비누만이 책임집니다."

(7) 웃음(비웃음, 유머)에 호소하는 논증의 오류

웃음에 호소하는 논증의 오류란 유머 또는 농담으로 상대방에게 웃음을 유발시켜 놓고, 웃는 사이에 논증자의 결론을 받아들이도록 할 때 빠지는 오류다.

① 아버지께서 티코는 그랜저 뒤만 쫓아가면 기름값이 안 든다고 말씀하셨다. 그 이유는 그랜저 휘발유 냄새만 맡아도 티코는 갈 수 있다는 것이다.

② 최불암이 학교를 설립하였다. 최불암이 교장선생님이었고, 최주봉이 담임선생님이었다. 하루는 학교를 참관하던 장학사가 어떤 아이에게 물었다.
장학사 : 애야 지구본이 왜 기울어져 있지?
아　이 : 제가 안 그랬는데요
기가 막힌 장학사는 최주봉에게 물어보았다.
장학사 : 지구본이 왜 기울어져 있지요?
최주봉 : 그거 사올 때부터 그랬었는데…
너무 기가 막힌 장학사는 최불암에게 물었다.
장학사 : 지구본이 왜 기울어져 있지요? 교장 선생님?
그러자 최불암이 턱을 한 번 쓸더니,
최불암 : 국산이 다 그렇지 뭐, 쩝.

①번의 티코 이야기는 한때 유행했던 티코 시리즈의 하나이다. 사람들은 티코 시리즈를 듣고 웃기만 하는 것이 아니라, 자기도 모르게 티코가 가볍고, 후진 차라는 생각을 가지게 된다. 만약 논증자가 티코에 대한 나쁜 이미지를 심어줄 목적으로 티코 시리즈를 가지고 논증을 하면, 상대방은 웃는 사이에 논증자의 주장, 즉 '티코는 후진 차다'라는 결론에 동의하게 된다. 실제로 이 유머 시리즈가 나간 뒤 티코 판매량은 감소했다. 반면에 경쟁 차인 기아의 프라이드는 판매량이 증가했다.

②번의 최불암 이야기는 논증자가 고의로 최불암 씨를 무식한 사람으로 결론내리기 위해서 이 유머를 사용한다면, 웃음에 호소하는 잘못된 논증을 하는 것이다. 우리는 웃는 사이에 자신도 모르게 최불암 씨가 무식하다는 상대방의 주장을 받아들이게 되는 것이다.

예 ① : 모든 생물의 시초는 어류에서 출발했다고 말씀하셨는데, 그렇다면 당신의 조상도 메기나 피라미였단 말씀이죠? 하하하!

예 ② : 도대체 요즘 정치하는 사람들은 이상하다니까. 열리긴 뭐가 열려? 닫힌 너희 당이지. 안 그래? 하하하!

(8) 아첨에 호소하는 논증의 오류

아첨에 호소하는 논증의 오류란 아첨하는 말을 해서 상대방의 감정을 즐겁게 만든 다음, 상황을 잘못 판단하게끔 유도할 때 빠지는 오류다.

덩치가 유난히 큰 내가 옷을 구입할 때의 일이다. 어느 매장에 들린 나는 어울리는 옷을 고르기 시작했다. 너무나 멋진 옷을 발견한 나는 종업원에게 "이거 사이즈 제일 큰 걸로 하나 줘보세요"라고 말했다. 종업원이 가지고 나온 옷을 즐거운 마음으로 입어 보았지만 역시 작았다. 너무 갑자기 놀란 종업원은 나에게 "이 스타일은 원래 타이트하게 입는 거예요. 날씬해 보이시는데요. 너무 멋져요"라고 말하면서 적극적으로 옷을 추천했다. 그 말을 듣고 어찌 옷을 안 살 수 있단 말인가! 결국 옷을 구입하고, 상쾌한 기분으로 집에 돌아 온 후, 어머니의 핀잔과 인생의 후회를 맛보았고, 옷의 수명은 일주일을 넘지 못하고 터지고 말았다.

위의 예문에서 종업원의 결론은 옷을 사라는 것이다. 그런데 '날씬해 보인다거나 멋지다'라는 말로 상대방에게 아첨함으로써 자신의 결론에 동의하게 만든다. 이는 전혀 논리적 정당성을 갖지 못한 아첨에 호소하는 논증이다. 이 아첨을 듣고, 옷의 가격, 재질, 착용감, 디자인 등을 제대로 살펴보지 않고, 옷을 구입한다면, 이는 아첨에 호소하는 논증의 오류에 빠지는 것이다. 해즐릿이 "인간은 아첨하는 동물이다"라고 할 정도로 우리는 생활 속에서 아첨에 호소하는 논증의 오류를 자주 접할 수 있다.

예 ① : 교수님, 지난 한 학기 동안 강의를 잘 들었습니다. 교수님의 강의는 지금까지 제가 들어 본 강의 중에서 가장 훌륭한 명강의였습니다. 학생들을 사로잡은 뛰어난 화술, 감동적인 이야기들은 결코 잊지 못할 것입니다. 제게 학점을 후하게 주신다면, 영원히 교수님의 팬이 되겠습니다.

예 ② : 오늘 엄마 다른 날 보다 더 아름다운 것 같아요. 10년은 젊어 보이세요. 엄마! 용돈 좀 올려 주세요.

(9) 원천봉쇄의 오류 (우물에 독 뿌리기)

원천봉쇄의 오류란 상대방으로 하여금 자신의 논증에 반론을 제기할 수 있는 가능성을 원천적으로 봉쇄함으로써 반론 자체를 불가능하게 만들어 놓은 다음, 자신의 결론을 받아들이도록 강요할 때 빠지는 오류다.

내가 의경이라는 신분으로 3년 동안 ○○경찰서에서 근무할 때 부안군 핵폐기물 유치 반대집회가 있었다. 부안군 시민 절대 다수는 핵폐기물 시설 유치에 반대했다. 이러한 반대 입장에 서있는 A씨는 다음과 같은 말을 하였다. “부안에 핵폐기물 유치는 군민의 의사를 무시한 처사이다. 따라서 이를 찬성해서는 안 된다. 찬성한다면 그는 부안 군민이 아니다.”

타당한 논증은 비판을 받을 수 있는 길이 열려 있어야 한다. 그럼에도 불구하고 위의 A씨의 논증은 비판이나 반박의 여지를 애초부터 봉쇄하고 있다. 핵폐기물 유치를 찬성하면 부안군민이 아니라고 원천봉쇄를 함으로써 자신의 주장에 찬성할 수밖에 없도록 상황을 만들고 있다.

마찬가지로 국가보안법 폐지에 대한 찬반 논쟁에서 “국가보안법을 폐지해서는 안 됩니다. 국가보안법 폐지를 주장하는 사람은 빨갱이입니다"라고 논증한다면, 이 역시 반론의 가능성을 원천적으로 봉쇄하고 있는 잘못된 논증이다. 이 경우, '국가보안법 폐지 주장'과 '빨갱이'는 상관관계가 없다는 점을 밝힘으로써 논증의 부당함을 지적해야 한다. 다른 예로 '독도 살리기 캠페인' 인터뷰 중 연예인 A씨가 "이번 독도 살리기 캠페인에 참여하지 않는 사람은 비애국자입니다"라고 한 적이 있다. 연예인 A씨 역시 원천봉쇄의 오류를 범하고 있다.

예 ① : 너 우리 생각 찬성하지? 찬성 하지 않으면 진짜 미친놈이다.

예 ② : 얘, 빨리 가서 자야지. 늦게 자는 어린이는 착한 어린이가 아니야.

예 ③ : 어릴 적 아버지와 함께 목욕탕에 갔다. 아버지는 참을성이 없던 나에게 뜨거운 물에 목까지 담그고 15분 동안 있으라고 하면서 다음과 같이 말씀하셨다. "그러지 않으면 너는 우리 정씨 가문이 아니다."

예 ④ : 내가 '인간은 타락하였다'라고 할 때 나에게 동의하지 않는 자들은 자신들이 이미 타락하였다는 것을 증명하고 있는 것이다. — 니체

(10) 사적 관계에 호소하는 논증의 오류

사적 관계에 호소하는 논증의 오류란 지연, 혈연, 학벌 등 개인적인 친분 관계를 내세워 자신의 논지를 받아들이게 할 때 발생하는 오류다. 이 오류는 결국 정 때문에 논지를 받아들임으로써 빠지는 오류다.

이번 총학생회 선거 기간 동안의 일이다. 우리 과 선배 중 한 명이 기호 2번을 지원한다고 같은 과 후배들에게 하는 말, "기호 2번이 우리 과 선배인 거 알지? 기왕이면 2번! 알지? 꼭 찍어야 한다. 잘 되면 한번 쏠게. 도와 줘. 같은 과 잘 되면 좋잖아!" 나는 알았다고 하고, 기호 2번을 찍어 주었다.

위 사례는 사적 관계에 호소하는 논증의 전형적인 예다. 투표를 할 때는 지연, 혈연, 학연 등을 근거로 해서 후보를 결정하는 것이 아니라, 각 후보들의 공약을 면밀히 검토하는 것이 기본이다. 그러나 같은 학과, 고등학교, 고향 출신이라는 이유 등으로 후보를 선택한다면, 이는 사적 관계에 호소하는 논증의 오류에 빠지게 된다. 이 오류는 한국인의 심성으로 인해 가장 많이 범하는 오류 중의 하나다. 우리가 주위에서 경험하는 지역감정의 문제는 이 오류와 관련이 있다.

예 ① : 차를 사야 하는데, 내 친구 아빠가 기아 자동차에서 일 하시거든. 이왕이면 기아 차를 사야겠지

예 ② : 친한 친구 한 명이 이런 말을 했다. "너 의대 졸업해서 의사되면 나 아픈 곳, 공짜로 치료해줘야 돼. 우린 친한 친구잖아. 알았지?"

예 ③ : 자네는 나의 중학교, 고등학교 후배가 아닌가! 나는 자네가 요번에 새로 나온 암보험에 가입할 것이라고 믿어 의심치 않네.

(11) 자기 합리화의 오류

자기 합리화의 오류란 자신의 주장의 불리한 논거는 의도적으로 생략하고, 자기에게 유리한 상황을 미리 설정하여 자신의 주장에 정당성을 부여하려 할 때 나타나는 오류다. 이 오류는 아전인수의 오류라고도 한다.

① '노인복지론' 수업 시간이었다. 교수님께서 이론 수업을 마치신 뒤 출석을부르시고, 노인복지에 관한 비디오를 보여 주셨다. 비디오를 볼 때 뒤쪽 불을 끄고 교수님께서는 앞쪽에 앉으셔서 비디오를 시청하였다. 그러자 뒤쪽에 앉아 있던 학생들이 하나, 둘씩 교수님 몰래 뒷문으로 도망을 가기 시작했다. 나 역시 망설이이다가, "교수님께서 출석을 미리 부르신 건 비디오를 보지 않을 학생들은 가도 된다는 뜻이었을 거야. 안 봐도 다 아는 내용 같은데…… 나만 가나? 다들 도망가는데 어때"라고 하면서 조용히 강의실을 빠져 나갔다.

② 이번 중간고사 때, 컨닝을 하면서 나는 이렇게 중얼거렸다. "내가 천재도 아니고, 그 많은 분량을 어떻게 다 외워. 그걸 완벽하게 외운다면 인간이 아니지. 그리고 문제가 너무 어려워. 나만 하나? 다 하는 데 뭐?"

①번 사례의 경우, 심리적으로 유리한 상황을 다음과 같이 미리 설정하고 주장하고 있다. 첫째 출석을 미리 부른 교수님의 뜻을 유리하게 해석했고, 둘째 안 봐도 아는 내용이고, 셋째 다들 도망가니까 나도 도망가도 된다는 것이다. ②번 사례 역시 내가 천재가 아니라는 점, 시험 분량이 많다는 점, 시험 문제가 어렵다는 점, 다들 컨닝한다는 점 등 자신에게 심리적으로 유리한 상황을 미리 설정한 다음, 컨닝을 해도 된다고 결론을 내리고 있다. 따라서 이러한 논증들은 정당한 근거가 없는 잘못된 논증으로 자기 합리화의 오류를 범하고 있다.

예 ① : 시험 기간에 밤을 새려고 굳게 결심을 하고 책상 앞에 앉아 공부를 하다가, "아, 몸이 너무 피곤하다. 내가 오늘 밤을 샐 수 있겠지만, 밤을 새면 오히려 시험 볼 때 정신이 몽롱해져서 제대로 시험을 못 볼지 몰라. 그리고 성적도 좋지만 이러다가 건강을 잃을지도 몰라. 잠깐 자고 새벽에 일어나서 공부하는 것이 더 능률적일거야"라고 생각하고 잠을 푹 자고 말았다.

예 ① : (길거리에 쓰레기를 버리면서) "나 하나 쓰레기 버린다고 길이 더러워지겠어? 어차피 나만 길거리에 쓰레기를 버리는 것도 아닐텐데. 쓰레기통이 너무 멀리 있잖아!"

2. 언어적 오류

언어적 오류란, 심리적 오류처럼 감정에 호소함으로써 빚어지는 오류가 아니라, 자신의 입장을 표현하는 데 언어를 잘못 사용함으로써 빚어지는 오류다. 언어에는 다양한 기능과 구조가 있다. 그런데 이를 혼동하거나 제대로 이해하지 못할 때 우리는 잘못된 논증, 즉 오류를 범하게 된다.

(1) 애매어의 오류

한 단어가 두 가지 이상의 뜻으로 해석되는 경우에 우리는 '그 단어가 애매하다'라고 말한다. 이처럼 애매어의 오류는 어떤 상황에서 두 가지 이상의 뜻으로 이해되는 단어의 의미를 명백히 분리해서 파악하지 않고 혼동해서 사용함으로써 빠지는 오류다.

나는 배를 참 좋아한다. 물론 먹는 배를 말한다. 같은 배이기는 하지만 타는 배는 싫어한다. "멀미가 심해서……" 이 한 단어가 여러 가지 뜻을 가지고 있는 것에서 발생했다. 기숙사에서 친구들과 배를 깎아 먹다가 내가 "배가 이상해!"라고 말했었는데, 모두들 "맛있는데……"라고 대답했다. 나는 배가 고픈 건지, 아픈 건지 몰라서 이상하다고 했는데, 모두 먹고 있던 배가 이상하다고 하는 줄 알았다는 것이다.

'배'는 여러 가지 의미를 가진 단어다. 먹는 과일을 가리키는 '배', 신체 부위를 지칭하는 '배', 바다나 강에서 타는 '배', 그리고 2배, 3배할 때의 '배' 등이다. 그러나 이 단어가 어떤 의미로 쓰였는지가 애매할 때 우리는 의사소통을 제대로 할 수 없다. 위의 사례에서 논증자는 자신의 신체인 '배'가 이상하다고 한 것인데, 논증 상대방인 친구들은 먹고 있는 '배'가 이상하다고 잘못 이해한 것이다. 이처럼 한 단어의 정확한 뜻을 제대로 이해하지 못한 채 잘못된 의사소통을 한다면, 애매어의 오류를 범한 것이다. 다른 예로, "꼬리가 길면 잡힌다는데, 도마뱀은 꼬리가 기니까, 결국 잡힐 거야"라고 생각한다면, 이 역시 애매어의 오류를 범하는 것이 된다. 처음에 언급된 꼬리는 흔적이나 단서를 의미하고, 두 번째 언급된 꼬리는 실제 도마뱀의 꼬리를 의미한다. 그런데 이 둘을 같은 의미로 이해하면 애매어의 오류에 빠지게 된다.

예 ① : "아버지 우리 부자지요?", "아니, 우린 돈이 많지 않단다.", "아버지와 아들 맞잖아요.", "흠……."

예 ② : "너, 참 발이 넓구나.", "응, 나 발 285mm야.", "아니, 그 발 말구……"

예 ③ : "선배님, 저 이번 작품전 때 당구장 만들려고요.", "그럼 보고해라.", "네, 알았어요. 잘 보고 만들게요.", "아니, 다 만들고 형한테 보고하라고."

예 ④ : 꼬리가 길면 잡힌다는데, 도마뱀은 꼬리가 길잖아. 그러니까 도마뱀은 결국 잡히게 되어 있어!

(2) 애매문의 오류

구 또는 문장은 그것의 구조로 인해 두 가지 이상의 의미로 해석되는 애매한 경우가 있다. 그런데 논증자가 그 중 하나의 의미로 부당하게 해석한 다음, 논증할 때 나타나는 오류다.

한 남학생이 야구장에 경기를 보러 갔는데, 마침 옆 자리에 자리가 비어 있었다. 그래서 가방을 그 자리에 놓았는데, 잠시 후 어떤 예쁜 여학생이 와서 "자리 있어요?"라고 물었다. 그래서 남학생은 기쁜 나머지 "예!"라고 큰 소리로 대답했다. 그랬더니 그 여학생은 갑자기 인상을 쓰고 가버렸다.

위의 사건은 "자리 있어요?"라는 문장이 두 가지 의미로 쓰이고 있어서 일어난 일이다. 여학생은 놓인 가방을 보고, '이 자리 주인이 있냐?'라는 의미로 질문을 한 것인데, 남학생은 '이 자리가 비어있는 자리냐?'라는 의미로 받아 들여서 "예!"라고 대답을 한 것이다. 남학생은 문장의 애매함을 파악하지 못한 채 대답하는 바람에 좋은 기회를 놓치고 말았다.

이러한 애매문의 오류는 우리 일상생활에서 흔히 발견할 수 있다. 예를 들어, "나는 오늘 길에서 철수와 영식이가 싸우는 것을 보았다"라고 말하는 경우, 이것은 다음의 여러 가지 의미로 이해될 수 있다. 첫째, '내가 철수와 함께 길을 가다가 영식이가 다른 사람과 싸우는 것을 본 것'으로 이해될 수 있다. 둘째, '나 혼자 길을 가다가 철수와 영식이가 서로 싸우는 것을 본 것'으로 이해될 수 있다. 셋째, '나 혼자 길을 가다가 철수와 영식이가 같은 편이 되어 다른 사람과 싸우는 것을 본 것'으로 이해될 수 있다. 넷째, '철수와 영식이가 길에서 서로 싸우는 것을 다른 곳(예를 들어 아파트 옥상)에서 본 것'으로도 이해될 수 있다. 이렇게 한 문장이 여러 의미로 이해될 수 있기 때문에 우리는 애매문의 오류를 범하지 않도록 정확한 문장을 사용해야 한다.

예 ① : 사람들이 많은 도시를 다녀 보면 재미있는 일이 많을 것이다.

예 ② : 나는 진호와 지현이가 키스하는 것을 보았다.

예 ③ : "오늘 교보문고에 갔더니 없는 책이 없더라."
"무슨 소리야! 내가 며칠 전에 교보문고에 가서 『읽기와 쓰기』 책을 찾았는데, 한 권도 없던데."
"글쎄, 누가 뭐라고 했니? 없는 책이 없다고 했지."

(3) 강조의 오류

강조의 오류란 문장이나 표현에서 어느 부분만을 특별히 강조함으로써 상대방에게 다른 의미로 전달되도록 유도할 때 발생하는 오류다. 종종 신문 일면 기사의 머릿글은 이런 오류를 이용하고 있다. 또한 다른 사람의 말을 전체 맥락에서 이해하지 않고, 그 일부만을 떼어 내어 인용함으로써 본래의 뜻을 잘못 전달할 때도 강조의 오류에 빠지게 된다. 이를 탈맥락적 인용의 오류라고도 한다.

남미에 한국 농장 개발

면적이 서울 여의도의 30배인 라후타마우커를 개발 추진하려 했으나 농사를 지을 수 없는 척박한 땅임이 밝혀져……

○○일보 헤드라인에서

위의 신문의 헤드라인을 보면 남미에 한국 농장이 이미 개발된 것으로 생각하기 쉽다. 그러나 그 아래의 조그마한 활자를 읽어 보면 결국 개발이 실패했다는 내용임을 알 수 있다. 이처럼 신문의 헤드라인에서는 대활자로 사건을 강조해서 사람들의 관심을 유도한다. 그러나 강조된 문구와는 달리 실제 내용은 별 것이 아니거나, 다른 내용인 경우가 있다. 강조된 헤드라인만 보고 신문을 구입하는 사람은 강조의 오류를 범한 것이다.

예 ① : 친구와 함께 지하철을 탔는데 자리가 없어서 문 쪽에 서서 있는데, 문 유리에 '손대지 마시오'라고 쓰여 있는 주의 표시판을 보고, 친구 왈 "그럼 발이나 머리는 대도 되겠네"라며 장난으로 머리를 문 쪽에 대고 있었다.

예 ② : "용인시민은 무단 횡단을 하지 않습니다"라는 현수막을 보고, 서울에서 온 친구가 "(용인시민만을 강조해서) 나는 용인시민이 아니니까 건너도 되겠네.", 또한 "(무단횡단만을 강조해서) 무단횡단은 하면 안 되지만, 쓰레기는 버려도 된다 말이지"라고 말했다.

예 ③ : **이라크 전쟁 제3차 대전으로 확대**

— 미 대통령 우려표명 —

예 ④ : 교수님, **읽기와 쓰기 휴강**해요.

(4) 비유의 오류

비유는 그것이 가진 수사적 의미가 있다. 그런데 이 의미를 무시하고 비유를 곧이곧대로 받아들여서 논리적이고 사실적인 의미와 혼동하게 되면 비유의 오류에 빠지게 된다.

김장철에 있었던 일이다. "배추 값이 금값이야"라고 엄마가 걱정스럽게 말했다. 이 말을 들은 어린 동생이 자신이 하고 있던 (가짜) 금 목걸이를 빼주면서 "이걸로 배추사면 되잖아"라고 말했다.

위의 사례에서 동생은 (물론 어리지만) 배추 값이 무척 비싼 것에 대한 비유적 표현인 '금값'이란 말을 실제 뜻으로 혼동하여 비유의 오류를 범했다. 마찬가지로 '사랑은 유리이다'라는 말은 '사랑은 유리처럼 맑고, 깨끗하고 투명하다'는 것에 대한 비유적 표현이다. 그런데 이 비유를 "그러니까 이때까지 내 사랑은 쉽게 깨졌구나"라고 잘못 이해하면 다름 아닌 비유의 오류를 범하게 된다. 또한 '사촌이 땅을 사면 배가 아프다'라는 속담이 있다. 그런데 내가 지금 배가 아픈 것으로 보아 나의 사촌이 땅을 산 것이 틀림없어"라고 말한다면, 이 역시 비유의 오류다.

예 ① : 삼각 김밥을 허겁지겁 먹고 있는 신모 군에게 "숨도 안 쉬고 쳐 먹냐?"라고 했더니, 신모 군 왈 "숨은 쉬고 있어요."

예 ② : "낮말은 새가 듣고, 밤말은 쥐가 듣는다고 했어. 그러니까 말을 할 때에는 새와 쥐를 없애야 한다."

예 ③ : "벼는 익을수록 고개를 숙인다고 하였으니, 이제부터 나도 고개를 숙이고 다녀야겠다."

예 ④ : "말 한마디로 천냥 빚을 갚는다고 했어. 그러니 준호에게 빌린 돈을 갚기 위해서 말 잘하는 친구에게 부탁해야지."

(5) 사용—언급을 혼동하는 오류

일반적으로 언어는 대상 언어와 메타 언어로 구분된다. 대상 언어는 사물이나 대상들에 관해 이야기할 때 사용하는 일상 언어를 가리킨다. 메타 언어는 일상적으로 사용하는 언어인 대상 언어를 분석 또는 언급하는 언어다. 사용-언급을 혼동하는 오류란 일상적으로 사용하는 대상 언어와 이 대상 언어를 언급하는 메타 언어를 혼동할 때 빠지게 되는 오류다.

① "팔만대장경은 모두 몇 자로 되어 있을까?" 선생님이 학생에게 물었다. 그러자 학생은 대답했다. "모두 다섯 자로 되어 있어요." (실제로 팔만대장경은 약 52,382,960 여자로 되어 있다.)

② 경수 : "타이타닉의 구명보트에는 몇 명이나 탈 수 있을까?"
준호 : "열다섯 정도 아닐까? 아니면 더 많이?"
경수 : "아홉 명만 탈 수 있어. 왜냐하면 구명보트니깐."

팔만대장경에 실제로 인쇄되어 있는 글자는 대략 5천만자다. 그러나 우리가 팔만대장경을 언급할 때는 '팔, 만, 대, 장, 경' 이렇게 다섯 글자가 된다. 즉 사용의 의미에서 팔만대장경은 5천만자고, 언급의 의미에서는 다섯 글자다. 또한 구명보트의 경우, 보트에 9명이 탈 수 있다는 것은 언급의 의미에서 이해하는 것이고, 15명이 탄다는 것은 사용의 의미에서 이해한 것이다. 이 두 가지를 혼동했을 때, 우리는 사용-언급을 혼동하는 오류를 범했다고 한다.

따라서 "훈민정음은 모두 몇 글자입니까?"라는 질문을 받으면, "사용의 의미에서는 28글자이고, 언급의 의미에서는 네 글자입니다"라고 대답하면 오류를 범하지 않게 된다.

예 ① : "산토끼의 반대는?", "끼토산", "아냐, 죽은 토끼야."

예 ② : "쓰레기통을 거꾸로 하면 어떻게 됩니까?", "음식물이 쏟아집니다.", "아닙니다. 통기레쓰가 됩니다."

예 ③ : "천자문은 모두 몇 글자입니까?", "천 글자입니다.", "아닙니다. 세 글자입니다."

(6) 정의에 의한 존재 강요의 오류

정의에 의한 존재 강요의 오류는 현존하지 않는 어떤 대상의 이름을 짓고, 그 대상에 대해 정의하거나 언급함으로써 상대방으로 하여금 그것이 지시하는 대상이 현존하는 것으로 받아들이게 할 때 빠지는 오류이다.

초등학교 때 담임선생님이 낸 문제다.
선생님 : "올챙이가 알을 낳잖아요?"
학생들 : "네."
선생님 : "뜨거운 물에서 알을 낳을까요? 아니면 차가운 물에서 알을 낳을까요?"
학생들 : (제각기) "뜨거운 물이요.", "차가운 물이요.", "미지근한 물이요."
선생님 : "허허허. 어떻게 올챙이가 알을 낳니."

올챙이는 알을 낳지 않음에도 불구하고, 선생님은 어떤 물에서 알을 낳느냐고 정의함으로써 알을 낳는 올챙이가 현존하는 것처럼 학생들에게 강요하고 있다. 다른 예로 남동생이 "세종대왕이 만든 배는 뭐게?"라고 물어왔을 때 난 무심결에 "거북선"이라고 대답하였다. 하지만 세종대왕은 배를 만들지 않았다. 동생은 세종대왕이 배를 만들었다고 정의함으로써 나에게 그 사건의 존재를 강요하였고, 나는 오류를 범하게 되었다.

예 ① : 『해리 포터』를 읽은 아이가 어머니에게, "엄마, 호그와트는 영국 어디쯤에 있어요?"

예 ② : "타조 알이 클까? 고래 알이 클까?" (고래는 포유류이기 때문에 알을 낳지 않는다.)

(7) 범주의 오류

범주의 오류란 집합적으로 서로 다른 범주에 속하는 것들을 같은 범주에 속하는 것으로 생각하고 잘못 사용함으로써 발생하는 오류이다.

① 처음 여자 친구를 사귄 천생 남자 재욱. 여자 친구를 따라 평소엔 쳐다보지도 않던 액세서리 전문 숍에 들어가게 된다. 한참을 둘러다보고 한숨지으며 여자 친구에게 하는 말, "시계, 반지, 목걸이, 팔찌, 귀걸이 같은 건 잔뜩 있었는데, 대체 액세서리는 어디 있는 거지……."

② 지금이야 나보다 컴퓨터를 더 잘 하시지만 작년 우리 아버지가 처음으로 컴퓨터를 배우실 때였다. 어느 날 나에게 다가 오시더니 "재원아, hanmail 사용하는 방법을 좀 가르쳐 줘라"라고 말씀하셨다. 나는 당연히 Daum으로 들어가 회원 등록하는 방법, 로그인 하는 방법, 메일 쓰는 방법, 읽는 방법 등을 차례대로 차근차근 가르쳐 드렸다. 거의 한

시간에 걸쳐서 가르쳐 드리고 난 후 아버지가 나에게 말씀하셨다. "근데 Daum은 어디 있는거냐? 요즘 사람들이 주로 그거 쓴다던데……."

①번 사례를 먼저 살펴보자. 액세서리에는 반지, 목걸이, 팔찌, 귀걸이 등이 있어서 그것을 다 구경했음에도 불구하고, 액세서리라는 실체가 또 어딘가에 있어야 한다고 생각하는 것은 잘못이다. '액세서리'는 반지, 목걸이, 팔찌 등을 포함하고 있는 상위의 범주임에도 불구하고, 재욱은 액세서리를 반지, 목걸이, 팔찌와 동등한 범주로 생각함으로써 범주의 오류를 범한 것이다. ②번 사례에서 아버지는 'Daum'이 'hanmail' 뿐만 아니라, 카페, 블로그, 동영상, 뉴스, 쇼핑 등을 포함하고 있는 포털 사이트라는 사실을 모르고, 'Daum'을 'hanmail'과 동등한 범주에 놓고 생각함으로써 범주의 오류에 빠진 것이다.

예 ① : (축구장에서) 성훈이에게 드리블, 패스, 슛 등을 가르쳐 주었는데, 성훈이가 "야, 근데 축구는 언제 가르쳐 줄꺼야?"

예 ② : "강의실, 운동장, 도서관, 학생회관 등은 다 둘러보았는데 그럼 숭실대학교는 어디에 있습니까?"

예 ③ : "아버지, 저는 과학자는 되고 싶지 않아요. 제가 되고 싶은 것은 유전공학자입니다."

(8) 은밀한 재정의의 오류

은밀한 재정의의 오류란 용어가 갖는 사전적 의미에 자의적인 의미를 은밀하게 덧붙이거나 용어의 의미를 자의적으로 재정의하여 사용함으로써 생기는 오류다.

'현대사회와 매스컴'이라는 교양과목 시간에 교수님께서 하신 말씀이다.

"선전이 현대사회로 오면서 PR과 광고라는 개념으로 분리되었습니다. PR은 기업, 국가기관 등을 홍보할 때 쓰는 말이고, 광고는 이윤추구를 목적으로 합니다. PR은 'Public Relations'의 약자이지만, 관공서에서 일하는 사람들은 '피할 것은 피하고 알릴 것은 알리자'라고 말들을 하곤 합니다."

위의 사례에서 관공서 직원들은 은밀한 재정의의 오류를 범하고 있다. 'PR'이라는 단어를 자의적으로 다시 정의해서 사용하고 있기 때문이다. 우리는 이런 오류를 개그 프로그램에서 종종 발견할 수 있다. 왜냐하면 오류를 범하면 재미있기 때문이다. 예를 들어 '죽마고우'라는 단어를 '죽치고 마주 앉아 고스톱 치는 친구'라고 말하고, '삼고초려'를 '쓰리고를 할 때 초를 조심해야한다'라고 말한다면, 이 역시 은밀한 재정의의 오류이다.

예 ① : "특공대가 무슨 뜻인줄 알아?", "특별히 공부도 못하는 게 대가리만 크다는 뜻이야!"

예 ② : "오리지날이 무슨 뜻인지 알아?", "오리도 지랄하면 날 수 있다는 뜻이야."

예 ③ : "방학 때 뭐했어?", "방콕 갔다 왔어." "우와 좋겠다. 나도 가보고 싶은데…… 어때? 정말 아름다운 곳이지?", "무슨 소리야, 방에 콕 박혀 있었다고…… 하하."

(9) 자기 모순의 오류

모순은 '모든 방패를 뚫는 창'과 '모든 창을 막는 방패'처럼 두 가지가 동시에 존재할 수 없는 경우를 말한다. 자기 모순의 오류란 하나의 논증 속에 이러한 모순되는 말이 들어있음으로써 빠지게 되는 오류이다. 이 경우 전제와 결론, 또는 근거와 주장들 간에 일관된 논점을 갖지 못하게 된다.

① 어느 전공 수업시간 끝날 때쯤, 인문관 203호 강의실, 수업을 마치고 교수님께서 출석을 부르고 있는데, 학생들이 웅성웅성 떠들고 있었다. "야야, 조용히 떠들어!"

② 2005년 4월 11일 오전 7시 음주운전 혐의에 뺑소니 혐의까지 받고 있는 가수 클릭 B의 멤버 김상혁 씨는 처음에는 음주사실을 거부했다. 그러나 수사가 진행되는 과정에서 몇몇 증거들로 인해 음주 사실이 밝혀지자 13일오후 기자 회견을 자청해서 다음과 같이 말했다. "저는 술은 마셨지만 음주운전은 하지 않았습니다."

①번 사례의 경우, '조용한 것'과 '조용하지 않은 것(떠드는 것)'은 양립할 수 없는 모순관계에 있기 때문에 두 가지를 동시에 할 수 없다. 그런데 교수님은 두 가지가 동시에 들어 있는 문장을 사용함으로써 자기 모순의 오류를 범하고 있다. ②번 사례의 경우도 논증 속에 서로 모순되는 말이 들어 있다. '술을 마신 것'과 '술을 안 마신 것(음주운전을 한 것)'은 양립할 수 없는 모순관계에 있다. 김상혁이 음주운전 사실을 부인함으로써 앞뒤가 맞지 않는 김상혁의 인터뷰 내용은 네티즌들의 비난을 받았다. "술은 마셨지만 음주운전은 하지 않았다"라는 김상혁의 말은 "불을 질렀으나 방화는 하지 않았다", "사람을 때렸으나 폭행하지 않았다"등과 같은 내용으로 패러디가 되었다.

예 ① : 모든 물건을 순식간에 녹일 수 있는 액체를 발명하였다. 그 액체가 이 통에 들어 있다.

예 ② : 전공 수업 1시간을 듣는데 교수님이 끝나는 시간인데도 안 끝내주는 것이었다. 학생들의 성화에 끝내주시는데 출석을 부를 시간이 없었다. 교수님께서 하시는 말씀이 "오늘 안 온 사람, 손들어 봐! 없지? 수업 끝!"

예 ③ : "금동이는 남의 험담을 하지 않으니 참 좋은 학생일세.", "예, 저는 험담 같은 것은 하지 않습니다. 우리 반의 영구처럼 남의 험담을 늘어놓는 것은 볼꼴 사나운 일이니까요."

3. 자료적 오류

자료적 오류는 심리적 오류처럼 감정의 영향을 받지도 않고, 언어적 오류처럼 잘못된 언어 사용과도 관련이 있는 것도 아니다. 자료적 오류란 주어진 자료, 상황, 사태에 대한 잘못된 판단을 근거로 논증할 때 빠지는 오류다. 이는 주어진 자료나 대상에 대한 잘못된 지식과 판단 때문에 빚어지는 오류이기 때문에 지적인 오류라고 할 수 있다.

(1) 합성의 오류

합성의 오류는 개별 요소들이 어떤 특성을 갖고 있다고 해서 그 요소들로 구성된 집합 자체도 그 특성을 갖고 있다고 논증할 때 범하는 오류다. 한 마디로 부분의 속성을 전체도 가진다고 잘못 생각하는 오류다. 이를 결합의 오류라고도 한다.

자취생인 철수는 곤히 단잠을 자고 있었다. 누군가가 문을 두드렸고, 잠결에 시계를 보니 아침 7시30분이었다. 문을 열어 보니 우유 배달하는 청년이었다. 그 배달원은 "안녕하세요? ○○우유에서 나왔습니다. 요즘 대학생들 공부한다고 밥 제대로 못 챙겨 먹고 다니죠? 건강도 많이 허약해 졌을텐데……. 하루에 500원도 안 되는 돈으로 새로 나온 ○○우유로 건강도 챙기고, 머리도 좋아지는 DHA 성분도 들어 있어요. 하루에 500원만 투자하세요."라고 말하는 것이었다. 철수는 '하루 500원'이라는 말에 귀가 솔깃해서 바로 신청하였다.

우유 배달원의 말처럼 하루 500원의 돈은 얼마 되지 않아 보이지만, 500원의 돈을 한 달, 두 달로 계산해 보니 자취생인 철수에게 엄청난 지출이었다. 철수는 부분이 가지고 있는 '싸다', '얼마 안 된다'라는 속성이 그 부분들을 합했을 때도 그대로 옮겨진다고 착각한 것이다.

홈쇼핑이나 세일즈맨이 할부로 제품을 판매할 때, 소비자들이 합성의 오류에 빠지게끔 유도한다. 할부로 한 달에 내는 돈이 얼마 안 된다는 것을 강조해서 제품이 아주 싼 것으로 착각하게 만드는 것이다. 그래서 합성의 오류를 일명 '세일즈 맨의 오류'라고도 한다.

예 ① : (자동차 세일즈맨이 고객에게) "최신형 모델입니다. 차값은 걱정하지 마십시오. 36개월 장기 할부도 됩니다.", "차값이 얼마에요?", "하루에 만원 꼴입니다. 아주 싸죠?", "와~ 정말 싸네요."

예 ② : 어제 야식을 먹었어도 몸무게에 변함이 없어. 오늘도 그렇네. 그러면 이제 매일 먹어도 살찌지 않을거야.

예 ③ : 이 음식은 최고의 맛을 지닌 재료로 만든 요리니까, 무조건 맛있을 거야!

예 ④ : 1kg짜리 아령을 들면 가볍다. 그러므로 1kg자리 아령을 한꺼번에 아무리 많이 들어도 무겁지 않을 것이다.

(2) 분할의 오류

분할의 오류는 합성의 오류와 반대 방향으로 추론하는 오류다. 전체 또는 집합이 어떤 성질을 가지고 있기 때문에 그 부분 또는 원소도 그와 같은 성질을 가지고 있다고 논증하는 오류다. 한 마디로 전체의 속성을 부분도 가진다고 잘못 생각하는 오류다.

① 얼음은 고체다. 얼음은 물로 구성되어 있다. 그러므로 물은 고체다.

② 서울의 강남은 부자들이 사는 동네이니까 그 곳에 사는 사람들은 모두 부자일거야.

①번 예문에서 얼음이 고체라고 해서 그것을 구성하고 있는 성분인 물도 고체라고 생각하는 것은 집합이 가지고 있는 속성을 그 부분들에도 적용된다고 생각하는 분할의 오류를 범하는 것이다. ②번 예문에서 서울의 강남이 부자 동네라고 해서 강남 사람들이 모두 다 부자가 아니다. 일례로 강남 타워 팰리스와 아주 가까운 곳에 같은 번지수를 쓰는 판자촌이 있다. 이 역시 집합이 가지고 있는 속성이 집합의 구성 요소에도 그대로 적용된다고 생각하는 분할의 오류다.

예 ① : 물은 액체다. 물은 수소와 산소로 되어 있다. 그러므로 수소와 산소는 액체다.

예 ② : 우리 집은 벽돌로 만들어져 있다. 내 방도 벽돌로 만들어져 있다. 따라서 내 책상도 벽돌로 만들어져 있다.

예 ③ : 일본은 부자나라야! 그러니까 일본 사람들은 모두 잘 살거야.

(3) 우연의 오류

'우연'이란 예외적인 특수한 경우다. 우리는 이러한 경우를 인정해 주어야 할 때가 있다. 그런데 어떤 일반적인 사실, 법칙 또는 규칙을 모든 경우에 적용할 수 있는 것처럼 생각하고, 적용할 수 없는 우연적인 상황, 즉 예외적인 상황에까지 적용할 때 우연의 오류에 빠지게 된다.

① 미생물 212개를 외우라고 하면서 프린트를 보고 미생물 이론을 강의하시는 교수님에 대해, 우리는 "교수님도 이 이름들을 다 알고 있는 거야? 우리랑 같이 시험 봐야 되지 않아? 아니면 저렇게 프린트를 보고하지 말아야지"라고 말한 적이 있습니다.

② "나도 중앙선을 추월해야겠어." "왜?", "소방차도 중앙선을 침범하고 추월하는데 나라고 못하겠니?"

교수님은 학생들을 가르치기 위해서 프린트물을 들고 있는데도, 이 예외적인 특수한 경우를 무시한 채, 교수님도 시험을 보아야 한다고 주장한다면 우연의 오류에 빠지게 된다.

또한 소방차 역시 예외적인 특수한 경우다. 교통규칙을 지키는 것은 매우 중요하다. 그러나 소방차는 인명구조를 위한 예외적인 경우임을 인정해야 한다. 이러한 우연을 무시하고, 119 소방차도 교통규칙을 어기는 일은 없어야 한다고 주장한다면 우연의 오류를 범하게 되는 것이다.

예 ① : 다른 사람들을 미행하는 것은 나쁘다. 따라서 경찰이 범인을 미행하는 것도 나쁘다.

예 ② : 저는 어렸을 때, 참 이상하게 생각하는 것이 있었습니다. 초등학교 5~6년 겨울 방학 쯤 되면 남자 아이들은 하나 둘씩 포경수술을 하곤 하더군요. 그런데 왜 여자들은 안 하죠?

예 ③ : (한 여성 인권 운동가가) "우리들도 남성들과 동등하게 대해줘요.", "어떻게?", "우리들도 수영할 때 남자들처럼 팬티만 입게 해줘요."

(4) 논점 이탈의 오류

논점 일탈의 오류란 어떤 논점을 뒷받침하기 위해 제시된 근거가 실제로는 다른 논점을 뒷받침하는 경우에 발생하는 오류다. 즉 논점과 관계없는 것을 제시하여 무관한 결론에 이르는 경우 범하게 되는 오류다. 이를 무관한 결론의 오류라고도 한다.

〈논제〉 황우석 교수의 배아줄기세포 연구, 생명윤리적 논란 없나?

이철수(가명, 모 대학 생명공학과 교수) : 최근 서울대 황우석 교수팀과 배아줄기세포 연구를 하던 미국 새턴 박사가 돌연 황 박사 연구팀과 결별을 하면서 난자 확보에 대해 윤리적 논란이 일고 있는 것은 사실입니다. 물론 황우석 박사가 밝혔듯이 난자는 지원자들로부터 얻었기 때문에 불법은 아니라고 하더라도, 생명윤리적으로는 문제가 된다고 생각합니다.

김영식(가명, 소아당뇨 카페 대표) : 저는 생명윤리적으로 논란이 없다고 봅니다. 이것으로 인해 저의 병이 나을 것이라는 생각은 안 하지만, 저와 같은 사람의 앞날을 위해 배아줄기세포 연구는 필요하다고 생각합니다.

– SBS 토론 〈시시비비〉 중에서

이철수 씨의 논증은 난자 획득이 생명윤리적으로 문제가 없다는 것이었는데, 김영식 씨는 배아줄기세포 연구의 필요성이라는 논점으로 일탈하고 있다. 이런 논점일탈의 예는 생활 속에서 종종 발견된다. 예를 들어 시금치를 안 먹는 아이에게 엄마가 "굶어 죽어가고 있는 북한이나 아프리카의 사람들을 생각해봐. 넌 음식이 얼마나 귀한 줄도 모르니?"라고 말하는 경우가 있다. 이 경우, 본래의 논점은 '시금치를 안 먹는 것'이었으나, 갑자기 '기아 문제'로 논점을 벗어나고 있다.

마찬가지로 "우리 사회에 좀도둑이 급속도로 증가하고 있으므로, 시급히 사형제도를 부활시켜야 한다"라는 논증도 논점을 일탈하고 있다. 좀도둑은 중범죄가 아님에도 불구하고, '사형제도 부활'이라는 엉뚱한 결론을 내리고 있다. '경찰력 증대', '범죄예방조치 강구' 등 연관성 있는 결론을 내려야 오류를 범하지 않고, 타당한 논증을 할 수 있다.

예 ① : 고등학교 때 친구에게 "어제 우산 없어서 비 쫄딱 맞고 집에 갔어."라고 했더니, 친구 왈 "비가 왔으니깐 농사 잘 되겠다." (농부를 생각하는 마음에……)

예 ② : "그 사람은 호주제 폐지에 찬성했어.", "아버지, 어머니도 모르는 불쌍한 놈이네."

(5) 논점 무시의 오류

자신의 주장을 정당화하기 위해서 원래의 주제를 무시하고 전혀 다른 주제로 논의의 흐름을 바꿈으로써 상대방의 주의를 다른 곳으로 돌리게 하는 논증의 방법이 있다. 이 방법으로 단순히 어떤 결론이 입증되었다고 결론 내린다면 논점무시의 오류에 빠지게 된다.

한나라당은 오늘 성폭력범죄 근절을 위해 상습 성폭력범에게 '전자 팔찌' 착용을 의무화하는 내용의 법안을 마련키로 했습니다. 제6 정조위원장인 진수희 의원은 이날 국회에서 브리핑을 갖고 "매년 증가하는 성폭력 범죄를 근절하기 위한 법적 제도적 장치를 마련키로 하고, 구체적 방안으로 '전자 위치 확인제도' 도입을 당론으로 추진키로 했다"고 말했습니다.

진의원은 국내 성범죄율 현황을 볼 때 2000년 1만600건에서 2003년 1만2천465건, 2004년 1만4천154건으로 매년 증가 추세인데다, 성폭력 범죄자들 중 같은 전과를 가진 경우가 83.44%에 달하는 만큼 '전자위치 확인제도'와 같은 강력한 조치가 필요하다고 강조했습니다.

나경원 공보담당 원내부 대표는 "국회 브리핑을 통해 미흡하지만 고위공직자의 직무 관련 보유지식만을 매각하거나 수탁기관에 맡기도록 하는 내용의 공직자윤리법 개정안을 이번 회기에서 처리하고, 다음 회기에는 보유 부동산에 대한 신탁까지 포함한 공직자 윤리법 개정안을 국회에 제출할 방침이다."라고 말했습니다.

TV 뉴스 중에서

이 기사의 쟁점은 '성폭력범에게 전자발찌를 채우자'는 것이다. 하지만 글의 마지막에 가서 갑자기 '공직자 윤리법 개정안'에 대한 기술을 하여 이 글의 논점을 일탈하는 기술을 하고 있다. 앞에서 살펴본 논점 일탈의 오류와 함께 논점 무시의 오류는 TV나 라디오 토론 프로그램에서 가끔 볼 수 있다. 논점 일탈의 오류는 주제 자체는 무시하지 않으면서, 결론이 엉뚱하게 나오는 경우에 빠지는 오류고, 논점 무시의 오류는 위의 예문에서처럼 주제가 완전히 다른 주제로 벗어나는 경우에 빠지는 오류다.

다음의 논증을 살펴보자. "당신들은 황우석 교수가 매매한 난자로 실험을 하였다고 비판을 하고 있다. 하지만 황우석 교수는 줄기세포연구의 권위자이시다. 황우석 교수는 자신보다 국가이익을 중요시할 뿐 아니라, 황우석 교수로 인해 한국의 위상이 높아지게 되었다. 황우석 교수님은 위대한 과학자이다." 이 논증 역시 본래 주제인 '난자 매매'라는 논점을 무시하고, 갑자기 '한국의 위상'이라는 다른 주제로 벗어나고 있기 때문에 논점무시의 오류를 범하고 있다.

예 ① : "요즘 박태환 선수의 올림픽 금메달 이야기로 세상이 떠들썩하다. 이는 우리나라 체육사에 길이 남을 일이다. 대한민국의 경사이다. 그러니까 친구야 네가 오늘 밥 사라."

예 ② : 사람들은 듀퐁 회사가 환경파괴의 주범이라고 욕하고 있다. 그러나 듀퐁 회사는 우리 산업의 핵과 같은 역할을 하고 있다. 듀퐁은 수만 명의 직원을 고용하고 있으며 수백억 원의 세금을 내는 대기업이다. 이 세금은 우리의 학교를 후원하고 있고, 또 우리 경찰의 봉급원이기도 하다. 비판자들은 이런 사실을 간과하고 있다.

예 ③ : 학생들이 책을 읽지 않게 된 주원인은 TV 시청 때문이라고들 한다. 그러나 TV의 방영내용은 대중들에게 유익한 것이 많다. '장학퀴즈'는 학생들의 학구열을 고취해 왔으며, '무한도전'은 우리에게 건전한 웃음을 선사한다.

(6) 허수아비의 오류

허수아비의 오류란 상대방의 논증을 문제 있는 논증으로 왜곡해서 허수아비처럼 방어할 수 없는 논증으로 바꾸어 놓은 다음, 그 왜곡된 논증을 공격함으로써 원래 논증도 논박된 것으로 유도할 때 빠지는 오류다.

기숙사생들은 기숙사 내에서 음주 공간을 만들어 음주를 허용해 달라고 건의했다. 그러나 기숙사 측은 "허구한 날 시도 때도 없이 음주를 하려고? 여기가 자취방이냐? 그러려면 자취를 하지. 맨 날 밤늦게 들어오고 거기다 모자라서 기숙사를 아예 술집으로 만들려고 하네? 이거 기숙사를 자취촌을 만들고 싶은 게 소원이란 말이지? 정말 어이가 없구먼."

위의 사례에서 학생들의 요구는 일정한 음주 공간을 만들어 달라는 것이지, 기숙사를 자취방이나 술집으로 만들겠다는 것이 아니다. 음주가 허용이 안 되고, 음주공간이 없더라도 기숙사 여기저기서 몰래 마시고 있는 것이 사실이다. 그래서 건전한 음주 문화를 위해서 음주 공간을 만드는 것이 더 낫겠다는 것이 학생들의 주장이다. 기숙사 측은 이러한 학생들의 주장을 왜곡되게 해석해서 어이없는 주장으로 만들어 놓고 마음껏 반박하고 있다. 기숙사 측의 논증은 다름 아닌 허수아비의 오류를 범하고 있다.

예 ① : 학생복지위원회는 캠퍼스 내에서 음주 공간을 허락해 달라고 요청하였다. 도대체 학생들이 원하는 것이 무엇인가? 1학년 때부터 4학년 졸업 때까지 허구한 날을 술에 취해 지내는 것이 그들의 소원이란 말인가? 학생들은 온 캠퍼스를 술집으로 만들겠다는 말인가? 이런 어처구니없는 요청이 어디 있는가?

예 ② : (노조가 회사 내에 휴게실을 만들어 달라고 하자) "노조원들은 회사에서 일은 안 하고, 휴게실에서 놀고 먹겠단 말인가? 회사를 아예 놀이터로 만들 작정이구나!"

예 ③ : (학생들이 체육시간을 늘여달라고 하자) "대학 가기가 하늘에 별 따기인 세상에서 놀 시간을 달라고 하더니, 도대체 학교를 놀이터로 아는 학생들이 또 어디 있는가?"

(7) 복합질문의 오류

복합질문이란 단순히 '예'나 '아니오'로 대답할 수 없는 두 개 이상의 요소 질문으로 구성된 질문이다. 그런데 이 복합질문을 마치 하나의 질문인 것처럼 가장해서 물음으로써 상대방이 수긍할 수 없거나 수긍하고 싶지 않은 점을 대답하도록 강요할 때 빠지는 오류를 복합질문의 오류라고 한다.

두만 : 남자끼리 톡 까놓구 임마, 원래 예쁜 여잘 보면 쭈-욱 쏠리기두 하구. 다 그런 거 아냐? 이 삼촌두 마찬가지야 임마.
광호 : (끄덕이며) 예.
두만 : 자, 조카, 얘길 해봐. 이향숙일 첨부터 죽일라구 그랬던건 아니지?
광호 : …… 예?
두만 : 뭐 그냥 젖이나 좀 만져볼까…… 그랬다가 여자가 반항하니깐 엉겁결에…… 응? 여자가 반항 안 했으면 안 죽였을거지?
광호 : …… 못 만졌는데.
두만 : 그래서 죽였구나? 응? 죽여 놓구 젖 만질라구.
광호 : …… 아닌데.
두만 : 알았어. 앞으로는 여자 안 죽일거지?

영화 〈살인의 추억〉에서

위의 대화에서 두만은 복합질문으로 광호의 대답을 유도하고 있다. 첫째, "이향숙일 첨부터 죽일라구 그랬던건 아니지?"라는 질문은 하나의 질문인 것처럼 보이나, 사실은 '이향숙을 처음부터 죽이려고 했냐?'와 '이향숙을 나중에 죽이려고 했냐?'라는 두 가지 질문이다. "여자가 반항 안 했으면 안 죽였을거지?", "앞으로는 여자 안 죽일거지?"라는 물음도 한 가지 질문이 아니라, 두 가지 질문이 들어 있는 복합질문이다.

예를 들어 "앞으로는 여자 안 죽일거지?"라는 질문에 대해 '예'라고 답하면 예전에 여자를 죽였다는 말이 되고, '아니오'라고 답하면 앞으로 여자를 죽이겠다는 말이 된다. 따라서 복합질문의 오류를 범하지 않으려면 "이제까지도 여자를 죽인 적이 없고, 앞으로도 안 죽일 겁니다."라고 대답하면 된다.

마찬가지로 "오늘은 사람 안 패냐? 종범아"라는 질문에 종범이가 '그렇다'라고 대답하면 '이전에는 사람을 때렸었다'고 인정하는 것이 되고, '아니다'라고 대답하면 '오늘 사람을 때리겠다'는 말이 된다. 이 역시, "이전에도 때린 적이 없고, 오늘도 때리지 않는다"라고 대답하면, 복합질문의 오류에 빠지지 않게 된다.

예 ① : (담임선생님이 반 학생들에게) "이제 담배는 피우지 않기로 했지?"

예 ② : (교수님이 시험시간에 문제지를 나누어 주면서) "너희들, 이젠 컨닝 안 할 거지?"

예 ③ : 범수야! 너 또 공부 안 하냐?

(8) 무지에 호소하는 논증의 오류

무지에 호소하는 논증의 오류란 어떤 명제가 거짓임이 증명된 적이 없기 때문에 그 명제가 참이라고 주장하거나, 아니면 어떤 명제가 참이라고 증명된 적이 없기 때문에 그 명제가 거짓이라고 주장할 때 빠지는 오류다. 또한 상대방이 무지하거나 지식이 부족해서 자신의 주장을 논박하지 못한다는 점에 근거해서 자기의 주장을 정당화하려고 할 때 빠지는 오류이기도 하다.

영식 : "나는 외계인은 확실히 있다고 생각해."
범수 : "아냐, 외계인은 있을 리가 없어!"
영식 : "그럼 외계인이 없다는 증거를 댈수 있어?"
범수 : "아니……."
영식 : "거봐! 증거를 못 대잖아. 그러니까 외계인은 확실히 있어!"
범수 : "헐……."

위의 대화에서 영식이는 무지에 호소하는 논증의 오류에 빠지고 있다. 영식이는 '외계인이 있다는 사실을 증명하지 못하기 때문에 외계인은 없다'라는 논증으로 범수를 설득하고 있다. 그러나 영식이의 논증은 외계인의 존재에 대해 아무 것도 말해주는 바가 없다. 다만 범수를 비롯한 많은 사람들이 외계인의 존재를 증명하지 못했다는 사실을 말해 주고 있을 뿐이다. 이처럼 '증명하지 못했다'라는 무지를 근거로 자신의 결론이 옳다고 한다면 이는 잘못된 논증이다. 역으로 범수도 '외계인이 있다는 것이 확실하게 증명되지 않았다'라는 무지를 근거로 해서 '외계인이 없다'라고 주장할 수 있다. 그러나 범수의 경우도 마찬가지로 무지에 호소하는 잘못된 논증의 오류를 범하고 있다. 왜냐하면 '증명하지 못한다'라는 사실은 '외계인이 있다/없다'라는 결론에 충분한 이유와 근거를 제공하지 못하기 때문이다.

예 ① : "신이 존재하지 않는다고 확실하게 증명한 사람은 없어. 그러니까 신은 존재하는 거야."

예 ② : "사람이 죽으면 하늘나라로 가! 왜냐하면 사람이 죽으면 하늘로 가지 않는다는 증거가 없으니까 하늘나라로 간다는 거야!"

(9) 본말전도의 오류

본말전도의 오류란 어떤 일이나 사건의 선후 관계를 뒤집어서 판단할 때 빠지는 오류다. 이를 수레를 말 앞에 놓는 오류라고도 한다.

'도자기 문화 체험'이라는 교양과목 시간이었다. 첫 시간의 주제가 컵을 만드는 것이었는데, 영희는 큰 머그잔을 만들려다 하다가, 점점 커져 버려서 전혀 컵의 모양이 아니게 되어 버렸다. 결국 영희는 교수님께 "오늘 컵 말고 비슷한 다른 것 만들어도 되죠?"라고 말씀드리면서 그 날 주제를 혼자 바꿔서 화분으로 마무리를 했다.

위의 사례에서 영희는 일의 선후 관계를 무시하는 오류를 범하고 있다. 주제를 먼저 정한 다음, 그 주제에 맞는 도자기를 만드는 것이 일의 순서이다. 그러나 영희는 도자기를 멋대로 만들어 버린 후, 주제를 '화분'으로 정하는 본말전도의 오류를 범하고 말았다.

MBC 오락 프로그램 〈느낌표〉 중에 '희망뉴스'라는 코너가 있었다. 여자 아나운서가 오늘 일어났던 사건에 대해서 먼저 보도를 한다. "김용만이 김장을 담가 독거노인에게 주었으며, 유명 연예인 A, B, C 씨가 독거노인을 위해 연탄 1,000장을 손수 배달했습니다." 보도 내용이 끝나고 나면, 김용만과 연예인 A, B, C 씨는 보도 내용에 맞추어 그 날 하루를 보내게 된다. 이 사례를 보면, 보도내용이 먼저 있은 다음, 그 보도가 현실이 되게끔 사람들이 행동한다. (물론 시청자들을 재미있게 하려는 목적이었지만) '희망뉴스'는 일의 선후 관계를 무시하는 본말전도의 오류를 범하고 있다.

예 ① : "어휴, 방 지저분한 것 봐라. 경수야, 방 좀 청소해라. 먼지가 데굴데굴 굴러 다닌다!"
"어차피 청소해도 다시 더러워질 텐데, 뭐하러 번거롭게 청소해요?"

예 ② : 삶을 위해서는 돈이 필요하다. 따라서 나는 돈을 버는 삶을 살아가겠다.

예 ③ : (엄마가 외출하시면서) "집 지키고 있다가 도둑 들어오면 얼른 문 잠가. 알았지!"

예 ④ : (화장실가려고 방문을 여는 철수에게) "야, 바람 들어온다. 문 꼭 닫고 나가라."

예 ⑤ : (으슥한 골목길, 강도가 총을 들이대면서) "꼼짝 말고 손들어!"

(10) 흑백 사고의 오류

흑백 사고의 오류란 어떤 주장에 대해 양 극단의 가능성만 있고, 다른 가능성은 없다고 이분법적으로 생각할 때 빠지는 오류다. 즉 논의의 대상인 두 개념 사이에 제3의 개념을 배제함으로써 발생하는 오류다. 이를 거짓 이분법의 오류라고도 한다.

① 교수님 : 얘들아, 뭐 먹을래?
학생 A : 전 자장면 먹을래요.
학생 B : 난 자장면 싫은데.
교수님 : 그러면 짬뽕 먹어.

② "너는 기독교를 믿지 않는다고? 그럼 너는 불교신자구나."

사례 ①의 경우, 중국집에 자장면과 짬뽕, 두 가지 음식만 있는 것은 아니다. 우동, 볶음밥, 만두 등 다양한 종류의 음식이 있음에도 불구하고, 교수님은 두 종류의 음식밖에 없다는 이분법적 사고를 하고 있다. 따라서 중국집에서 "자장면 먹을래? 짬뽕 먹을래?"라고 묻는다면 흑백사고의 오류에사례 ①의 경우, 중국집에는 자장면과 짬뽕, 두 가지 음식만 있는 것이 아니다. 우동, 볶음밥, 만두 등 다양한 종류의 음식이 있음에도 불구하고, 교수님은 두 종류의 음식밖에 없다는 이분법적 사고를 하고 있다. 따라서 중국집에서 "자장면 먹을래? 짬뽕 먹을래?"라고 묻는다면 흑백사고의 오류에 빠지게 되는 것이다.

마찬가지로 "밥을 먹지 않겠다고? 그럼 너는 배가 부르구나."라고 말한다면 이 역시 흑백사고의 오류에 빠지는 것이 된다. 집합의 결론이 '배부르다'와 '배고프다' 두 개밖에 없다는 잘못된 이분법적 사고를 하기 때문이다. 밥을 먹지 않은 이유는 식욕부진, 소화불량, 다이어트 등 다양한 이유가 있기 때문이다.

예 ① : 친구가 뚱뚱하지 않다고요? 그럼 그 친구는 마른 체형이군요.

예 ② : 그동안 왜 한 번도 전화를 안한 거야? 내가 싫어진건 아니지?

예 ③ : "수현이네 집에 가봤더니 그리 크지도 않고 부자가 아니더라.", "그럼 가난하다는 말이네"

예 ④ : 김경수 군은 자유민주주의에 반대했다. 그러니까 그는 공산주의자임이 틀림없어.

(11) 순환 논증의 오류

순환 논증의 오류는 전제와 결론이 순환적으로 서로의 논거가 될 때 나타나는 오류다. 즉 'A가 참인 이유는 B가 참이기 때문이다'라고 주장한 다음, 'B가 참인 이유는 A가 참이기 때문이다'라고 주장했을 때 빠지는 오류다. 이러한 논증에서는 결론이 전제의 주장을 되풀이하고 있기 때문에, 이 논증으로 결론이 참이라는 것을 증명해 줄 수 없다.

① 학　생 : "교수님, 제가 왜 가난한지 알고 싶습니다."
교수님 : "자네가 가난한 이유는 경제적으로 궁핍하기 때문이지."
학　생 : "아, 그렇구나! 근데 왜 제가 경제적으로 궁핍하죠?"
교수님 : "자네가 경제적으로 궁핍한 이유는 돈이 없기 때문이겠지."
학　생 : "네…… 그럼 제가 왜 돈이 없나요?"
교수님 : "스스로 생각 좀 해보게. 자네가 돈이 없는 이유는 가난하기 때문이 아닌가!"

② 아버지는 아무리 슬프고 억울한 일이 있어도 눈물을 보일 수 없었던 거야. 왜냐하면 아버지니까……. 아버지는 결코 식구들 앞에서 울면 안 되니까.

『살아 있는 동안 꼭 해야 할 49가지』 중에서

예문 ①에서의 논증은 '가난하다 → 경제적으로 궁핍하다 → 돈이 없다 → 가난하다'라는 형식으로 '가난한 이유가 가난하기 때문이다'는 순환 논증의 오류에 빠지고 있다. 예문 ②에서의 논증 역시 '아버지가 울면 안 되는 이유가 아버지이기 때문이다'는 순환 논증의 형식을 취하고 있음을 볼 수 있다.

다음은 진화론자들의 논증이다. "화석들은 그들이 들어 있는 지층의 종류에 의해 연대가 결정된다. 지층의 종류는 그 속에 들어 있는 화석의 종류와 연대에 의하여 결정된다." 이 논증 역시 '화석의 연대 → 지층의 종류 → 화석의 연대' 순으로 논증의 결론과 전제가 순환하고 있다. 이 순환 논증은 실제로 진화론의 큰 오류 중의 한 가지로 꼽히고 있는 오류다.

예 ① : 운동을 열심히 하는 삶은 건강합니다. 왜냐하면 건강한 사람은 운동을 열심히 하기 때문입니다.

예 ② : "왜 웃어?", "웃기니깐!", "뭐가 웃긴데?", "내가 한 행동이.", "네가 한 행동이 뭔데?", "웃고 있는 것."

예 ③ : (술꾼과 어린 왕자의 대화중에서) "거기서 뭘 하고 계시죠?", "술을 마시지.", "왜 마시는데요?", "잊기 위해서야.", "무엇을 잊기 위해서요?", "부끄럽다는 것을 잊기 위해서야.", "무엇이 부끄러운데요?", "술 마신다는 것이 부끄러워!" ―『어린 왕자』 중에서

예 ④ : (휴대폰 문자중에서) "야! 바빠?", "응, 나 바빠.", "왜 바쁜데?", "이것저것 좀 하느라고.", "왜 그런 걸 하는데?", "바쁠려고……."

(12) 선결문제의 오류

선결문제의 오류란 확실하게 증명되지 않은 명제를 당연히 참인 것으로 부당하게 가정한 다음, 그 명제를 전제로 해서 결론을 이끌어 낼 때 빠지는 오류다. 이때 논증자는 문제시되는 전제를 숨겨진 전제로 사용함으로써 부당하게 가정된 사실을 몰래 감추고자 한다. 이 오류는 부당 가정의 오류라고도 한다.

민주 국가에서 위법 행위는 당연히 처벌해야 한다. 그러므로 양심적 병역거부를 처벌하는 것이 당연하다.

위의 논증에서 '양심적 병역거부는 위법 행위이다'는 전제가 당연히 참인 것으로 가정되어 사용하고 있다. 그러나 '양심적 병역거부'의 위법 여부는 우리 사회에서 아직 해결되고 있지 않는 쟁점 중의 하나다. 따라서 '양심적 병역거부를 처벌해야 된다'는 논증은 증명되지 않은 전제를 부당하게 가정하고 있다. 이처럼 핵심 전제의 문제가 되는 내용을 해결하지 않은 채 결론을 내린다면 선결문제의 오류에 빠지게 된다.

예 ① : 자살은 도덕적으로 나쁜 행위이다. 따라서 안락사를 허용해서는 안 된다.

예 ② : 살인은 도덕적으로 나쁘다. 그러므로 낙태도 도덕적으로 나쁘다.

(13) 의도확대의 오류

의도확대의 오류란 의도하지 않은 결과를 의도가 있었다고 판단할 때 생기는 오류를 말한다. 즉 상대방의 말이나 행동의 본래 의도를 잘못 해석하거나 확대 해석하고 논증할 때 빠지는 오류다.

① 얼마 전 학교 때문에 떨어져 살고 있는 동생에게 코를 뚫었다는(요즘 젊은이들이 많이 하는 액세서리를 하기 위한 코 뚫기) 전화를 받았다. 그래서 나는 "뭐? 코를 뚫을 정신이 어디 있니. 학생이 공부를 해야지. 그런 것은 노는 애들이나 하는거야. 그런 것에만 정신을 파는 걸 보니, 학생이기를 완전히 포기했구나. 네가!"라고 말했다.

② 평소 화장을 하루도 빼먹지 않고 진하게 하고 다니던 친구가 있었다. 어느 날 그 친구가 화장을 하지 않은채 학교에 오는 것이 아닌가. 친구들은 "어머, 네가 왠일로 화장을 다 안 하고 나타난거니? 너 드디어 인생 포기했구나!"

①번 사례의 경우, 동생은 학생이기를 포기한 적이 없고, 단지 자기 개성을 표현하기 위해서 코를 뚫은 것이다. 그런데 마치 학생이기를 포기하겠다는 의도를 가지고 코를 뚫은 양 확대 해석하고 있다. ②의 사례에서도 화장을 하지 않고 나타난 이유는 여러 가지가 있을 수 있다. 그런데도 인생을 포기한 것으로 확대 해석한다면 의도확대의 오류에 빠지게 된다.

마찬가지로 돈을 갚지 않는 친구에게 "너 왜 내 돈 안 갚니? 나랑 절교하고 싶어?"

라고 말하는 경우를 생각해 보자. 친구가 돈을 갚지 않는 것은 돈이 없거나, 돈이 있어도 급하게 쓸 곳이 있다거나, 또는 돈을 빌렸다는 사실을 잊어버리고 있는 등 여러 가지 이유가 있을 수 있다. 그런데도 '절교하고 싶다'는 의도를 가진 것으로 확대 해석한다면 의도확대의 오류에 빠지게 된다.

예 ① : "너, 왜 계속 나 쳐다봐? 너 나 좋아하지?"

예 ② : "여보~ 반찬이 부실해졌어. 당신, 나에 대한 사랑이 식었나 보군."

예 ③ : "중간고사를 왜 이렇게 못 봤어! 학교 그만두고 싶어!"

예 ④ : "사탕 먹고 있구나. 당뇨병 걸리려고 그러니?"

예 ⑤ : "네가 나의 발등을 밟은 것은 그동안 나에게 감정이 많았기 때문이야!"

(14) 발생학적 오류

발생학적 오류란 어떤 사건이나 이론, 관행, 제도 등의 원천이 어떤 속성을 가지고 있었기 때문에 그 후에도 계속 그러한 속성을 가지고 있다고 논증할 때 빠지는 오류다. 이 오류는 처음에 어떠하였으니까 나중에도 처음과 같으리라고 판단할 때 주로 발생하는 오류다.

아버지는 나에게 자주 이런 말씀을 하신다. "우리 ○씨 가문은 양반 가문이야. 양반은 체통을 지켜야 하고 남들에게 존경을 받아야 하는거야. 알았니?" (지금이 조선시대도 아니고, 더구나 조선시대에 공명첩의 남발로 90% 이상이 양반이었는데 아버지의 이런 말씀을 들으면 전 황당합니다.)

위의 예문에서 아버지처럼 ㅇ씨가 조선시대 양반 출신이었다고 해서, 현재의 ㅇ씨도 양반이라고 생각한다면 발생학적 오류에 빠지게 된다. 조선시대에 있었던 사건의 속성, 즉 ㅇ씨 가문이 양반이라는 속성이 세월이 지나 오늘날에도 계속 적용된다는 근거를 가지고 주장하는 것은 타당한 논증이 아니다.

모 회사에서 면접을 보는데, 고등학교 생활기록부를 가져 오라고 한 적이 있다. 이는 고등학생 때 가지고 있던 속성이 그 학생이 대학교를 졸업한 후에도 계속 가지고 있다고 생각하는 발생학적 오류를 범하는 것이다. 마찬가지로 영국 사람이 예전에 해적이었다고 해서 신사가 아니라고 주장하거나, 옛날에는 하층민이 그림을 그렸다고 해서 지금도 화가가 천한 직업이라고 생각하는 것도 다름 아닌 발생학적 오류를 범하는 것이다.

예 ① : (중학생인 조카가 여자 친구랑 사귀는 것을 보고, 고모 왈) "그렇게 좋으면 결혼해. 옛날에 너희 나이면 다 결혼했어."

예 ② : 우리 가족은 대가족이다. 눈이 나빠 안경을 쓰고 싶었던 난 할아버지에게 "할아버지, 저 안경 하나 맞추려고요."라고 말했다. 그러자 할아버지께서 말씀하시길 "옛날부터 안경 쓴 사람은 취업도 안 되고, 사람들이 다 병신 취급해!"라고 말씀하셨다.

예 ③ : "네가 사귀고 있는 사람이 ○씨라고? 너, 조선시대에 ㅇ씨가 쌍놈인 걸 모르냐? 안 된다."

4장

정확하고 자연스러운 문장

글쓰기는 작가와 독자 사이의 원활한 의사소통을 목적으로 하는 행위다. 이를 위해 문법에 기초한 정확하고 자연스러운 문장을 익혀야 한다. 정확한 문장은 뜻을 보다 쉽게 이해할 수 있도록 돕는 기능을 한다. 또한 자연스럽고 아름다운 문장은 읽는 사람의 마음을 움직여 감동을 증폭시킨다. 따라서 보다 뛰어난 의사소통 능력을 갖추고, 다른 사람과 적극적인 의사소통을 하고 싶다면 정확하고 자연스러운 문장에 대한 세심한 주의를 기울여야 한다.

문법이란 문장을 정확하고 바르게 구성하는 문장 구성의 규칙일 뿐만 아니라 보다 아름답게 만드는 규칙이다. 정확한 문장은 뜻을 보다 쉽게 이해할 수 있도록 돕는 기능을 하고, 아름다운 문장은 듣는 사람의 마음을 움직여서 감동을 준다. 이렇게 문법은 보다 정확하고 아름다운 문장을 만들어서 의사소통을 원활하게 할 수 있도록 돕는 언어의 규칙이다. 따라서 이런 문법을 통해 보다 더 경제적이고 원활한 의사소통이 가능해진다. 또한 현대에서는 말하기가 곧 사회적 능력이 되는 만큼, 정확하고 자연스럽게 문장을 쓰거나 말할 수 있는 것은 대학생으로서 반드시 갖추어야 할 소통의 능력임을 알 수 있다.

문법적 정확성은 표기법을 정확하게 지킴으로써 가능하다. 일반적으로 표기법은 단순한 언어의 규칙이므로 실제 언어생활과는 괴리되어 있다고 생각하기 쉽지만, 표기법은 정보화 사회에서 비교적 짧은 시간에 정확한 정보를 얻고, 원활하게 자신의 의견을 상대방에게 전달하는 데에 매우 중요한 도구다. 따라서 정보사회에서 보다 뛰어난 의사소통 실력을 갖추고 다른 사람과 적극적인 의사소통을 하고 싶다면 무엇보다도 표기법을 정확하게 익혀두는 것이 중요하다.

다음은 어느 대학생이 쓴 자기소개서다. 다음 글을 읽고 어느 곳이 어떻게 잘못되었는지 이야기해 보자.

보기) 잘못된 문장, 문법에 어긋난 글

평범한 가정에서 1남 1녀로 태어났으며, 현재 저희 아버지는 회사를 다니고 계십니다. 엄격하신 아버지 밑에서 자랐으나 아버지의 사랑은 이웃으로부터 부러움을 사는 정도며 넉넉하지도 않지만 부족하지도 않은 엄격과 질서와 사랑 속에 항상 감사한 마음으로 성장하였습니다.

보기) 비속어 사용과 상투적인 표현

살면서 노력하지 않고 결과를 얻으려 하지 않았으며 그런 성격은 요즘 언어로 "쿨"한 성격이라고 합니다. 이런 성격에 분명 단점도 있을 수 있으나 최대의 장점으로 노력에 대한 결과를 두려워하지 않는다는 것입니다. 저보다 못한 사람에게 배움을 얻기 위해 고개 숙일 수 있는 청년입니다.

1. 문법적으로 정확한 문장

(1) 조사 사용의 오류

한국어에서 '조사'는 가장 간단한 단어이지만, 동시에 말을 하거나 글을 쓸 때 가장 중요한 역할을 한다. 조사는 문장에서 행위의 주체와 대상, 그리고 행위의 형태를 결정짓는 가장 큰 역할을 한다. 예를 들어 '사람이 본다'와 '사람을 본다'는 문장에서 조사 '이'와 '을'이 달라짐으로써 의미에 큰 변화가 생긴다. 따라서 조사를 정확하게 구분하여 사용함으로써 말하는 사람의 의도를 듣는 사람에게 정확하게 전달할 수 있다.

① 우리 학교가 미술대회를 개최했다.(×)
우리 학교에서 미술대회를 개최했다.(○)

② 미국 대표 팀이 프랑스 팀에게 2:1로 이겼다.(×)
미국 대표 팀이 프랑스 팀에 2:1로 이겼다.(○)

③ 환경 문제를 대처할 방안을 강구해야 한다.(×)
환경 문제에 대처할 방안을 강구해야 한다.(○)

위의 ①번 예문은 주어가 '동물'이나 '사람' 이 아니다. 한국어에서 보통 집단, 단체가 행위의 주체를 대신하는 경우에는 '이/가'와 같은 주격조사를 사용하지 않고, '-에서'를 사용한다. 이와 마찬가지로 ②의 경우에도 행위의 대상이 '사람'이 아니라 '단체'일 때에는 '-에게'을 사용하지 않고 '-에'를 사용한다.

③의 예문은 익숙한 표현이지만 사실 문법적으로는 잘못되어 있다. 우리는 쉽게 '문제를 해결하다'의 확장된 의미로서 '-을/를 대처하다'라는 표현을 자주 사용한다. 그러나 정확한 문법적 표현은 '-에 대처하다'이므로 위의 보기글과 같이 수정해야 한다.

(2) 문법 형태소 사용의 오류

① 많은 분들이 참석하시길 바라겠습니다.(×)
많은 분들이 참석하시길 바랍니다.(○)

② 이 집이 전에 내가 살았던 집이다.(×)
이 집이 전에 내가 살던 집이다.(○)

위의 ①번 예문은 우리가 많이 듣는 말로서, 보통 대회 참여나 입사 지원, 또는 연회 참석 등을 격려하기 위해 자주 사용된다. 그런데 여기서 '참석'은 발화의 시간에 비해 미래에 일어나는 일이므로 '미래형'으로 표현하는 것이 가능하지만, '참석을 바라는 일'은 발화하는 시간인 '현재'의 마음이다. 그러므로 '미래형'의 '바라겠습니다'는 어울리지 않는다.

②번 문장 또한 문법적으로 적절하지 않은 표현이다. 이 문장의 주제는 특정 '집'에 대한 설명이다. 여기서 이 집은 '과거'에 '살았다'를 발화하는 오늘의 시점에서 다시 추억하는 곳이다. 따라서, 이 문장의 서술어인 '살다'는 과거 회상 시제를 나타내는 '-더-'를 사용하여 '살던'으로 표현하는 것이 옳다.

(3) 지나친 생략

글을 쓰거나 말을 할 때 화자는 자신의 의도에 보다 가까운 문장을 사용하기 위해 할 말을 미리 생각하게 된다. 그런데 머릿속의 생각은 매우 빨리 지나가는데 비해 문장을 구성하고 글을 쓰는 속도는 느리기 때문에 실제로 문장을 말하거나 쓸 때에는 꼭 필요한 문장의 성분이 생략되는 일이 생긴다. 이럴 때 의사소통에 꼭 필요한 내용이 빠지지 않도록 하기 위해서는 생각한 것을 지속적으로 유지할 수 있는 집중력이 필요하다. 또한, 긴 문장을 구성하면서 필자는 자신의 글을 읽을 독자들을 항상 배려하면서 독자의 이해를 돕고 오해를 줄일 수 있도록 문장의 필수 성분이 모두 포함되어 있는지, 의미를 나타내는 요소들은 제 자리에 배치되어 있는지를 한 번 더 생각해야 한다.

① 사람은 속기도 하고 속이기도 한다.(×)
사람은 다른 사람에게 속기도 하고, 다른 사람을 속이기도 한다.(○)

② 치료가 언제 시작되고, 언제 완치될 지 모른다.(×)
치료가 언제 시작되고, 환자가 언제 완치될 지 모른다.(○)

③ 현재는 조급하게 서두르기 보다는 침착하게 관망할 때이다.(×)
현재는 일을 조급하게 서두르기 보다는 침착하게 사태를 관망할 때이다.(○)

①의 '사람은 속기도 하고 속이기도 한다.'라는 문장의 경우처럼 어색한 예문을 자주 접하게 되는데, 쓰는 사람도 읽는 사람도 어색한 줄은 알면서도 어디가, 왜 어색한지는 모르는 경우가 많다. 여기서 보기의 문장 ①은 사실, 각각 '다른 사람에게 속다'와 '다른 사람을 속이다'라는 두 개의 문장이 하나가 된 경우다. 그런데 이 두 개의 문장에 속하는 서술어가 각각 '속다'라는 동일 유형의 동사에서 시작한다는 데에 오류의 원인이 있다. 즉, 첫 번째 문장의 서술어인 '속다'는 본래 '~에게 속다'라는 형태를 취하고, 두 번째 문장의 서술어인 '속이다'는 사동형의 형태로써 '~를 속이다'라는 형태를 취한다. 따라서 ①의 문장은 의미상으로는 각각 한 개의 사동형과 피동형 서술어를 따로 가지고 있는 셈이다. 그러므로 보기의 문장은 각각의 서술어에 필요한 문장성분을 생략할 수 없다.

보기 ②의 '치료가 언제 시작되고, 언제 완치될 지 모른다.'의 문장 역시 하나의 문장처럼 보이지만 사실은 두 개의 사건과 두 개의 문장이 겹쳐져 있다. 이 때 두 문장의 주어가 공통된 하나의 주어라면 두 번째 문장의 주어는 생략이 가능하다. 예를 들어 '전쟁이 언제 시작되고, 언제 끝날 지는 아무도 알 수 없었다'와 같은 문장의 경우에 있어서 앞 문장과 뒷문장이 각각 '전쟁이 시작되다', '전쟁이 끝나다'와 같이 구성되어서 주어의 형태가 '전쟁이'라는 공통성을 지닌다. 따라서 전체 문장의 주어를 한 번만 써도 무방하다. 그러나 ② 문장의 경우에는 앞 문장의 주어가 '치료'임에 반해 뒷문장의 주어는 '환자가'이므로 문장을 하나로 만들 때 서로 형태가 다른 주어를 생략할 수 없다.

③의 문장은 완벽한 문장이라고 생각하기 쉽다. 그러나 이 문장에서 서술어인 '(조급하게) 서두르다'와 '관망하다'는 각각 목적어를 필요로 하는 타동사이다. 우선 '서두르다'의 경우를 보면, '일을 서두르다', '준비를 서두르다'처럼 무엇을 서두르는지, 즉 행위의 대상인 목적어가 분명하게 명시되어야 하는 서술어임을 알 수 있다. 또한, '관망하다'의 경우도 마찬가지로 '사태를 관망하다'라는 표현이 옳다. 따라서 보기③의 예문은 '서두르다'와 '관망하다' 각각의 목적어인 '일을'과 '사태를'을 포함한 형태로 고치는 것이 좋다.

(4) 의미의 중복

글을 쓰거나 말을 할 때 보다 원활하고 적극적인 의사소통을 원한다면 문법적인 정확성뿐만 아니라 아름다운 문장을 만드는 능력도 길러야한다. 아름다운 문장이라고 해서 무조건 많은 양의 수식어를 필요로 하는 것은 아니다. 많은 수식어로 인해서 오히려 문장이 조악해지거나 오해를 불러일으킬 수도 있기 때문이다. 아름답고도 자연스러운 문장을 만들기 위해서는 적당한 위치에 적당한 양의 수식어를 사용할 줄 아는 능력을 키워야 한다.

① 그 예식장은 일 년 전에 미리 예약해야만 사용할 수 있다.(×)
그 예식장은 일 년 전에 예약해야만 사용할 수 있다.(○)

② 여러분은 오늘날 우리 조상의 교훈을 마음에 깊이 명심해야 합니다.(×)
여러분은 오늘날 우리 조상의 교훈을 마음에 깊이 새겨야 합니다.(○)
여러분은 오늘날 우리 조상의 교훈을 명심해야 합니다.(○)

③ 환경보호는 우리 인간의 눈앞에 당면한 급선무이다.(×)
환경보호는 우리 인간이 당면한 과제이다.(○)
환경보호는 우리 인간의 급선무이다.(○)

④ 잘못 오해하고 계신 분들을 위해 자세하게 설명해 드리겠습니다.(×)
잘못 알고 계신 분들을 위해 자세하게 설명해 드리겠습니다.(○)
오해하고 계신 분들을 위해 자세하게 설명해 드리겠습니다.(○)

위의 ① 문장에 있는 '미리', ② 문장에 있는 '명심', ③ 문장에 있는 '당면', ④ 문장에 있는 '잘못'은 모두 동일한 이유에서 잘못 사용된 단어이다. '미리'는 '예약하다' 안에 이미 포함되어 있는 의미이며, '명심'은 '마음에 깊이 새기다'라는 뜻을 가지고 있다. 또, '당면하다'는 얼굴에 맞닿아 있을 만큼 급하다는 뜻이고, '오해하다'는 이미 그 안에 '잘못 이해하다'라는 부사어를 가지고 있다. 따라서 '미리', '명심', '당면', '잘못'은 모두 해당 문장 안에서 의미가 중복되고 있으므로 삭제함으로써 문장의 의미를 명확하게 할 수 있다.

2. 아름다운 문장

(1) 적절한 단어 선택

보다 지적이고 고급스러운 문장을 만들기 위해 일부러 화려한 수식어를 사용하거나 어려운 한자어를 선택하는 것은 좋지 않다. 지나치게 어려운 한자어를 사용하거나 화려한 단어를 연이은 문장은 독자를 배려하지 않는 글이 된다. 글을 읽거나 말을 듣는 사람과의 의사소통이 어렵게 되고 본래의 의미가 왜곡될 수 있으므로 의사소통 과정에서 오해가 생기기 때문이다.

또한 한자어는 명사가 많기 때문에 한자어를 연이어서 쓰게 되면, 문장의 길이가 짧아지면서 뜻이 지나치게 압축되는 경우가 생긴다. 보기 글의 ②와 ③은 한자어 중첩의 대표적인 예인데, 이런 경우에는 '명사어 중첩'을 풀어서 문장으로 표현하는 것이 좋다.

① 독도 문제로 인해 현재의 대일본 외교정책은 앞으로 손질이 불가피할 전망입니다.(×)
독도 문제로 인해 현재의 대일본 외교정책은 앞으로 손질이 불가피해 보입니다.(○)

② 정부는 학생 폭력 근절 대책 마련에 철저를 기해야 한다.(×)
정부는 학생의 폭력 행위를 근절하기 위해 철저한 대책을 마련해야 한다.(○)
정부는 학생의 폭력 행위를 근절하기 위한 대책을 철저히 마련해야 한다.(○)

③ 철수는 학급 임원 선출의 편파성에 불만을 터뜨렸다.(×)
철수는 학급 임원을 선출하는 과정이 편파적이라며 불만을 터뜨렸다.(○)

(2) 올바른 호응 관계

말에는 그 말에 어울리는 단어들의 무리가 있다. 이를 '연어'관계라 한다. 문장마다 주어에 따라 적당한 서술어가 있고 어울리는 사용이 불가능한 서술어도 있다. 또, 어떤 서술어는 특정 부사어만을 수식어로 가지기도 하고, 어떤 서술어는 목적어 외에 부사어를 필수 성분으로 포함하기도 한다. 이러한 단어와 단어 사이의 관계가 긴밀할수록 이해하기 쉽고 정확한 문장이 된다. 여기서 이해하기 쉽고 정확한 문장이란 말이 끝난 후에 듣는 사람이 오해를 하거나 이해를 하지 못하는 일이 없다는 뜻이다. 또, 말하는 사람이 부가적인 설명을 덧붙여 설명할 필요가 없이 가장 경제적으로 의사소통을 할 수 있다는 말이기도 하다. 따라서 문장을 만들 때에는 말하는 사람의 의사 전달뿐만 아니라 듣는 사람의 완벽한 이해를 도울 수 있도록 필요한 의미를 생략하거나 잘못 사용하지 않고 필요한 수식어를 정확하게 포함하고 있는 문장을 구성하는 능력이 필요하다.

① 그들이 패배한 원인은 상대를 과소평가했다.(×)
그들이 패배한 원인은 상대를 과소평가했기 때문이다.(○)

② 문학에는 시, 소설, 수필, 희곡 네 가지로 나뉜다.(×)
문학은 시, 소설, 수필, 희곡 네 가지로 나뉜다.(○)
문학에는 시, 소설, 수필, 희곡 네 가지 장르가 있다.(○)

③ 이 일을 성사시키기 위해 많은 시간과 비용이 들었다.(×)
이 일을 성사시키기 위해 오랜 시간이 걸리고 많은 비용이 들었다.(○)
이 일을 성사시키기 위해 오랜 시간이 걸린 것은 물론 비용도 많이 들었다.(○)

(3) 자연스러운 표현

우리 민족이 옛날부터 사용해 온 표현 중에는 문법적 규칙과는 상관없이 사용되는 것들이 있다. 이런 표현들은 문법적인 규칙에는 어긋나지만 그 언어가 가지고 있는 역사와 문화를 반영하고 있으므로 오히려 말하는 이의 뜻을 깊이 있게 전달하는 기능을 하기도 한다. 예를 들어 '머리를 깎다' 라든가, '외갓집'은 본래의 정확한 표현으로는 각각 '머리카락을 자르다', '외가'라고 해야 정확한 의사소통을 할 수 있다. 그러나 이러한 관용적 표현들은 대부분 언중의 언어 의식과 습관 속에서 용인되어 왔으므로 계속해서 사용해도 무방하다. 대부분의 속담이나 관용어들이 대표적인 예다. 그런데, 가끔은 이러한 관용적 표현에서 확장하여 잘못된 표현을 관용적 표현으로 잘못 알고 사용하는 경우가 있다. 사용하고자 하는 관용적 표현의 문화적 관습에 익숙하지 않은 젊은 세대이거나 또는 발음, 음운, 언어사용 환경이 유사한데서 오는 오류라고 할 수 있다.

① 관용적 표현의 오류

제 명에 살지 못하다.(×)
제 명에 죽지 못하다.(○)

굳은살이 박히다.(×)
굳은살이 박이다.(○)

주위를 집중하다.(×)
주의를 집중하다.(○)

한참 바쁜 시간에 전화가 왔다.(×)
한창 바쁜 시간에 전화가 왔다.(○)

② 유사발음에 기인한 단어 선택 오류

그 선거 후보자는 문제를 해결하기 위해 여론을 수습하는 중이다.(×)
그 선거 후보자는 문제를 해결하기 위해 여론을 수렴하는 중이다.(○)

전통문화는 시대의 변화에 대응하지 못하고 소멸되었다.(×)
전통문화는 시대의 변화에 부응하지 못하고 소멸되었다.(○)

새로운 이론을 과학적으로 입증할 수 있는 논거를 제기하여야 한다.(×)
새로운 이론을 과학적으로 입증할 수 있는 논거를 제시하여야 한다.(○)

③ 문법적 형태소의 중첩

그것이 요즘 학생들에게 많이 읽혀지고 있는 책이다.(×)
그것이 요즘 학생들에게 많이 읽히는 책이다.(○)
그것이 요즘 학생들이 많이 읽는 책이다.(○)

인생은 마라톤을 하는 것과 같다.(×)
인생은 마라톤과 같다.(○)

④ 유사 의미에 기인한 조사/어미 선택의 오류

돌고래도 인간과 같이 언어를 사용하는 능력이 있다.(×)
돌고래도 인간처럼 언어를 사용하는 능력이 있다.(○)

대양호의 선원과 승객들은 배 침몰과 함께 사망했습니다.(×)
대양호의 선원과 승객들은 배가 침몰하면서 사망했습니다.(○)

⑤ 문장 중첩에 의한 서술어 생략의 오류

국민들은 이번 사태에 관하여 법과 질서를 분명히 해야 한다고 의견을 모았다.(×)
국민들은 이번 사태와 관련하여 법제도를 명확하게 하고 질서를 바로 잡아야 한다고 의견을 모았다.(○)

3. 띄어쓰기와 맞춤법

다음의 두 문장을 보자. '나 물 좀 다오', '나물 좀 다오'에서 과연 두 문장의 단어가 같고 문장성분의 배열순서가 같다고 해서 내포된 의미도 같다고 할 수 있을까? 위의 문장은 각각의 문장에 사용된 단어와 단어 사이에 있는 공간, 즉 띄어쓰기에 따라서 전혀 다른 두 가지의 뜻을 내포하고 있다. 말하기 행위에서는 말하는 문장의 사이에 호흡의 휴지를 두어 듣는 이의 이해를 돕는다. 이렇듯 쓰기 행위에서도 문장 내에 단어 간 띄어 쓰는 공간을 두어 독자의 이해를 돕고, 말하는 이의 내용을 정확하게 전달하려는 노력이 나타난다. 따라서 보다 원활한 의사소통을 위해서는 띄어쓰기 규칙을 정확하게 지키려는 노력이 필요하다.

최근에는 직접 얼굴을 맞대고 이야기를 할 수 없는 상황에서 편지같은 문자보다는 전화와 같은 음성언어를 통한 소통방식이 주를 이루고 있다. 그런데 이러한 음성언어 중심의 소통방식이 문자사용의 정확성을 떨어뜨리는 원인이 되고 있다. 지식인으로서 가장 기본이 되는 것이 문자에 대한 의식이라고 할 때 자신의 모국어 문자를 운용하는 방식을 모른다는 것은 매우 부끄러운 일인 동시에 지식인으로 성장할 수 없다는 것을 의미한다. 따라서 한국어의 문자 운용체계인 맞춤법과 표기법을 정확하게 알고 사용하는 것은 대학생이자 지식인으로서 타인과의 소통을 위한 첫걸음이라고 할 수 있다.

(1) 띄어쓰기의 원칙

사람들은 흔히 하나의 의미를 가지고 있는 말의 덩어리를 단어라고 하고 이 단어를 중심으로 의사소통을 한다. 그러므로 의사소통의 편리성을 위해서는 의미의 단위별로 띄어 쓰는 것이 가장 실용적이라고 할 수 있다. 따라서 단어와 단어는 띄어 쓰는 것을 원칙으로 한다. 그러나 단어의 경우에도 복합어인지 합성어인지, 또는 문장의 축약형인지에 따라 띄어쓰기의 형태는 다양하게 나타날 수 있다. 나아가 '한 개 한 개'라든가, '동전 한 닢 두 닢'의 경우처럼 자립명사가 되지 못하고 다른 어휘부에 의존해야 하는 수관형사와 의존명사가 문장 안에 있는 경우에는 띄어쓰기의 예외규칙이 적용된다. 위의 예문의 경우, 각 단어마다 띄어 쓰게 되면 한 음절짜리 글자가 지나치게 많아질 뿐만 아니라, 단어를 중심으로 띄어 쓰고, 의미를 중심으로 모아 읽는 과정에도 오히려 불편함이 생긴다. 이런 경우에는 '한개 한개', '동전 한닢 두닢'처럼 쓰는 것도 좋다. 이렇듯 띄어쓰기는 절대적인 원칙을 고수하는 불변의 규칙이라기보다는 작가와 독자가 서로 문자로 소통하는 데 있어서 불필요한 오해를 줄이고, 보다 쉽고 정확하게 상대의 의견을 수렴하고 이해하도록 소통의 과정을 돕는 수단이라고 생각하는 것이 옳다.

[명사]

① 성명 이외의 고유명사는 단어별로 띄어 씀을 원칙으로 하되 단위별로 붙여 쓸 수 있다.

숭실 대학교 인문 대학 (○) / 숭실대학교 인문대학(○)

② 성과 이름, 성과 호 등은 붙여 쓰고, 이에 덧붙는 호칭어, 관직명 등은 띄어 쓴다.(다만, 성과 이름, 호를 분명히 할 필요가 있을 때는 띄어쓸 수 있다.)

홍길동 / 남궁억 (○) 남궁 억 (○) / 단재 신채호

홍길동 교수 / 남궁 억 선생 / 존 케네디 대통령

[의존명사]

① 의존명사(보편성 의존명사, 주어성 의존명사, 서술성 의존명사, 부사성 의존명사, 단위성 의존명사)는 띄어 씀을 원칙으로 한다.

한 가지 / 우는 것이 / 있는 대로 / 그럴 리가 / 먹을 만큼 / 여러 번 / 살 것이 많다 / 오로지 최선을 다할 따름이다 / 술은 먹을 줄도 모릅니다 / 쌀 한 가마 / 나무 한 그루 / 고등어 한 손 / 술 한 잔 / 구두 한 켤레

② 순서를 나타내는 경우나 숫자와 어울려 쓰이는 경우에는 붙여 쓸 수 있다.

한시 이십분 구초	제팔과	오학년	삼층
1919년 3월 1일	제1어학실습실		
500원	25미터	동전 10개	

③ 숫자 다음의 '개년, 개월, 년간, 시간, 분간, 주간, 초간, 일간'은 그 말을 한 단어로 하여 띄어 쓴다.

1 개월, 1 시간, 1 일간, 1 개년, 1 분간, 1 년간, 1 초간, 1 주간

그러나 접미사 '-여'가 들어가면 '간'은 윗말에서 띄어 쓴다.

10여 일 간, 50여 년 간

④ 단음절로 된 단어의 연속, 보조용언은 띄어 씀을 원칙으로 하되, 경우에 따라 붙여 쓸 수도 있다.

그때 그곳 (○) 그 때 그 곳 (○)

좀더 큰 것 (○) 좀 더 큰 것(○)

불이 꺼져 간다 (○) 불이 꺼져간다 (○)

[조사와 어미]

형태는 같으나 품사가 다른 다음의 조사 및 어미(같이, 대로, 데, 듯, 만, 만큼, 바, 밖, 뿐, 지)는 다음과 같이 쓴다. 체언이나 부사 뒤에 붙는 조사 및 어미는 앞엣말에 붙여 쓴다. 의존명사와 부사는 앞엣말과 띄어 쓴다.

같이 – 개같이 벌어서 짐승같이 먹는다.(조사)
비호와 같이 달리는 기차(부사)

대로 – 떡이든 과자든 마음대로 먹어라.(조사)
될 수 있는 대로 시간을 아껴 쓰라.(의존명사)

데 –이것이 내 차인데 타 보겠나?(어미)
공부하는 데 필요한 참고서(의존명사)

만큼 – 나만큼 해야 된다.(조사)
앞으로 나아갈 만큼은 나아가자.(의존명사)

밖 – 내게는 오직 너밖에 없다.(조사)
그 밖에도 내가 쉴 수 있는 자연(의존명사)

뿐 – 연필뿐이다. 그뿐이다.(접미사)
먹을 뿐이다. 잘 뿐이다.(의존명사)

지 – 이 사람이 누구인지 아니?(어미)
사귄 지 삼 년 만에 결혼했다.(의존명사)

(2) 맞춤법의 원칙

맞춤법 총칙은 다음과 같은 세 개의 항으로 이루어져 있다. "한글 맞춤법은 표준어를 소리나는 대로 적되, 어법에 맞도록 함을 원칙으로 한다.", "문장의 각 단어는 띄어 씀을 원칙으로 한다.", "외래어는 '외래어 표기법'에 따라 적는다." 1933년에 조선어학회에서 처음으로 '한글 맞춤법 통일안'을 제정한 후, 시간이 흐름에 따라 대폭 개정된 맞춤법이 오늘날에 이르렀다. 맞춤법은 한글이 생기고도 몇 백 년이 지나서야 규정된 것인데 이는 한글을 사용하는 언중의 수가 점차 늘고, 문자 운용 범위가 넓어짐에 따라 문자를 통한 의사소통이 일반화되었다는 것을 의미한다. 또한 이는 한글이라는 문자를 통한 의사소통의 과정에서 그 뜻을 오해 없이 경제적으로 전달하려는 언중의 의사가 반영된 것이라고 할 수 있다. 따라서 맞춤법은 실제로 발음되는 소리나 현상과는 약간의 차이가 있어서, 본래 단어의 형태를 유지함으로써 독자와 작가 간의 소통, 즉 언중의 원활한 의사소통에 목적을 두고 있다고 생각하면 이해하기 쉽다.

[소리에 관한 것]

① 한 단어 안에서 뚜렷한 까닭 없이 나는 된소리는 다음 음절의 첫소리를 된소리로 적는다.

소쩍새　가끔　살짝　엉뚱하다

다만, 'ㄱ, ㅂ'받침 뒤에서 나는 된소리는, 같은 음절이나 비슷한 음절이 겹쳐 나는 경우가 아니면 된소리를 적지 아니한다.

국수　깍두기　딱지　법석

② 한자음 '녀, 뇨, 뉴, 니'가 단어 첫머리에 올 적에는 두음 법칙에 따라 '여, 요, 유, 이'로 적는다.

여자(女子) 연세(年歲) 요소(尿素) 유대(紐帶) 익명(匿名)

③ 모음이나 'ㄴ'받침 뒤에 이어지는 '렬, 률'은 '열, 율'로 적는다.

나열(羅列) 치열(齒列) 규율(規律) 분열(分裂) 비율(比率) 백분율(百分率)

[형태에 관한 규정]

① 체언은 조사와 구별하여 적는다.

떡이 떡을 떡에 떡도 떡만

손이 손을 손에 손도 손만

② 용언의 어간과 어미는 구별하여 적는다.

먹다 먹고 먹어 먹으니

믿다 믿고 믿어 믿으니

③ 명사나 혹은 용언의 어간 뒤에 자음으로 시작된 접미사가 붙어서 된 말은 그 명사나 어간의 원형을 밝히어 적는다.

값지다 넋두리 빛깔 잎사귀

다만, 다음과 같은 말은 소리대로 적는다.

널따랗다 널찍하다 얄따랗다 짤따랗다

④ 사이시옷은 다음과 같은 경우에 받치어 적는다.

* 순 우리말로 된 합성어로서 앞말이 모음으로 끝난 경우

고랫재 귓밥 나뭇가지 냇가

* 뒷말의 첫소리 'ㄴ, ㅁ'앞에서 'ㄴ' 소리가 덧나는 것

잇몸 냇물 빗물 뒷머리

* 순우리말과 한자어로 된 합성어로서 앞말이 모음으로 끝난 경우

귓병 아랫방 탯줄 텃세 제삿날 훗날 양칫물 가욋일 예삿일

* 두 음절로 된 다음 한자어

곳간(庫間)　셋방(貰房)　숫자(數字)　찻간(車間)　툇간(退間)　횟수(回數)

[그 밖의 것]

① 부사의 끝 음절이 분명히 '이'로만 나는 것은 '-이'로 적고, '히'로만 나거나 '이'나 '히'로 나는 것은 '-히'로 적는다.

뜨뜻이　고이　느긋이

족히　특히　극히　급히

과감히　쓸쓸히　열심히　각별히

② 다음과 같은 어미는 예삿소리로 적는다.

-(으)ㄹ거나　-(으)ㄹ지니라

-(으)ㄹ걸　-(으)ㄹ지라도

-(으)ㄹ게　-(으)ㄹ지어다

-(으)ㄹ세　-(으)ㄹ지언정

-(으)ㄹ수록　-(으)ㄹ진대

-(으)ㄹ시　-(으)ㄹ진저

-(으)ㄹ지

③ 지난 일을 나타내는 어미는 '-더라', '-던'으로 적고, 물건이나 일의 내용을 가리지 아니하는 뜻을 나타내는 조사와 어미는 '-든지'로 적는다.

지난 겨울은 몹시 춥더라.　그 사람 말 잘하던데!

가든지 오든지 마음대로 해라.　먹든지 말든지 마음대로 해라.

4. 연습문제

1. 다음 예문을 정확하고 문법에 맞는 문장으로 고쳐보자.

① 아버지, 제 말 좀 들어 보세요.

② 철수가 남자 친구를 소개시켜 준대.

③ 동생은 배가 아파서 약과 물을 마셨다.

④ 학교는 성적이 나쁜 학생을 모범상 수상자 명단에서 제외시킬 방침이다.

⑤ 너무 큰 소리로 이야기하는 것은 상대방의 주의를 집중시키는 효과를 가져온다.

⑥ 이번 사건은 국제 사회에서 커다란 경각심을 불러 일으켰다.

⑦ 영희는 맡은 일을 드디어 해냈다고 이야기했다.

⑧ 시간이 이십 분뿐이 안 남았다.

⑨ 어른 앞에서는 행동을 삼가해야 한다.

⑩ 내일 배낭여행을 떠난다는 생각에 마음이 설레어서 잠을 이루지 못했다.

2. 다음 문장을 보다 자연스러운 문장으로 고쳐보자.

① 환경오염 문제는 가장 중요한 현안 문제가 될 것으로 전망된다.

② 집에 들어오자마자 물을 마셨다.

③ 전통이 지역에 따라 다른 점을 알 수 있다.

④ 아무리 해도 이룰 수 없어 중지해 버렸다.

⑤ 실험보고서의 그래프는 명확한 차이를 나타낸다는 것이다.

⑥ 아직도 그녀에게서 연락이 오고 있지 않습니다.

⑦ 사람들이 많은 운동을 한꺼번에 하는 것은 매우 위험하다.

⑧ 밖에서 자주 사먹는 외식을 하다 보면, 따뜻하고 맛있는 어머니의 직접 해주신 밥이 그리워진다.

⑨ 결국 우리의 예측이 틀렸다라는 것을 알게 되었다.

⑩ 그들은 나름대로의 고민거리가 있다.

3. 다음 예문에서 띄어쓰기가 바르지 않은 부분을 찾아 바르게 고쳐보자.

① 비호와같이 달리는 기차

② 밥을 먹 듯또는 죽을 먹 듯이 약도 먹어라.

③ 앞으로 나아갈만큼은 나아 가자.

④ 그밖에도 내가 쉴수 있는 자연

⑤ 약을 하루 에 한알 씩 먹기는했다.

4. 다음의 두 단어 중에서 바르게 표기된 단어를 찾아보자.

① 가까워 ( ) / 가까와 ( )
가벼히 ( ) / 가벼이 ( )
개구쟁이 ( ) / 개구장이 ( )

② -기 마련이다 ( ) / -게 마련이다 ( )
-구려 ( ) / -구료 ( )
-(으)ㄹ껄 ( ) / -(으)ㄹ걸 ( )

③ 굵다랗다 ( ) / 굵따랗다 ( )
넓다랗다 ( ) / 널따랗다 ( )
널찍하다 ( ) / 넓찍하다 ( )

④ 수놈 ( ) / 숫놈 ( )
수쥐 ( ) / 숫쥐 ( )
아무튼 ( ) / 아뭏든 ( )

⑤ 하니바람 ( ) / 하늬바람 ( )
통틀어 ( ) / 통털어 ( )
휴계실 ( ) / 휴게실 ( )

5장

보고서 작성법

대부분의 보고서는 학술적이며 논리적인 글쓰기에 해당된다. 학술적인 글은 새로운 관점과 창의적인 결과물을 보여줘야 한다. 그러기 위해서는 주어진 주제에 대하여 자신만의 고유한 문제를 제기할 수 있어야 하며, 관련된 지식과 정보를 수집하고 활용할 줄 알아야 한다. 논리적인 글은 제기한 문제에 대해 합당한 주장을 제시하여 독자를 설득할 수 있는 글이다. 그러기 위해서는 자신의 주장을 정당화하는 논거를 찾고 이를 합리적으로 전개해야 한다.

1. 보고서의 형식

(1) 기본 양식

보고서의 기본 양식

서　두 : 표지, 제목, 목차
본　문 : 서론, 본론, 결론
마무리 : 참고문헌

서두 부분은 표지, 제목, 목차로 이루어진다. 표지에는 보고 일련 번호, 보고 날짜, 보고하는 사람, 보고받는 사람이 기입되어야 한다. 즉, 과목명, 담당교수명, 제출일자, 제출자의 소속 학과 및 학번, 성명 등을 기입하도록 한다. 보고서의 본문 내용이 상대적으로 짧아서 따로 표지를 만들지 않는 경우도 있으나, 본문을 쓰기 전에 위의 사항들은 반드시 밝혀야 한다.

본문을 시작하기 전에는 보고서의 내용을 명시하거나 암시하는 제목을 달아야 한다. 흔히들 보고서의 제목을 주어진 과제의 제목과 혼동하는 경우가 많은데, 모든 보고서에는 자신만의 고유한 제목을 붙여야 한다. 제목은 주제, 문제, 주장 등 주요 대상의 성격을 드러내는 것이 좋다. 상황에 따라서는 자신의 개성을 드러내는 제목을 선정하기를 권장한다.

목차는 표지와 본문 사이에 넣고, 본문의 구성을 한 눈에 알아볼 수 있도록 번호를 매겨 내용을 정리해둬야 한다. 사회과학이나 자연과학 계열의 보고서는 여기에 도표 목록을 첨부해야 하는 경우가 있다. 특히 이공계 실험보고서, 조사보고서, 연구보고서 등에는 본문에 삽입된 표, 그림, 사진 등에 번호를 붙여 목록으로 만들고 목차 아래에 첨부한다. 본문을 작성한 이후에는 마무리 부분에서 보고서를 쓰기 위해 조사하고 활용한 참고자료들을 반드시 밝힌다.

(2) 본문 구성

보고서의 본문은 학술적이면서도 논리적인 글이어야 한다. 논리적인 글은 어떤 주제 혹은 주장에 대한 합리적인 논거를 제시하여 독자를 설득할 수 있는 글이다. 즉, 주어진 문제에 대하여 해결책을 찾고 이를 설득력 있게 제시해야 한다. 그러기 위해서는 어떤 주제에 대한 다양한 대상을 분류할 수 있고, 중요도나 경중에 따라 순서를 매길 수 있어야 한다. 이는 본문 작성에 있어 가장 중요한 사안이기도 하다. 본문 작성은 내용을 분류한 뒤 이에 순서를 매기는 일부터 시작된다. 본문에서 장(章)별 제목에는 로마자(I, II, III, IV, V…)로 번호를 붙이고, 절(節) 이하의 소제목에는 아라비아 숫자를 붙인다. 이는 개요를 짜는 단계에서 미리 준비해야 한다.

일반적인 보고서의 경우, 본문은 주로 서론, 본론, 결론(더러는 도입, 전개, 마무리) 등의 세 단계로 구성된다. 물론, 이공계 보고서의 경우, 특유의 구성 양식에 따라 본문을 작성한다. 이를테면, 실험보고서는 대체로 서론, 실험 목적, 실험 이론, 실험 장치 및 방법, 실험 결과, 고찰, 결론 등으로 구성된다.

보고서의 서론은 본론을 준비하는 장이다. 서론은 독자로 하여금 앞으로의 논의에 대해 준비할 수 있도록 안내해줘야 한다. 먼저 보고서의 목적과 주제의 범위가 무엇인지 밝힌다. 이어서 주제와 관련된 배경지식 및 선행 연구에 대해 이야기해야 한다.

보고서의 서론에서 가장 신경 쓸 것은 문제를 제기하는 데 있다. 따라서 보고서 작성자는 주어진 주제를 자기 자신만의 고유한 시각으로 분석하여 이에 대해 명확하고 구체적인 의문이나 질문을 제기 할 수 있어야 한다. 이어서 문제를 논의하기 위해 기본적으로 알아야 하는 개념이나 용어에 대해 설명하며, 관련된 주요 이론이나 연구 내용이 있다면 우선적으로 언급한다.

본론은 본격적인 논의의 장이다. 서론에서 문제를 제기한다면, 본론에서는 그 문제에 대한 주장을 제시한다. 문제를 바라보는 자신의 고유한 시각과 방향성을 잃지 않으면서 이에 대하여 입장 및 주장을 일관되게 밝히고, 논리적으로 풀어나가야 한다. 보다 구체적인 데이터나 전문적인 지식을 논거로 삼아 주장을 정당화하는 과정이 일반적으로 본론을 쓰는 방법이다. 주어진 주제, 제기한 문제, 논의한 주장 등에 대하여 평가를 내리거나 비판하는 것으로 본론을 완성한다.

결론은 본론을 마무리하는 장이다. 결론은 단지 본론을 정리한다거나 주요내용을 반복하는 장이 아니다. 결론에서는 본문을 요약해야 한다. 요약이란 단순한 발췌와 다르다. 요약은 본론에서 논의한 전반적인 내용을 함축적으로 전달할 수 있어야 한다. 결론의 문장들은 본론에서 분석하고 평가한 내용을 축약하는 상위 개념의 어휘들로 작성한다. 또한, 결론에서는 본론에서 밝힌 주장의 정당성을 되짚고 큼직한 논거들을 종합한다. 아울러, 주어진 주제, 제기한 문제, 제시한 주장이 오늘날 우리에게 의미하는 바를 포괄적으로 진단해주는 게 좋다. 결론의 끄트머리에서는 보고서의 내용이 안고 있는 한계를 인정하면서 새로운 전망을 제시할 수 있다. 그렇다고 하여 주장에서 또 다른 문제를 제기해서는 안 된다. 특히 자신의 주장에 대한 회의적인 발언이나 주장을 뒤엎는 식의 의문이나 질문은 피해야 한다.

보고서의 본문 구성

I. 서론

1. 보고서의 목적 및 주제의 범위
2. 배경지식, 기본 이론, 선행 논의
3. 문제 제기

II. 본론

1. 구체적이거나 전문적인 지식
2. 분석과 해석
3. 주장의 전개 (논증)
4. 비판과 평가

III. 결론

1. 본론의 요약
2. 보고서의 의미와 의의
3. 보고서의 한계 및 전망

2. 보고서의 작성

보고서의 작성 단계

주제 탐색 → 문제 제기 → 분석 · 요약 → 개요 짜기 → 초고 쓰기 → 고쳐 쓰기

(1) 주제 탐색과 문제 제기

학교에서 보고서는 과제의 형식으로 주어지고, 이미 주제가 정해져 있는 경우가 대부분이다. 일단 왜 이 과제를 해야 하는지, 이 과제가 어떤 의미가 있는지를 생각해 봐야 한다. 또한 과제를 부여하는 사람의 입장, 즉 독자의 입장이 되어 어떤 방향으로 주제에 접근할지 고민해야 한다. 이러한 탐색의 과정을 소홀히 하고 보고서를 쓰다 보면 자칫 과제 부여자의 의도와 무관한 글을 쓸 위험이 있다.

이렇게 주제를 파악하는 것은 문제를 제기하기 위함이다. 의문이 없는 글에는 핵심이 없고, 질문이 없는 글쓰기에는 발전이 없다. 보고서의 질은 여기에서 좌우된다. 보고서 작성자는 이 보고서를 왜 쓰는지, 이 보고서가 어떤 가치가 있는지를 문제 제기를 통해 스스로 증명해야만 한다. 앞서 밝힌 대로, 보고서는 학술적이고 논리적인 글쓰기다. 학술적인 글쓰기에서 중요한 것은 새로움이다. 천편일률적인 사고에서 벗어나 어떤 문제에 대해 자기의 고유한 시각을 보여주고 자신만의 주장을 펼칠 수 있는 글을 써야 한다.

(2) 자료의 분석과 요약

탐색의 단계를 거친 뒤 해야 할 일은 필요한 자료를 수집하고 활용하는 것이다. 학술적인 글을 쓸 때는 새롭고 창의적인 것을 보여 주는 데만 전력해서는 안 된다. 기존에 선행한 연구에 대한 조사 없이 새롭고 창의적인 것을 만들어 낼 수는 없다. 무엇보다 자신만의 고유한 주장은 이를 뒷받침하고 정당화해줄 근거를 제시함으로써 인정받을 수 있다. 따라서 자료의 검색과 수집은 좋은 보고서를 쓰기 위해 반드시 거쳐야 할 단계이다.

보고서에 필요한 자료를 검색하고 수집한 뒤에는 이를 정리해야 한다. 정리한다는 말은 분석하고 요약하는 작업을 가리킨다. 학술적이며 논리적인 글의 갈래에는 논증문, 논술문, 비평문 등이 있다. 이는 우리가 일반적으로 작성하는 보고서의 갈래이기도 하다. 논증문과 논술문은 논제를 제시한 뒤, 입장을 취하고, 주제를 제안하고, 입장을 뒷받침할 논거들을 찾는 글이다. 이때 논거들은 어떤 개념이나 이론일 수도 있고, 사실 내용이 될 수도 있다. 주제 및 주장에 대한 논거를 제시하기 위해서는 관련된 일련의 정보를 입수하고 그것을 분석, 요약하는 과정을 보여줘야 한다. 비평문은 텍스트를 읽고 요약하여 이에 대한 의문이나 질문을 제시한 뒤 그 해답을 분석적으로 제시하는 글쓰기다. 대학생이 교양 과목이나 인문학 과목을 수강하면서 작성하는 소위 감상보고서는 비평문의 한 갈래라 할 수 있다. 그런데 감상보고서는 어떤 텍스트에 대한 단순한 감상을 정서적으로 보여주는 글이 아니다. 감상보고서를 작성할 때는 자기의 감상을 다양한 자료를 근거로 설명하고 논증하는 과정에 보다 주의를 기울여야 한다.

이와 같이 보고서를 작성할 때에는 어떤 자료에 대한 분석과 요약의 단계가 공통적이며 필수적이다. 때문에 보고서를 위해서는 자료를 요약하는 작업에 각별히 신경

써야 한다. 그렇다고 해서 여기에 무작정 시간을 할애할 수는 없는 노릇이다. 자료를 효과적으로 요약하기 위해서는 자료의 성격에 따라 적합한 기준과 틀을 적용해야 한다. 이를테면, 논리적인 글을 요약할 때의 기준은 당연히 논증에 있다. 논증이란 논거를 통해 주장을 제시하거나 주장으로 가기 위해 논거를 제시하는 방향 그 자체다. 자료가 주장하는 내용과 그것을 정당화하는 논거를 중심으로 요약한다는 방향성이 흐트러져서는 안 된다. 일단, 자료를 해석하고 이해하는 일보다는 자료에서 꼭 필요한 내용만 선별하여 그것을 활용하는 데에 집중할 필요가 있다. 아울러 수사적이거나 지엽적인 사안에 매달려 핵심으로부터 벗어나지 않도록 한다.

(3) 개요 짜기

보고서에 활용할 자료를 분석하고 요약한 뒤에는 개요를 짜야 한다. 개요는 보고서 대강의 내용이자 기본적인 설계도이며 종합적인 계획서다. 개요만 읽어도 보고서의 내용과 구성, 방향이 드러나게 해야 한다. 문제는 개요에 대하여 학생들이 어색해하거나 어려워 한다는 점이다. 조금 극단적으로 말하자면, 개요는 어떤 글의 목차 부분과 유사하다. 목차가 글쓰기를 마친 후에 글을 정돈해주는 역할을 한다면, 개요는 글을 쓰기 전에 생각을 정리해주는 역할을 담당한다. 개요는 본문 전체의 내용을 구조화할 뿐만 아니라, 세부적인 사항을 구상하고 구성하는 단계다. 사실 개요를 짜는 일은 초고를 쓰는 일만큼이나 중요하다. 실질적인 글쓰기의 시작인 까닭이다.

보고서의 개요를 짤 때 우선적으로 고려할 사항은 주제 혹은 주장(무엇에 대한 논의인가?) 및 의미와 의의(왜 논의하는가?)이다. 그러기 위해서는 주제 탐색 및 문제 제기의 단계에서 무엇을 주장할지 계획해야 하며, 자료의 분석 및 요약 단계에서 어떤 논거를 제시할지 준비해야 한다. 이어서 구성의 방법(어떻게 논의를 전개할 것인가?)

및 독자(누가 이 논의에 반응할 것인가?)에 대하여 개괄해놓는다.

통상적으로 논리적인 글쓰기의 본문은 서론, 본론, 결론의 삼단 구성 체제를 따른다. 이때 범주와 항목이 드러나게끔 한다. 초고에서 서술할 내용을 하나하나 분류하여 중요한 순서대로 정리해둘 필요가 있다. 번호를 매기면서 카테고리를 구분해두는 것도 좋다.

보고서의 개요를 짤 때 가장 흔히 쓰이는 유형은 논리적 관계에 따라 서술하는 방법일 것이다. 논의의 여지가 있는 사안에 대해 정과 반(비교, 대조)의 형태로 제시하거나, 정, 반, 합(변증법)으로 전개되는 개요를 작성하는 방법이 있다. 또한 어떤 주제에 포함되는 하위 개념의 사항들을 열거한다든지, 어떤 대상을 구성 요소로 분류하여 설명하는 개요도 가능하다. 어떤 결과에 대한 원인 밝히기, 역으로 원인을 제시하고 결과 밝히기, 문제 해결의 과정에 따라 풀어쓰기, 연상 작용의 방향을 따라 서술하기 등등, 본론의 개요를 짜는 방법은 필요에 따라 스스로 선택할 수 있다.

본론의 내용을 구성할 때에는 단락별로 개요를 작성해두는 게 효과적이다. 각 단락의 소주제를 지적해두고, 가능하다면 소주제문을 작성해 두도록 한다. 하나의 단락에는 하나의 소주제문이 따른다. 논리적인 글에서 소주제문은 주장에 해당된다. 모든 주장에는 이를 정당화할 논거가 있어야 하며, 어떤 논거든 그것을 뒷받침할 수 있는 문장들이 필요하다. 뒷받침 문장들의 경우 수사학적인 내용과 관련되므로, 개요를 짜는 단계에서는 일단 주장과 논거 중심으로 정리해두도록 한다.

개요의 구성이 어떻고 단락별 소주제가 어떻든 간에, 중요한 것은 본문의 기준이 명확하게 드러나고 일관성 있어야 한다는 데 있다. 개요의 방향성과 일관성에 따라 초고의 유기성과 완결성이 좌우된다는 것을 잊지 말자.

개요 작성 시 유의 사항

- 항목화, 목록화 하여 번호를 매길 것
- 논리적인 관계를 고려하여 구성할 것
- 단락 별로 소주제나 소주제문을 적어둘 것
- 단락 구성의 기준과 방향성을 명확히 할 것

보고서 개요 작성의 예시

주제 : 문화와 커뮤니케이션

문제 : 영상문화를 통해 진단하는 커뮤니케이션의 양식

가제 : 새로운 문화코드로서의 커뮤니케이션

구성 : 대상을 구성 요소로 분류하여 설명

Ⅰ. 서론

커뮤니케이션에 대한 기본적인 이론 소개

Ⅱ. 본론

1. 영상매체와 커뮤니케이션

   단락 1 : 영상매체의 종류

   단락 2, 3 : 이에 나타나는 커뮤니케이션의 방식

   단락 4, 5, 6 : 방식의 변화

2. 영상예술에 나타나는 커뮤니케이션

   단락 1 : 영상예술의 하위 장르들

   단락 2, 3 : 이에 나타나는 커뮤니케이션의 방식 예시

단락 4, 5, 6 : 방식의 변동 사항

3. 영상문화와 커뮤니케이션

단락 1 : 영상문화로서의 인터넷의 발달 소개

단락 2, 3 : 인터넷에서의 커뮤니케이션 방식 설명

단락 4, 5 : 앞으로의 전망

Ⅲ. 결론

문화코드로서의 커뮤니케이션 :

영상문화만 아니라 문화의 공유로서의 커뮤니케이션

(4) 초고 쓰기

이제 본격적으로 보고서의 초고를 작성해야 한다. 초고 쓰기는 앞서 작성한 개요에 살을 붙이는 작업이다. 보고서의 서론은 독자의 주의를 환기하고, 주제를 전달하며, 배경지식이나 선례 연구 등에 대해 언급하는 게 일반적이다. 앞서도 이야기 했듯이, 가장 중요한 것은 문제를 제기하는 것이다. 실제로 질문으로 서론을 시작하면 주의가 환기되는 효과도 함께 노릴 수 있다. 학생들이 보고서를 쓸 때 가장 망설여진다는 부분은 의외로 서론이다. 보고서의 도입 문장을 쓰는 일부터가 만만치 않다. 최근에 이슈화된 사안을 언급하거나, 본인의 경험을 기술하면서 서론을 쓴다면, 독자로 하여금 호기심을 불러일으키고 공감대를 형성할 수도 있다. 이도 여의치 않다면, 검색한 문헌을 인용하거나, 관련된 주요 용어를 정의하면서 이야기를 시작할 수도 있다.

본론에서는 서론에서 제기한 문제를 구체적으로 전개해야 한다. 미리 짜 놓은 개요의 항목들을 따라가면서 단락별로 차근차근 풀어쓰도록 한다. 결론에서는 자신의 주장을 재확인, 재검토한다. 본론 내용을 요약하거나, 문제에 대한 대안 및 새로운 방향을 제시하거나, 흔하지 않으면서 적절한 명언이나 명구를 활용하는 등, 창의적인 결론을 작성하는 데 신경을 쓰도록 하자.

(5) 고쳐 쓰기

어떤 글이든 고쳐 쓰기 전의 원고를 신뢰해서는 안 된다. 퇴고의 중요성은 아무리 강조해도 지나침이 없다. 글을 잘 쓰기 위한 왕도는 없다. 혹시 한 가지 있다면, 아마도 고쳐 쓰기에 사활을 거는 것일 터이다. 처음부터 좋은 보고서는 없다. 적어도 서너 번 이상 초고를 다시 읽으면서 글을 수정하고 보완하는 데에 공을 들여야 한다. 가장 중요한 것은 '내'가 쓴 보고서를 '내'가 고쳐 쓴다는 생각을 버리는 것이다. 보고서를 부여한 사람의 입장이 되어, 마치 남의 글을 읽는 것처럼 자신의 글을 객관적으로 검열하도록 한다.

초고를 완성한 뒤, 우선 글 전체를 조망해보자. 보고서의 주제와 글쓴이의 의도가 또렷하게 드러나는지 먼저 확인하고, 서론, 본론, 결론 등 본문의 구성이 전체적으로 균형 잡혀 있고 흐름이 매끄러운지 살핀다.

이어서 처음부터 다시 읽어보자. 이제는 단락 하나하나를 꼼꼼히 읽는다. 단락별로 소주제문과 논거가 명확히 드러나는지, 각각의 소주제문들이 하나의 주제로 수렴되면서 단락들이 유기적으로 연결되는지 정독하면서 고쳐 쓴다. 이때, 논거를 뒷받침하는 수사적 문장들(인용, 예시, 비유, 비교, 대조 등등)은 충분하며 오류가 없는지 함께 살핀다.

마지막으로 다시 처음부터 글을 읽으면서 문장 하나하나를 고쳐 쓴다. 타인의 글을 첨삭한다고 가정하고 요목조목 문장을 점검한다. 우선 문장이 너무 길어서는 안 된다. 문장의 주어가 여러 개이지는 않은지, 연결어들을 남용한 것은 아닌지 검열한다. 또한 수식이 지나치게 긴 문장은 술어로 풀어 쓰고, 문장의 어휘들이 적절한지 확인한다. 아울러 한자어나 외래어, 지나치게 전문적인 단어를 피하고, 되도록 쉽고 구체적인 말로 바꿔 쓴다. 빤한 말, 흔한 말, 뜬구름 잡는 말, 중복되는 말 등은 모두 불필요하므로 삭제한다. 문장이 문법적으로 옳은지 술어를 중심으로 정독하도록 한다.

우리말에서 문법적으로 가장 신경 쓸 부분은 술어다. 주어와 술어의 호응 관계, 주어가 없는 문장, 두 개 이상의 목적어 및 보어와 술어의 조합, 피동 표현, 술어의 어미 활용 등에 유의하면서 문장을 다듬는다. 다음으로 주의를 기울여야 하는 부분은 띄어쓰기다. 낱말은 모두 띄우고, 조사는 붙인다는 원칙에 따라 고쳐 쓴다. 끝으로 문장 부호를 적재적소에 사용했는지 검토한다. 꼭 필요한 자리에 쉼표를 붙였는지, 물음표나 느낌표, 줄임표를 남발한 게 아닌지, 강조하는 부분에는 작은따옴표를, 인용하는 부분에는 큰따옴표를 붙였는지 확인한다.

고쳐 쓰기의 단계

글 전체의 구성 확인 → 단락의 요소 점검 → 자연스럽고 정확한 문장 만들기

3. 보고서의 자료

학생들이 보고서를 과제로 부여받은 뒤 처음 하는 행동은 아마도 인터넷 포털 사이트를 통한 검색일 것이다. 주어진 주제를 탐색하고 이에 대한 문제를 제기하지 않은 상태에서 무턱대고 자료를 찾는 것은 무의미하다. 무엇보다, 일반 웹상에서 검색할 때 발생하는 문제는 출처가 불분명한 자료에 노출된다는 데 있다. 신빙성과 공신력은 자료 검색에 있어 가장 우선시해야 할 사항이다. 필요한 자료를 적절한 방법으로 검색하여 글쓰기에 활용하는 과정에 대하여 이야기해보자.

(1) 자료 검색

보고서를 작성하기 위해 필요한 자료를 어떻게 얻을지 고민할 필요는 없다. 관건은 지식과 정보를 어디에서 얻느냐다. 보고서의 주제와 관련된 서적, 논문, 기사 등을 찾고자 한다면, 우선 도서관을 이용해보자. 오프라인만 아니라 온라인상에서도 다양한 자료들을 검색할 수 있다. 학술적인 자료를 검색하기에 가장 좋은 곳은 각 대학의 도서관, 국회 도서관, 지역 도서관 등의 홈페이지이다. 도서관 홈페이지상의 통합 검색을 이용하거나, 소장 자료 및 전자 자료를 통해 검색할 수도 있다. 소장 자료를 검색할 때에는 키워드를 통해 검색한 뒤, 그 결과들을 살펴보고 활용할 만한 서적이나 간행물 등을 골라 열람, 대출한다. 전자 자료의 경우 컴퓨터를 통해 직접 열람하고 다운로드 및 출력도 가능하다.

학술적인 자료를 검색할 때 주로 사용되는 사이트는 '국회도서관www.nanet.go.kr',

‘국립중앙도서관www.nl.go.kr’, ‘국가전자도서관www.dlibrary.go.kr’, ‘한국학술정보www.kiss.kstudy.com’, ‘한국교육학술정보원www.riss4u.net’, ‘누리미디어www.dbpia.co.kr’ 등이다. 무엇보다 유용한 사이트는 우리 대학의 중앙도서관이다. 도서관 홈페이지에 접속하면 ‘OASIS’ 검색창을 통해 우선적으로 자료를 검색할 수 있다. 보다 세분화된 검색을 원한다면, 홈페이지 상단의 메뉴 중 ‘소장 자료’를 클릭하면 된다. 도서, 학위논문, 연속간행물, 멀티미디어, 신착 자료, 추천 자료 등을 구분하여 검색 가능하다.

상단의 메뉴 중 ‘전자 자료’의 경우 ‘메타검색’을 통해 검색가능하다. 그 가운데 ‘학술DB리스트’를 적극 이용해 보자. 우리 대학 도서관이 구독하고 있는 다양한 학술데이터베이스를 통해 국내외의 고급한 최신 정보들을 손쉽게 얻을 수 있다. ‘학술DB리스트’ 상에서는 88개의 학술데이터베이스의 링크가 있으며, 그중 한국어로 이용가능한 데이터베이스는 ‘국내학술지’를 통해 확인할 수 있다. ‘DBPIA’는 누리미디어에서 제공하는 국내 학술지로, 전자저널, 논문, 전자책 등의 문헌을 검색, 다운로드, 출력할 수 있다. 우리 대학에서 사용하는 아이디와 암호를 입력하면 모바일 상에서도 이용 가능하다는 점이 편리하다. ‘KISS’는 한국학술정보에서 제공하는 국내학회지로, 국내 학회와 연구소에서 발행하는 학회지를 검색할 수 있다. 메뉴를 통해 링크하면 우리 대학교 소속으로 자동 접속되며, 다국어 입력기를 사용할 수 있다. 이외에도 ‘e-article’, ‘과학기술학회마을’ 등 다양한 기관에서 공급하는 데이터베이스를 이용할 수 있다.

(2) 자료 활용

문제는 자료를 수집하는 일이 아니라, 필요한 자료를 분류하고 순서 매기는 작업이다. 보고서 하나를 작성하기 위해서 자료를 검토하고 정리하는 데 무한정의 시간과 노력을 투자할 수는 없다. 검색하고 수집한 자료를 제대로 활용하기 위해서는 자신만의 분석 틀, 즉 일정한 기준과 일관된 방향성이 필요하다. 일반적으로 문헌자료를 빠르게 분석하는 방법은 그 문헌의 목차 부분을 훑어보면서 필요한 부분을 체크한 뒤, 본문에서 해당 내용을 찾아보는 것이다. 그리고 개개인의 기준과 방향성에 따라 이를 목록화 해두는 게 중요하다.

물론, 분류의 기준은 자료의 가치 및 중요도다. 우선적으로 인용하거나 참고할 것과 그렇지 않은 것을 처음부터 분명하게 순서 매겨두고, 불필요해 보이는 자료는 과감하게 버린다. 또한 자료의 성격에 따라 일차적인 분류를 해 둘 필요가 있다. 그 자료의 형태가 글로 된 것인지 이미지인지 구분하고, 글로 된 것은 서적인지 논문인지 정리해두면 편리하다. 또는 자료의 성격을 주제와 관련시켜 분류할 수도 있다. 그것이 어떤 주제에 대한 직접적인 정보인지 간접적인 내용인지, 주제에 포함되는 하위 개념의 사항인지 주제를 아우르는 포괄적인 내용인지 등등, 본인의 기준에 따라 정리해둔다. 자료를 글쓰기 과정과 연결시켜 분류할 수도 있다. 있는 그대로 이용할 데이터와 요약하여 사용할 데이터, 직접 인용할 것과 간접 인용할 것, 주석에 기입할 것과 참고문헌으로 작성할 것 등등, 개요를 작성할 때 미리 준비한다.

이 일련의 과정을 독서 노트나 마스터 카드(master card) 따위에 정리해 두도록 하자. 지면에 저자의 이름과 책 제목 등만 아니라, 출판사명, 출판연월 등을 순서대로 기입하고 해당 쪽수도 적어둔다. 어떤 내용을 인용하면 그 출처를 주석(일반적으로 각주)으로 처리해야 하고, 보고서 말미에는 참고문헌을 작성해야 하기 때문이다.

문헌자료에서 논의하는 개념, 이론, 학설 등을 있는 그대로 받아들이기보다는 '나'의 기준에 따라 평가하고 '나'의 생각과 비교해 보도록 한다. 이것이 보고서를 위한 자료를 분석하고 요약하는 목적이기도 하다. 학술적인 글쓰기의 목표는 기존의 관점, 입장 등을 반복하는 게 아니라, 그것을 바탕으로 본인만의 고유한 주장을 보여주는 데 있다. 물론 기존의 주장과 본인의 그것이 일치할 수 있으며, 양자 간의 결합을 통해 보다 발전적인 결론을 도출할 수도 있다. 그럼에도 자료의 내용과 표현을 본인의 그것과 혼동하지 않도록 주의를 기울여야 한다.

자료 활용 시 주의 사항

- 자료의 사실 내용과 '나'의 의견을 구분할 것
- 자료를 요약할 때 주관이 섞이지 않게 할 것
- 자료의 주장과 '나'의 주장을 혼동하지 말 것

자료의 출처를 밝히는 방법

- 책의 경우, 저자명, 서명, 출판사명, 출판연도 기입
- 논문의 경우, 필자명, 논문명, 논문이 수록된 학술지 또는 잡지명, 권 호, 출판연월 기입
- 인터넷 사이트의 경우, 필자명, 제목, 작성일 혹은 최종수정일, URL, 접속일 기입

4. 보고서의 인용

(1) 직접 인용

자료 활용은 본문을 작성할 때 직접 인용이나 간접 인용을 통해 이루어진다. 직접 인용이란 자료를 있는 그대로 가져와 인용하는 방법이다. 자료의 정보내용이 주제나 문제와 밀접하게 연관된 경우, 주장을 정당화하는 논거일 경우, 논거를 뒷받침하는 문장이 될 경우 직접 인용하는 게 일반적이다. 또한 자료의 문장이나 단어 자체가 독창적이거나 핵심적인 내용을 밝히거나 본문 작성에 필수불가결하다면 직접 인용한다. 수학이나 과학 기호, 법조문, 문학작품 등과 같이 원문의 표현 형태를 훼손하지 않고 보여줘야 할 때에도 직접 인용한다. 본문에 큰따옴표를 사용하여 자료를 인용했음을 밝히고 자료의 출처를 각주 등에 써준다. 일반적으로 인용하는 내용이 4행 이상인 경우, 인용문을 들여쓰기 단락으로 만들어 본문에 삽입하고, 위 아래로 한 행씩 띄어준다. 직접 인용 시에는 자료의 원문을 있는 그대로 가져와야 한다. 다만 불필요한 부분이 있거나, 인용문이 지나치게 길어질 경우, 원문의 앞, 뒤, 중간 부분을 줄여서 인용한 뒤, 해당 부분에 괄호를 열어 '생략', '중략', '……' 이라고 표기한다. 아울러 원문을 인용한 뒤 본인이 따로 강조한 부분이 있다면, '필자 강조' 등으로 표기한다.

인용부호를 사용한 직접 인용 예시

"소설가는 자신의 절대적인 자유에서 소설의 힘을 끌어낸다"는 말이 있다. 소설의 정의가 모호해지고 소설의 위상이 실추되고 있다는 우려는 소설이라는 장르가 "이론적으로 거의 무한한 가능성들"을 품고 있다는 반증이다. "창의적인 정신과 활동적인 기질, 그리고 그 생명력"으로 설명되는 소설의 성향은 다매체 시대를 관통하는 현대 사회를 모방하고 반영한다.[1)]

1) 마르트 로베르, 『기원의 소설, 소설의 기원』, 김치수 · 이윤옥 옮김, 문학과지성사, 1999, 16쪽.

들여쓰기 단락을 이용한 직접 인용 예시

『검은 꽃』은 국가에게 버림받고 역사로부터 추방당한 사생아들의 이야기다. 구한말, 왕국은 제국이 되고 왕은 황제가 되었으나, 열강들의 틈바구니에서 무기력하기만 했던 한반도의 사생아들은 신세계로 향하는 배를 탄다.

> 조장윤도 그중의 하나였다. 황해도의 포수였던 아비는 중국으로 떠난 뒤 종적이 묘연했다. 상하이에서 중국 여자와 살림을 차리고 사는 것을 보았다는 사람이 있었다. 그러나 그는 상하이로 가지 않았다. 대신 사시사철 태양이 뜨겁다는 멕시코를 선택했다. 어디든 어떠랴.[1)]

국가는 무능한 아버지와 같았다. 이 소설은 국가 속에 존재하는 개인을 그리는 게 아니라, 개인 앞에서 속수무책인 국가의 정황을 조명한다. 멕시코 행 배를 탄 것은 국민이 아니라 국가이기도 하다.

1) 김영하, 『검은 꽃』, 문학동네, 2003, 17쪽.

(2) 간접 인용

간접 인용은 자료의 내용을 원문 그대로 옮겨 쓰는 게 아니라 축약, 발췌, 논평의 형식으로 인용하는 방법을 가리킨다. 자료의 내용을 논거나 뒷받침 문장으로 활용해야 하지만, 하나하나 서술할 필요가 없을 때 주로 간접 인용한다. 자료 전반의 내용을 짚고 넘어가야 하지만, 그 내용이 너무 길거나 장황할 때도 간접 인용한다. 간접 인용의 핵심은 본래의 의미를 훼손하거나 왜곡하지 않으면서 중점적인 내용을 효율적으로 활용하는 데 있다. 따라서 인용을 하는 사람은 자신의 고유한 관점에 따라 원문을 해석하는 동시에 원문의 요점을 편향되지 않게 전달해야 한다.

간접 인용은 자료를 분석하고 요약하여 자기 글에 기술하는 것이다. 자료의 인용 범위를 선택하고 인용 내용을 선별한 뒤, 그 내용을 압축하고 자기 문장으로 바꿔 쓰는 과정인 셈이다. 이러한 까닭에 본문과 인용문의 구분이 모호해지거나, 본문과 인용문의 연결이 부자연스러워지는 문제가 발생하기도 한다. 그러므로 본문에서 간접 인용할 때에는 '~에 의하면', '~에 따르자면', '~는 이렇게 말한다' 따위의 구문을 통해 인용의 시작을 예고해주는 게 좋다. 인용한 내용 끄트머리에 주석을 달아 그 출처를 밝히는 것은 기본이다.

■ 간접 인용 예시

여러 대중 예술 장르를 소설에 접목시킨 것은 탐정 소설이나 갱스터 소설로부터 시작되었다. 이때부터 소설에 영화의 기법이 사용되었는데, 그 대표적인 예가 쇼트의 구성 방식이다. 미국 소설에서는 영화의 수법을 도입하기 시작했고, 그리피스나에이젠슈타인 등의 감독들은 문학적 텍스트를 바탕으로 영화를 만들어 내는 등, 두 장르가 교류한 역사는 제법 길다. 프랑스 소설에 영화적 기법을 도입한 대표적인 작가는 앙드레 말로다. 말로의 주장에 의하면 영화의 수법은 소설과 같은 것이어서, 영화의 클로즈업이나 몽타주 수법은 소설가가 한 장면을 언어로 분석하여 서술하는 것과 다를 것이 없다고 한다.[1] 역으로 영상 언어는 종종 문자 언어처럼 전달되기도 한다. 영화의 어휘는 하나의 사진 이미지이다. 그리고 이 사진 이미지들이 커팅 작업과 몽타주 작업을 통해 배열되는 과정은 문법에 해당된다. 결과적으로 쇼트들의 일련의 흐름은 의미를 전달하는 문장이라 할 수 있다.[2]

1) 김희보, 『소설의 방법』, 종로서적, 1995, 24쪽.
2) 로버트 리처드슨, 『영화와 문학』, 이형식 옮김, 동문선, 2000, 96쪽.

(3) 인용 출처 제시

보고서에 주석을 다는 경우는 다음과 같다. 첫째, 보고서에 어떤 자료를 인용할 때에는 주석을 이용해 그 출처를 표시한다. 인용한 자료에 대한 주석 달기는 보고서의 학문적 정직성을 증명하므로, 적합한 자료를 적절하게 인용하는 것 못지않게 중요하다.

출처 제시용 각주 예시

1) Michel Raimond, *Le Roman depuis La Révolution*, Paris, Armand Colin, 1967, p. 210.
2) *Ibid*.
3) *Ibid*., p. 227.
4) 엠마누엘 칸트, 『판단력 비판』, 이석윤 옮김, 1974, 85-86쪽.

5) 위의 책, 137쪽.
6) Michel Raimond, *op. cit.* p. 24.
7) 엠마누엘 칸트, 앞의 책, 142쪽.

둘째, 주석은 본문의 논의와 관련된 내용을 확장하여 설명할 때 사용한다. 그 내용이 논의를 부연하거나 보완해주기는 하지만, 굳이 본문에서 언급할 필요가 없을 때, 특히 본문 전개의 흐름을 끊게 될 우려가 있을 때 각주를 삽입한다.

설명식의 각주 예시

작가가 소설에서 희곡의 세 가지 요소인 지문, 해설, 대사를 이용하고, 방백적 독백체로 서술하는 것은 일종의 데페이즈망 기법이다. 소설 속의 이야기를 연극적인 텍스트로 옮겨 놓음으로써, 어딘지 낯설게 보이게 하는 효과를 노리는 것이다.[1]

1) 데페이즈망은 본래 로트레아몽의 유명한 시구, '해부대 위의 재봉틀과 우산의 만남'에서 힌트를 얻어 탄생했으나, 이제는 초현실주의적인 회화에서 사용하는 용어가 되었다. 낯익은 물체를 뜻하지 않은 장소에 놓아, 꿈속이나 환상에서 밖에 볼 수 없는 화면을 구성하여 일종의 심리적 충격을 유도하기 위해 쓰이는 기법이다.

그 외에도 본문의 주장과 상이한 입장 및 견해를 소개할 때, 외국어 인용문의 번역문 및 번역 자료의 원문을 제시할 때 주석을 단다.

주석은 통상 완전 주석과 약식 주석으로 구분 가능하다. 어떤 자료를 처음 인용할 때는 자료에 대한 모든 정보(서지 사항)를 완전하게 제공해야 한다. 완전 주석의 원칙은 다음과 같다. 첫째, 저자명을 작성한다. 저자가 동양인인 경우, 성과 이름의 순서로, 서양인인 경우 이름과 성의 순서로 적는다. 공저자의 경우 3명 이하의 이름은 모두 쓰고, 그 이상은 대표 저자의 이름만 쓴 뒤 '~외'라고 기입한다. 번역자의 이름은 저자의 이름이나 문헌의 제목 뒤에 '옮김' 혹은 '역'이라 붙인다. 둘째, 저자명 다음에 쉼표를 찍고 문헌의 제목을 작성한다. 국문 도서는 큰 꺽쇠(『 』), 국문 논문은 작은 꺽쇠(「 」)로 달아 주며, 영문 등의 서명은 이탤릭체로 표시한다. 셋째, 이어서 출판사명 및 출판연도를 쓴다. 인용한 자료가 논문이나 정기간행물일 경우, 출판사명과 출판연월로 표기하며 그 사이에 권수 및 호수를 적어준다. 넷째, 끝으로 인용한 부분의 쪽수를 적고 마침표를 찍는다.

두 번째 이후의 인용은 약식으로 작성한다. 첫째, '*Ibid.*' 는 바로 앞의 주석에서 인용한 서적이나 논문을 다시 사용할 때, 이탤릭체로 쓰고 마침표를 찍어준다. '위의 책' 혹은 '위의 논문'이라는 말로 바꿔 쓸 수 있다. 둘째, '*op. cit.*'는 반복 인용하려고 하는 주석 다음에 다른 주석(들)이 삽입되었을 때 사용한다. 어디선가 위에서 인용한 적 있는 자료를 다시 인용하려고 할 때, 저자명을 쓴 뒤 '*op. cit.*'를 적고 해당 쪽수를 적으면 된다. '앞의 책' 혹은 '앞의 논문'으로 풀어쓰기도 한다.

(4) 참고문헌 작성

참고문헌은 하나의 보고서를 쓰기 위해 인용하고 참고한 모든 자료를 보고서의 끄트머리에서 밝히는 목록이다. 참고문헌 작성법은 주석 작성법과 그다지 다르지 않다. 참고한 자료를 기재할 때는 우선 동양서와 서양서를 구분한다. 국내 도서 및 동양서는 저자명의 가나다순으로, 서양 도서는 알파벳순으로 배열한다. 또한 저서와 논문을 구분한다. 동일 저자의 여러 문헌은 연대순으로 기재한다. 각주를 작성할 때와 마찬가지로 각각의 자료의 서지 사항을 쓴 뒤에는 마침표를 찍어준다.

참고문헌 작성 예시

참고문헌

김병로, 『한국 현대소설의 다성담론 시학』, 국학자료원, 1999.

서정철, 『인문학과 소설 텍스트의 해석』, 민음사, 2002.

롤랑 부르뇌프 · 레알 욀레, 『현대소설론』, 김화영 옮김, 현대문학, 1996.

에밀 아자르, 『자기 앞의 생』, 용경식 옮김, 문학동네, 2003.

김정호, 「로맹 가리와 에밀 아자르」, 『유럽문화예술연구』 제59집, 유럽문화예술학회, 2012.

Michel Raimond, *Le Roman depuis La Révolution*, Paris, Armand Colin, 1967.

Stuart Hall, "Cultural Identity and Diaspora" in Patrick Williams and Laura Chrisman, eds., *Colonial Discourse and Post-colonial Theory*, New York, Columbia University Press, 1994.

(5) 학문적 정직성과 책임감

보고서 하나 작성하는데 왜 이렇게 복잡하게 자료를 찾아 활용하고 출처를 밝혀야 하는지 회의적인 사람도 있을 것이다. 우리가 이 일련의 과정에 대해 차근차근 살펴본 까닭은 무엇보다 표절의 문제로부터 자유로워지기 위해서라고 할 수 있다. 표절이란 다른 사람의 아이디어나 표현 등을 마치 자기 것인 양 무단으로 사용하는 행위를 가리킨다. 학술적인 글을 쓸 때 표절은 가장 심각하게 생각해야 할 사안이다. 글쓰기에도 윤리가 있다. 모든 글쓰기는 하나의 창작 과정이다. 누구에게나 창작의 과정은 고통스럽다. 다른 사람이 인고의 과정을 통해 얻은 글을 마치 제 것인 양 손쉽게 가져다가 쓰는 행위는 양심에 어긋나는 짓이며 도둑질을 하는 것과 같다.

표절은 단지 비도덕일 뿐만 아니라 범법적인 행위다. 저작권법에 의하면, 어문 저작물(소설, 시 등), 학술 저작물(논문, 강연, 연설 등), 예술 저작물(음악, 연극, 미술, 사진 등), 건축 저작물, 영상 저작물, 도형 저작물, 컴퓨터 프로그램 저작물 등 모든 창작물에 대한 표절은 처벌을 받을 수 있다. 한낱 보고서라 할지라도 학문적인 글을 쓰면서 표절을 할 경우 법적으로 불이익을 당할 수 있다. 이를테면, 온라인상에서 보고서를 사고파는 행위는 학위논문의 매매와 마찬가지로 엄연한 범죄임을 알아야 한다.

학생들이 보고서를 작성할 때 저지르는 가장 흔한 실수는 바로 다른 사람의 이론, 견해, 주장 등을 자기의 그것과 혼동하는 것이다. 표절은 단지 다른 사람의 글 전체를 도용한 경우에만 해당되는 게 아니다. 한 구절이든 한 문장이든 타인의 글을 무단으로 사용했다면 표절 시비에 휘말릴 수 있다. 다른 사람의 글을 자기 글처럼 구성을 바꾸거나 표현을 바꾸어 편집, 재구성한 경우도 표절이다. 다른 사람의 글을 베끼거나 짜깁기하지 않았다 하더라도 글로부터 얻은 아이디어를 도용한 경우 역시 표절이다. 다른 사람이 이미 주장한 내용을 마치 자신이 처음으로 생각해낸 것처럼 말하는 것도 표절이다. 다른 글에 사용된 주요 내용이나 표현을 출처 표시 없이 인용해도 마찬가지다. 일반적으로 알려진 이론이나 개념이라 할지라도 그것을 충분히 자기 식의 표현으로 고치지 않고 가져다가 쓴 경우도 표절에 해당된다.

표절의 위험성에 대해 사회 전체가 인식하게 되면서 대놓고 표절 보고서를 쓰는 학생들도 사라지고 있다. 대부분의 학생들은 표절에 대해 죄의식이나 죄책감을 느낀다. 그럼에도 인터넷 사이트 등에서 무턱대고 얻은 자료를 아무렇게나 짜깁기하여 보고서를 제출하는 학생들은 여전하다. 표절행위가 근절되지 않는 까닭은 학생들이 학술적인 글쓰기에 대해 실질적인 책임감을 느끼지 못하는 데 있다. 보고서도 학술적인 글이다. 학생도 자기 글에 대해 학문적인 책임을 져야 한다. 따라서 자기의 글을 쓰는 것만큼이나 자료를 활용하는 데 신경을 써야 한다. 또한 자료를 활용하는 것만큼이나 인용하고 참고한 내용을 밝히는 데 주의를 기울여야 한다. 보고서를 과제로 부여하는 교수가 학생들에게 기대하는 것은 학문적인 성과물이 아니라 성실성이다. 독창적이고 빼어난 결과물 이전에 정직하고 책임감 있게 보고서를 작성하는 과정을 보여주도록 하자.

제Ⅱ부

읽고 생각하기

제II부 '읽고 생각하기'는 학생들이 다양한 분야의 텍스트를 읽고, 이를 심화된 생각으로 발전시켜 글로 표현할 수 있는 능력을 기르는 데 초점을 맞추었다. 이를 위해 '지식인과 사회', '시장과 경제', '가상과 현실', '폭력과 정의', '환경위기와 생태론', '예술과 문화', '생활과 과학' 등 일곱 가지 주제를 중심으로 각각의 세부적인 담론을 구성했다. 필자들은 주제별로 가장 고전적이면서도 정론적인 저작들을 엄선했으며, 그중에서도 핵심적 주장을 읽을 수 있는 부분을 발췌했다. 지면 관계상 전문을 수록하지 못한 것을 매우 아쉽게 생각한다. 따라서 학생들은 본문에 인용된 책의 전문을 찾아 읽으며 주장의 핵심을 파악하고, 이를 비판적으로 수용해 주길 바란다. 아울러 각각의 지문에 붙어 있는 문제들에 대해 깊이 생각하고, 이를 완성된 글로 표현하는 과정을 거치면서 주체적 사유를 확장해 나가길 기대한다.

1장 지식인과 사회

인터넷 창을 열고 검색어 몇 개를 치기만 하면 필요한 것을 얻을 수 있는 세상이다. 학교 강의를 듣지 않아도 책을 펼치지 않아도 유용한 정보는 넘쳐난다. 우리가 생각하고 고민해야할 지식이란 무엇인가? 지식의 의미와 의의를 그저 가변적인 정보 습득의 문제로 치부한다면, 지금 우리가 읽고 쓰는 문제로 공부하고 있을 필요도 없을 것이다. 학교는 지식을 얻기 위한 곳이 아니다. 지식을 얻기 위한 총체적인 시각 및 그것을 축적하기 위한 단계적인 방법을 터득하고 공부하는 곳이다.

1. 오늘의 지식인

당신은 대학에서 무엇을 하고 있는가? 그리고 대학에 왜 왔는가? 학문에의 뜻을 이루기 위해서인가, 달리 뜻하는 바를 이루기 위해서인가? 대한민국의 학생들은 부모님이 혹은 자신이 바라는 대학에 가기 위해 주입식으로 지식을 습득해 왔다. 자유의지에 의해 공부할 수 있는 대학생이 되어서도 상황이 달라지진 않는다. 본인의 의지와 무관하게 이루어지는 대학교육을 받고 있으며, 학점 및 졸업장을 따기 위해 지식을 습득할 뿐이다. 이 장에서는 대학생으로서 우리가 우선적으로 고민해야 할 문제를 지식, 교육, 교양, 지성, 진실 등의 키워드 중심으로 논의해보겠다.

신인류라는 말마따나 신지식인이란 말이 생겼다. 대한민국의 지식인은 1980년대 정치적, 이념적 전환기 및 1990년대 경제적 위기, 2000년대 정보체계의 대중화 과정을 겪으면서 스스로의 위상과 역할을 고민해왔다. 오늘의 문제는 신지식이라는 개념이 실용주의에 입각한 전문가 양성인지 보편적 지식을 통한 지성인의 추구인지 명확하게 전달되지 않는다는 것이다. 아래의 글을 읽으면서 지식과 지식인의 문제에 대해 생각해보자.

80년대는 지식인의 사회적 역할이 최고조에 달한 시기였으며, 또 한편으로는 지식인 역할의 쇠퇴가 이루어지기 시작한 시기였다. 지식인의 역할이 쇠퇴하게 된 가장 큰 계기는 동유럽 및 소련에서의 사회주의의 몰락이었다. 80년대의 민주화 과정을 경험하면서 한국의 지식인 집단, 특히 진보적 지식인 집단의 지향점은 맑시즘에 기반한 사회주의 사회였다. 그러나 현실 사회주의 국가들의 실패와 사회주의 포기는 비록 현실에서의 사회주의와 이념적 사회주의가 차이를 보인다고는 하더라도 사회주의를 지향점으로 하던 지식인들에게는 정체성의 혼란으로까지 이어질 수 있는 충격이었다.

지식인들에게는 자신들이 지향점으로 삼고 있던 사회주의 국가들의 몰락 못지않게 동구 사회주의권의 몰락을 전혀 예견하지 못했다는 점 또한 타격이었다. 특히 사회 현상에 대한 설명과 변화에 대한 예측을 그 업으로 삼는 사회과학자들에게 사회주의권의 몰락을 예상치 못하고 오히려 그 사회를 이념적 지향점으로 삼았다는 점은 지식인으로서, 또 사회과학자로서의 본연의 역할을 하지 못했다는 자괴감을 주기에 충분했다.

80년대 후반 사회주의권의 몰락으로 시작된 지식인 역할의 축소는 1997년 IMF 경제 위기를 겪으면서 한층 심화되었다. 국제적인 탈냉전과 현실사회주의의 몰락을 예견하지 못했던 것이 국제적인 환경 변화 및 시대적 흐름을 미처 예견하지 못한 결과였다면, IMF 경제 위기를 예측하지 못한 점은 국내 문제에 있어서도 지식인의 위기 예측 능력의 한계를 보여준 사례였다. 체제비판적 역할 못지않게 사회적 위기 관리 능력 또한 지식인의 중요한 역할 중 하나이기 때문이다. 사회주의권 국가들의 몰락과 IMF 경제위기는 이후 한국 지식인집단의 자기 반성의 계기가 되었다.

한편 인터넷의 발달과 정보의 확산 또한 지식인 집단을 축소시키는 시대적인 환경으로 작용했다. 지식인이란 일차적으로 지식을 소유한 집단이다. 그러나 인터넷의 발달은 더 이상 지식의 소유가 배타적일 수 없음을 보여주었다. 언제 어디서나 인터넷에 접속함으로써 누구나 전문적인 지식을 공유할 수 있게 된 사회에서 지식을 소유하고 향유하는 집단으로서의 지식인 집단의 존재감은 축소될 수밖에 없다.

국민의 정부에서 추진했던 신지식인 운동은 지식인과 비지식인의 경계가 더 이상 존재하지 않는다는 인식의 발로라고 할 수 있다. 즉 일정 기간의 학문적 수련 기간을 통해 전문적인 지식을 소유한 집단으로서의 지식인 집단 대신 '번개 배달원'이나 '영화인 심형래'와 같이 독창적인 아이디어를 통해 자신이 몸담고 있는 분야를 개척하거나 독자적인 영역을 확보한 사람들을 '새로운' 지식인 집단으로 규정함으로써 별도의 학문적 수련 없이도 누구나 지식인으로 규정될 수 있음을 보여준 것이다. 물론 신지식인 개념에 대해서는 지식인 개념을 지나치게 기능적으로 해석한다는 비판이 가능하다. 그러나 이러한 개념 규정이 가능했던 점, 그리고 신지식인 개념의 확산에 대한 일반인들의 거부감이 적었던 점은 이미

지식인 집단이 가진 독자적인 역할이 상당히 축소되었다는 일반적인 인식이 거부되었다.

이처럼 지식인 역할의 축소 및 지식인과 비지식인 경계가 모호해지는 현상은 지식인의 자기 정체성에 대한 고민으로 이어졌다. 배타적인 지식의 소유가 더 이상 불가능해진 시대에 지식인 집단은 자기 정체성을 어떻게 규정할 것인가?

이정진, 「한국의 지식인: 그 역할과 시대적 소명」, 이창훈 · 안나 트레스푸쉬-베르트로 외, 『지식인의 부활』, Seoul Asem institute, 2007, 207-210쪽.

1. 위의 글에 나타나는 신지식인의 개념에 대해 보다 구체적 예시를 들어 설명해보자.

2. 당신이 생각하는 지식은 무엇이고, 지식인이란 어떤 사람인가?

3. 지식인이라면 교양인이라고 생각하는가? 역으로 교양인은 지식인이어야 한다는 도식에 대해 생각해보자.

4. 대한민국에서 지식인의 위상은 어떠한지 생각해보고, 대학에서 공부하는 학생들이 지식인이라 할 수 있는지 논의해보자.

2. 지식인의 책임

플라톤의 『국가론』에서부터 사르트르의 『지식인을 위한 변명』에 이르기까지, '지식'에 대한 물음과 '지식인'에 대한 고민은 오랜 화두였다. 푸코는 『지식의 고고학』에서 지식의 축적에 대해 역사적이며 제도적인 차원에서 논의하고, 지식의 소유에 대해 논리적이고 비판적인 시각으로 해부한다. 리영희의 『전환시대의 논리』는 지식의 소유가 전제하는 윤리적인 문제에 접근하여, 지식인은 진실을 수호하는 자임을 천명한다. 이에 유시민은 권력과 자본 앞에서 당당히 진실을 밝혀야 하는 지식인의 사명을 우리에게 확인시킨다.

> 옷을 입지 않은 임금을 보고 벌거벗었다고 말한 소년의 우화는 그 소년의 순진함이나 용기만을 말하려는 것은 아니다. 언젠가는 진실은 반드시 진실대로 밝혀지기 마련이라는 인간 생활의 진리를 말하려는 것만도 아니다. 그러나 이 우화의 해석은 대체로 그 우화를 구성하는 일련의 인과적 요인들이 엮어내는 '과정'에 대해서는 깊게 들어가지 않는 것 같다. (……) 가장 어리석은 소년에 의해서 온 사회의 허위가 벗겨지기까지 그 임금과 재상들과 어른들과 학자들과 백성들은 타락과 자기부정 속에서 산 셈이다. 마침내 한 어린이가 나타나서 보다 현명한 어른들을 타락에서 구하기는 했지만 그동안 이 왕국을 지배한 타락과 비인간화와 비굴과 자기 모독, 그리고 지적 암흑 상태가 결과한 인간 파괴와 사회적 해독은 무엇으로 측량할 것인가.
>
> (『전환시대의 논리』, 9-10쪽)

이 글은 원래 계간 〈문학과 지성〉 1971년 가을호에 발표되었다가 1974년 발간된 평론집 『전환시대의 논리』에 들어갔다. 여기서 '벌거벗은 임금님'은 정당한 명분도 없이 베트남전쟁에 뛰어들었고 허위 사실을 날조하여 국민을 속인 미국 행정부와 대통령을 말한다. 임금이 벌거벗었다고 말한 소년은 베트남전쟁 기밀문서를 언론에 폭로한 미국 연방 공무원 대니얼 엘스버그Daniel Ellsberg를 가리킨다. 베트남전쟁의 진실이 드러나기 전까지 미국 국민과 사회는 말할 수 없이 심각한 "타락과 비인간화와 비굴과 자기 모독, 그리고 지적 암흑 상태"가 초래한 "인간 파괴와 사회적 해독"에 파괴당하고 있었다. (중략)

리영희 선생은 놀랍도록 맑은 영혼을 가진 지식인이다. 지식인으로서의 바른 삶을 찾는 젊은이들에게 선생의 글이 막대한 감화력을 발휘한 것은 이 때문이었다고 나는 생각한다. 그는 여러 차례 투옥되는 시련을 겪으면서도 언론인으로서의 사명감과 진실을 말하는 용기를 잃지 않았다. (중략)

> 서울의 종합병원의 환자가 레지던트 파업으로 하루 이틀 치료를 못 받는 것에 격분하는 기자는 이 나라의 1,342개 면이 의사 없는 무의촌이라는 사실에는 관심이 없다. 그 많은 농촌에서 일생 동안 의술이라는 현대 문화의 혜택을 거부당한 채 죽어가는 백성이 왜 있어야 하느냐의 문제를 사회의 체제와 결부해서 생각해볼 리 없다. (……) 모든 것이 '가진 자'의 취미와 입장에서 취재되고 기사화된다. '지배하는 자'의 이해와 취미에서 신문은 꾸며진다.
>
> (『전환시대의 논리』, 379-381쪽)

이 글을 가슴에 새겨야 할 사람이 어디 기자뿐일까. "부자 되세요"가 최고의 덕담으로 통하는, 밑바닥에서 꼭대기까지 온 사회가 물신숭배(物神崇拜)의 광풍에 휩쓸려 들어간 지금, 제대로 사람답게 살려는 의지를 조금이라도 가진 사람이면 누구나 새겨야 할 말이다. 언론 자유가 신문사 사주의 독점적 특권이 되고, 언론사가 사회의 목탁이 아니라 세습적 권력이 되고, 기자가 언론인이 아니라 기업의 직원처럼 행동하는 시대가 되고 보니 이 글이 더 귀하게 다가온다. (중략)

지식인은 무엇으로 사는가. 리영희 선생은 말한다. 진실, 진리, 끝없는 성찰, 그리고 인식과 삶을 일치시키려는 신념과 지고. 진리를 위해 고난을 감수하는 용기. 지식인은 이런 것들과 더불어 산다. 선생의 글을 다시 읽으니 선생이 묻는다.

너는 지식인이냐. 너는 무엇으로 사느냐. 너는 권력과 자본의 유혹 앞에서 얼마나 떳떳한 사람이었느냐. 관료화한 정당과 정부 안에서 국회의원 · 장관으로 일하는 동안 비판적 지성을 상실했던 적은 없었느냐. 성찰을 게을리 하면서 주어진 환경을 핑계 삼아 진실을 감추거나 외면하지 않았느냐. 너는 언제나 너의 인식을 바르게 하고 그 인식을 실천과 결부시키려고 최선을 다했느냐.

부끄럽다. 당당하게 대답할 수가 없다. '사상의 은사' 앞에 서는 것이 정녕 이토록 두려운 일인가.

유시민, 「지식인은 무엇으로 사는가 : 리영희, 『전환시대의 논리』」, 『청춘의 독서』, 웅진지식하우스, 2009, 33-48쪽.

1. 지식과 진리는 어떻게 관계 맺는가? 지식인은 진리를 추구하는 자라고 말할 수 있는지 논의해보자.

2. 지식인은 이 세상을 바꿀 수 있는가? 『체 게바라 평전』, 『아웅산 수치 평전』 등의 책을 읽고, 행동하는 지성인들이 이룩한 사회적인 성과에 대해 조사해보자.

3. 우리는 숭실인으로서 무엇을 할 수 있을까? 대학생으로서 '숭실다움'이 무엇인지 생각해보고, 그것을 어떻게 실현할 수 있을지 이야기해보자. 아울러 대학교육을 마친 뒤 지식인으로서 어떻게 사회에 공헌할 수 있을지 구체적으로 계획해보자.

3. 지식과 교양

인터넷 창을 열고 검색어 몇 개를 치기만 하면 필요한 것을 얻을 수 있는 세상이다. 대학에 다니지 않아도 책을 펼치지 않아도 고급하고 유용한 정보는 넘쳐난다. 지식의 의미와 의의를 그저 가변적인 정보 습득의 문제로 치부한다면, 지금 우리가 읽고 쓰는 문제로 공부하고 있을 필요도 없을 것이다. 학교는 지식을 얻기 위한 곳이 아니다. 지식을 얻기 위한 총체적인 시각 및 그것을 축적하기 위한 단계적인 방법을 터득하고 공부하는 곳이다.

그런데 학교는 하나의 사회제도다. 사회제도는 자연적인 것이 아니므로 어떠한 목적에 대한 합당한 이유를 증명하면서 생성된다. 다시 말해, 제도는 직접적이고도 실용적인 목적에 부합하는 존재의 이유를 통해 정당화된다. 대학이라는 제도가 존재하는 것은 국가의 경제성장을 책임지고, 국민의 직업교육을 담당하기 위해서라는 의견이 지배적이다. 특히 이 문제는 전문지식과 교양지식을 분리시키고 교육의 방향성을 구분하여 경중을 가리려 하려는 등, 편 가르기 논쟁을 낳고 있다. 도정일에 의하면, 대학을 둘러싼 이러한 여론은 대학의 존재이유를 폄하하고 교육의 본질을 왜곡하고 있다. 아래의 글을 읽고 전문지식과 교양지식의 문제, 전문교육을 빙자한 직업교육, 또 그것이 목표하는 '준비된 인재'라는 환상에 대하여 생각해보도록 하자.

국가 경제발전에 유용한 연구를 수행하고 혁신기술을 개발하고 첨단적 전문지식을 전수하는 일은 분명 오늘날 모든 연구중심대학들에 안겨진 기능이다. 싫건 좋건 간에 대학의 이런 기능을 부정할 사람은 없다. 직업교육의 경우도 그러하다. 대학을 나온 사람은 가능한 한 그가 원하는 분야에서 직업을 얻고 그가 가장 잘 일할 수 있는 직장에 취업할 수 있어야 하며, 대학은 대학 이후의 취업에 필요한 지식, 기술, 능력을 길러줄 수 있어야 한다. 이 부분의 대학 기능을 부정할 사람은 없다. 그런데 무엇이 문제이고 무엇이 왜곡인가? 첫째, 대학은 경제성장에만 기여할 것을 목적으로 하는 제한된 성격의 연구기관이 아니라 '사회의 전체적 발전'에 공헌하는 연구/교육의 병행기관이다. 사회는 경제보다 더 큰 영역이며, 그 더 큰 영역의 발전에 기여하기 위해 대학은 사색, 연구, 교육, 창조, 인내 등 다른 사회기관들이 수행하기 어려운 많은 역할들을 담당해야 한다. 경제성장이 중요하다고 해서 대학이 그 다수의 다양한 역할들을 포기하고 경마장의 말처럼 눈 가리고 오로지 경제성장 한 방향으로만 뛰어야 하는 것은 아니다. 둘째, 대학교육은 직업교육이나 취업훈련보다 훨씬 큰 범주이다. 대학교육은 직업교육을 포함하지만, 직업교육이 대학교육을 대체할 수 있는 것은 아니다. 대학은 직업양성소, 전문학원, 취업훈련기관으로 머물지 않다(이런 시시한 소리를 구태여 해야 하는가?). 직업교육도 광의의 교육에 포함되지만 엄밀한 의미에서 그것은 '교육(education)'이기보다는 '훈련(training)'이다. 교육과 훈련은 서로 성격이 다르고 목적이 다르고 크기가 다르다. 작은 범주가 큰 범주를 삼키고 일부가 전체를 대체하고 기능적 목표가 본질적 목적을 밀어내버린 것이 오늘날 한국의 대학들과 대학교육에 발생하고 있는 타락, 왜곡, 변질의 실상이다. (중략)

기능적 실용주의에 머리를 점령당한 사람들에게 공통적인 것은 그들이 깊은 착각에 빠져 있다는 사실을 모른다는 것이다. 그들이 생각하는 식의 실용교육이 사실은 실용교육도 아무것도 아니고 직업교육치고도 가장 천박한 수준의 것이어서 그런 교육으로는 유능한 사회인은커녕 좋은 직업인도, 탁월한 전문인도 길러낼 수 없다는 사실을 그들은 잘 모르고 있다. 정보보다도 더 중요한 것이 정보에 대한 판단력이라는 것, 지식보다도 더 크고 중요한 것이 상상력이라는 것, 기능적 훈련보다 더 중요한 것이 비판적 사고력의 함양이라는 것을 그들은 잘 모른다. 기업조직이건 무슨 조직이건 간에, 그리고 그 조직 내부에서 맡은 일이 무엇이건 간에 오늘날 소위 '대학교육'을 받았다는 사람들에게는 기본적으로 요구되는 능력항목과 필수적으로 요구되는 능력항목들이 있다. 인간과 문화와 역사문맥에 대한 깊은 이해, 세계의 다양성과 복잡성과 상호의존성을 아는 폭넓은 안목, 유연한 사고와 열린 정신 — 이런 것은 '교육받은 인간'이 갖추어야 하는 '기본장비'이다. 가치에 대한 감각, 윤리에 대한 감각, 좋은 사회를 만들고 유지하려는 시민의식 등은 교육받은 인간에게 요구되는 '필수장비'이다. 이런 능력들은 기능적 취업훈련이나 좁좁한 전문교육만으로는 길러지지 않는다. (중략)

우리가 학부교육에서 '교양교육'이라 부르는 것이 미국 대학들에서는 전공과 구별되는 '일반교육(general education)', 또는 전공을 넘어서고 전공에 매이지 않는 것을 골자로 하는 '자유교육(liberal education)'이다. 교양교육이건 자유교육이건 간에, 이 형태의 학부교육이 시도하는 것은 '더 나은 인간'의 양성이다. 더 나은 인간은 어떤 인간인가? 교양교육은 인간을 인간이게 하는 여러 조건들 중에서도 가치에 대한 감각, 윤리에 대한 감각, 공동체의식과 시민의식을 길러주고 함양하는 것을 목적으로 하는 교육이다. 이것이 대학교육의 희생될 수 없는 '본질' 목적이다.

도정일, 「왜 지금 교양교육인가」, 『문학동네』 65호, 문학동네, 2010, 26-31쪽.

1. '읽기와 쓰기'를 포함한 교양수업들은 대학교육이 지향하는 교양인이 되기 위해 수강하는 과목들이다. 교양인이 되기 위해서는 책도 많이 읽고 글도 잘 쓰고 발표나 토론하는 기술도 갖춰야 한다고 한다. 과연 책 읽기와 글쓰기가 교양교육의 척도인지 논의해보자.

2. 전공 수업과 병행하여 교양교육을 받는 데에 현실적으로 어떠한 어려움이 있는지, 또한 전공과 무관한 교양강의를 들으면서 느낀 문제점은 무엇인지 허심탄회하게 이야기해보자.

2장 시장과 경제

시장에 대한 국가의 개입을 반대하고 시장의 자유로운 흐름을 중시한 신자유주의는 80년대 영국의 대처리즘과 미국의 레이거노믹스의 성공을 통해 강력한 힘을 발휘한다. 특히 영국의 대처는 수상으로 재임하는 동안 비효율적 국영기업의 민영화, 복지예산의 감소, 정부 규모의 축소를 통한 세금 절약 등을 통해 시장을 활성화하는 신자유주의 정책을 지속함으로써 위기에서 벗어나는 계기를 마련했다. 그러나 오늘의 신자유주의는 어떠한가? 이 역시 수많은 문제를 노출하고 있다.

1. 고전적 자유주의 경제학

애덤 스미스의 『국부론』은 오랜 세월 부르주아경제학의 바이블로 인식되어 왔다. '국부의 성질과 원천에 관한 연구(An Inquiry into the Nature and Causes of the Wealth of Nations)'라는 이름에서도 알 수 있듯이, 이 책은 국부의 성질과 원천에 대해 구체적으로 다루고 있다. 뿐만 아니라 상품가치와 가격, 각 계급의 소득 원천인 임금 · 이윤 · 지대, 자본의 축적 및 투자 등을 위시한 경제학 전반에 대해 이론적 배경을 제시하고 있다. 그는 하나의 상품이 지니는 가치란 그 상품을 생산하는 데 소요된 노동자의 노동에 의해 결정된다는 노동가치설을 주장했다. 이는 국부의 원천을 그 나라 국민의 노동으로 인식한 것으로서, 향후 이 이론은 마르크스경제학의 이론적 토대가 되었다. 아울러 그는 노동을 생산적 노동과 비생산적 노동으로 구별하고, 공업과 농업 등에 종사하는 이들의 노동만이 새로운 부를 창출한다고 규정하여, 이러한 생산적 노동을 증진시켜야만 국부의 증진을 꾀할 수 있다고도 주장한다. 한편 우리 일반인들에게 가장 널리 알려진 스미스의 경제이론은 '보이지 않는 손'일 것이다. "개인이 자기 자신의 이익을 추구할 때, 보이지 않는 손에 이끌려 자기도 모르는 사이에 사회의 이익을 증진시키게 된다."는 스미스의 주장은 경제활동에 대한 '자유방임'의 이론적 근거로 이해되어 왔다. 그러나 스미스의 주장을 현대 부르주아경제학의 시장만능주의적 자유방임으로만 이해하는 태도는 조심해야 한다. 아래 지문을 읽고 국민과 국가 모두를 부유하게 만드는 것에 최우선의 가치를 두었던 스미스의 경제학 이론에 대해 생각해 보자.

정치경제학(political economy)은 정치가나 입법자의 과학의 한 분야로, 두 가지 목적을 가지고 있다. 첫째 국민들에게 풍부한 수입이나 생활자료를 제공하는 것, 좀더 정확히 말하면, 국민들로 하여금 스스로 충분한 수입 또는 생활자료를 얻을 수 있도록 하는 것이고, 둘째 공공서비스를 공급하는 데 충분한 수입을 국가에 제공하는 것이다. 즉, 정치경제학은 국민과 국가 모두를 부유하게 하려는 것이다. (중략)

사회의 총노동은 그 사회의 자본이 고용할 수 있는 것을 초과할 수 없다. 어느 한 개인이 고용할 수 있는 노동자의 수가 그의 자본과 일정한 비율을 유지하는 것처럼, 한 큰 사회의 모든 구성원들이 계속 고용할 수 있는 노동자의 수는 반드시 그 사회의 총자본과 일정한 비율을 유지하며, 결코 그 비율을 넘어설 수 없다. 어떤 상업 법규도 한 사회의 자본이 유지할 수 있는 한도를 초과해서 그 사회의 노동량을 증대시킬 수는 없다. 그 법규는, 그것이 없었을 경우 사용되지 않았을 방향으로 자본의 일부가 사용되도록 할 수 있을 뿐이며, 이러한 인위적인 방향이 자본이 스스로 투입되었을 방향보다 사회에 더욱 유익할 것인가는 결코 확실하지 않다. 각 개인은 그가 지배할 수 있는 자본이 가장 유리하게 사용될 수 있는 방법을 찾으려고 부단히 노력한다. 사실, 그가 고려하는 것은 자기 자신의 이익이지 사회의 이익은 아니다. 그러나 자기 자신의 이익을 추구하는 것이 자연스럽게, 또는 오히려 필연적으로, 그로 하여금 사회에 가장 유익한 사용방법을 채택하도록 한다. (중략)

본국 노동의 유지에 자기의 자본을 사용하는 각 개인은 반드시 그 생산물이 가능한 한 최대의 가치를 갖도록 노동을 인도하려고 애쓴다. 노동생산물은 노동의 대상과 사용된 재료에 노동이 첨가된 것이다. 이 생산물 가치의 대소에 비례해서 고용주의 이윤이 크거나 작을 것이다. 그러나 어떤 사람이 자신의 자본을 사용해서 노동을 유지하는 것은 이윤을 얻기 위해서다. 따라서 그는 자기의 자본을, 그 생산물이 가장 큰 가치를 가질 수 있게 하는 노동, 즉 그 생산물이 가장 큰 양의 화폐나 다른 재화와 교환될 수 있게 하는 노동에 사용하려고 애쓸 것이다. 그러나 한 사회의 연간수입(revenue)은 그 사회의 노동의 연간 총생산물의 교환가치와 정확히 같다. 또는 오히려 그것의 교환가치와 정확히 동일한 것이다. 따라서 각 개인이 최선을 다해 자기 자본을 본국 노동의 유지에 사용하고 노동생산물이 최대의 가치를 갖도록 노동을 이끈다면, 각 개인은 필연적으로 사회의 연간수입이 가능한 한 최대의 가치를 갖도록 노력하는 것이 된다. 사실 그는, 일반적으로 말해서, 공공의 이익(public interest)을 증진시키려고 의도하지도 않고, 공공의 이익을 그가 얼마나 촉진하는지도 모른다. 외국 노동보다 본국 노동의 유지를 선호하는 것은 오로지 자기 자신의 안전(security)을 위해서고, 노동생산물이 최대의 가치를 갖도록 그 노동을 이끈 것은 오로지 자기 자신의 이익(gain)을 위해서다. 이 경우 그는, 다른 많은 경우에서처럼, 보이지 않는 손(an invisible hand)에 이끌려서 그가 전혀 의도하지 않았던 목적을 달성하게 된다. 그가 의도하지 않았던 것이라고 해서 반드시 사회에 좋지 않은 것은 아니다. 그가 자기 자신의 이익을 추구함으로써 흔히, 그 자신이 진실로 사회의 이익을 증진시키려고 의도하는 경우보다, 더욱 효과적으로 그것을 증진시킨다. 나는 공공이익을 위해 사업 한다고 떠드는 사람들이 좋은 일을 많이 하는 것을 본 적이 없다. 사실 상인들 사이에 이러한 허풍은 일반적인 것도 아니며, 그런 허풍을 떨지 않게 하는 데는 몇 마디 말이면 충분하다.

자기의 자본을 국내산업의 어느 분야에 투자하면 좋은지, 그리고 어느 산업분야의 생산물이 가장 큰 가치를 가지는지에 대해, 각 개인은 자신의 현지 상황에 근거해서 어떠한 정치가나 입법자보다 훨씬 더 잘 판단할 수 있다는 것은 명백하다. 민간인들에게 그들의 자본을 어떻게 사용하라고 지시하려는 정치가는 스스로 불필요한 수고를 할 뿐만 아니라, 어떤 한 개인에게 안심하고 위임할 수 없으며 어떤 위원회나 참의원(參議院: senate)에게도 안심하고 위임할 수 없는 권력을, 또한 자신만이 이와 같은 권력을 행사하기에 가장 적합하다고 생각하는 우둔하고 황당한 사람의 수중에 있을 때 가장 위험해지는 그런 권력을, 자신이 멋대로 휘두르려는 것이다.

애덤 스미스, 『국부론(상)』, 김수행 역, 비봉출판사, 2007, 517, 549-553쪽.

1. 스미스는 국부의 증진을 위해 연간 노동의 질적 향상과 연간 노동의 양적 증대가 필요함을 주장했다. 그리고 이를 위한 방편으로 제시한 것이 분업(division of labour)이다. 하지만 오늘날처럼 기계화된 산업 구조에서 이러한 방식을 통한 목적의 달성

이 가능한 지에 대해 비판적으로 생각해 보자.

2. 『국부론』과 이를 비판적으로 계승한 마르크스의 『자본론』의 차이에 대해 알아보자.

3. 『국부론』에서 애덤 스미스는 "경제에 대한 국가 개입을 없애면, '자연적 자유(natural liberty)'의 세계가 나타난다."고 말한다. 여기서 '자연적 자유'가 뜻하는 바를 해석하고, 이를 바탕으로 '보이지 않는 손'에 담긴 자유방임의 본래적 의미에 대해 글을 써 보자.

2. 신자유주의에 대한 비판적 성찰

1929년 미국 주식시장의 붕괴로 촉발된 대공황은 30년대 북아메리카와 유럽을 중심으로 전세계적으로 확산되었다. 이후 엄청난 실업률과 디플레이션에 대처하기 위해 방임주의적 자유주의는 더 이상 설자리를 잃었다. 그리고 이 자리를 대신하여 정부의 적절한 시장 개입과 복지를 중시한 케인즈의 수정 자본주의가 대안으로 급부상했다. 그러나 70년대 이후 장기불황의 문제를 해결하지 못함으로써 케인즈주의 경제정책 또한 도마에 오르내렸고, 초국가적 자본의 세계화에 따른 문제까지 겹치면서 이른바 신자유주의 경제정책이 힘을 얻게 되었다. 시장에 대한 국가의 개입을 반대하고 시장의 자유로운 흐름을 중시한 신자유주의는 80년대 영국의 대처리즘과 미국의 레이거노믹스의 성공을 통해 강력한 힘을 발휘한다. 특히 영국의 대처는 수상으로 재임하는 동안 비효율적 국영기업의 민영화, 복지예산의 감소, 정부 규모의 축소를 통한 세금 절약 등을 통해 시장을 활성화하는 신자유주의 정책을 지속함으로써 위기에서 벗어나는 계기를 마련했다. 그러나 오늘의 신자유주의는 어떠한가? 이 역시 수많은 문제를 노출하고 있다. 우리나라 경제학자 가운데 신자유주의와 세계화가 안고 있는 문제점을 비교적 이른 시기부터 비판해 온 사람이 장하준이다. 다음의 글은 신자유주의의 대표적 경제정책 가운데 하나인 공기업 민영화 문제에 대한 그의 비판적 견해를 담고 있다. 이 글을 통해 신자유주의의 문제점에 대해, 그리고 공기업 민영화의 허와 실에 대해 구체적으로 살펴보도록 하자.

나쁜 사마리아인들은 왜 국영 기업을 민영화해야 한다고 생각할까? 국영 기업에 반대하는 이들의 생각은 단순하지만 강력한 개념에서 비롯된다. 바로 사람은 자신의 소유물이 아닐 경우 제대로 돌보지 않는다는 것이다. 일상에서도 이를 확신할 수 있게 해 주는 사실이 흔히 목격되곤 한다. 여러분이 보일러 고장으로 배관공을 불렀다고 하자. 그런데 배관공은 오전 11시도 채 되지 않았는데 휴식 시간이라며 벌써 세 번째 자리를 뜬 상태이다. 이럴 때 여러분은 생각할 것이다. 이 배관공은 과연 자기 집 보일러를 고칠 때도 똑같이 행동할까? 공원에 쓰레기를 버리는 사람들의 경우에도 마찬가지이다. 이들도 자기 집 정원에는 쓰레기를 버리지 않을 것이다. 이렇듯 자기 물건은 최선을 다해 돌보지만, 자기 것이 아닌 물건은 함부로 다루는 것이 인간의 본성인 듯하다. 국가 소유에 대한 반대자들이 사람들로 하여금 어떤 물건을 최대한 효율적으로 사용하게 만들고 싶으면, 당사자들에게 해당 물건의 소유권을 주어야 한다고 주장하는 것도 그래서이다.

소유권은 소유자에게 그의 재산과 관련하여 두 가지 중요한 권리를 준다. 첫 번째는 그 재산을 처분할 수 있는 권리이고, 두 번째는 그 재산을 사용하여 이득을 볼 수 있는 권리이다. 이윤은 재산의 소유주가 자신의 재산을 생산적으로 이용할 작정으로 구매한(그의 공장에서 사용되는 원자재와 노동을 비롯한) 온갖 투입 요소에 대한 지불을 완료하고 난 뒤에 그에게 남는 것이다. 때문에 이윤을 청구할 권리를 '잔여 청구권'이라고 부르기도 한다. 이렇듯 소유주가 잔여 청구권을 가지고 있기 때문에 정해진 금액만 받으면 되는 투입 요소 공급자들은 그 이윤의 양에는 아무런 관심을 가지지 않는다. 바로 여기에 문제가 있다.

국영 기업은 전체 국민에 의해 집단적으로 소유되는 것이고, 고정된 임금으로 고용된 직업적인 경영자에 의해서 운영되는 기업이다. 따라서 잔여 청구권을 가지는 것은 국영 기업의 소유주인 국민이다. 고용된 경영자들이 해당 기업의 수익성에 신경을 쓰지 않게 되는 것도 그래서이다. 물론 '주인'인 국민들은 경영자의 임금을 국영 기업의 수익성에 따라 연동되도록 하여 '대리인들', 즉 고용한 경영자들이 국영 기업의 수익성에 관심을 가지게 만들 수 있다. 그러나 이런 인센티브 제도를 만들어 내기란 대단히 어려운 일로 알려져 있다. 그 까닭은 주인과 대리인 사이에는 근본적으로 정보의 격차가 있다는 데에 있다. 예컨대 고용된 경영자가 자신은 최선을 다했으며, 성과가 좋지 않은 것은 자신이 통제할 수 없는 요소들 때문이라고 한다면, 이것이 거짓말이라는 것을 어떻게 입증할 것인가? 이렇듯 주인이 대리인의 행동을 통제하기 어렵다는 사실을 '주인-대리인의 문제'라고 부르며, 그로 인한 (부실한 관리에서 비롯된 수익의 감소와 같은) 비용을 '대리인 비용'이라고 하는데, 이런 주인-대리인 문제는 국영 기업을 반대하는 신자유주의의 핵심적 견해이다.

그러나 주인-대리인 문제만이 국영 기업의 비효율성을 초래하는 원인인 것은 아니다. 국민 개개인은 이론적으로는 공기업을 소유하고 있지만 고용된 경영자들을 제대로 감독함으로써 자신의 재산, 즉 해당 국영 기업을 관리하고자 할 만한 동기가 없다. 국영 기업 경영자들을 추가적으로 감독함으로써 수익이 늘어난다 해도 그 증대분은 전체 국민에게 분배되는 데 반해, (해당 국영 기업의 대차대조표를 검토한다거나 문제점을 관련된 정부 기관에 알리는 데 필요한 시간과 노력 등의) 비용은 감독에 참여한 국민들에게만 부과되기 때문이다. 이런 경우에는 누구나 공기업 경영자들을 감독하는 일에는 관심이 없고, 단지 다른 사람들이 들인 노력의 결과에 '무임승차'하기를 희망할 것이다. 그러나 모든 사람이 무임승차를 한다면 관리자들은 어느 누구의 감독도 받지 않게 되고, 그에 따라 해당 국영 기업의 성과는 부실할 것이다. 이런 '무임승차 문제'를 쉽게 이해하고 싶다면 여러분 스스로 국영 기업-당신은 법적으로 그 회사의 소유주이다.-의 성과를 감독해 본 적이 얼마나 되는지 헤아려 보라. 아마 단 한 번도 없을 것이다!

국영 기업은 정부의 일부이기 때문에 손실을 보거나 파산의 위기를 맞으면 정부로부터 추가 자금을 확보할 수 있는 경우가 많다. 따라서 국영 기업들은 예산 한도가 '늘어날 수 있는' 혹은 '연성인' 것처럼 행동하게 되는데, 이는 관리를 소홀히 해도 버틸 수 있다는 것이다. 유명한 헝가리 경제학자인 야노스 코르나이가 공산주의의 중앙 집중적 계획 하의 국영 기업의 행동을 설명하기 위해 제안한 연성예산 제약 이론은 자본주의 경제의 국영 기업에도 적용할 수 있다. (중략)

기업의 국영이나 공공 소유에 반대하는 주장은 이렇듯 매우 강력하다. 국민들은 공기업의 법적인 소유자이다. 하지만 이들에게는 해당 공기업의 운영을 맡고 있는 대리인을 감독하고자 하는 동기도, 그럴 만한 능력도 없다. 그에 따라 대리인인 관리자들은 기업의 이윤 극대화를 위해 노력하지 않게 되는데, 주인인 국민들은 구조적으로 대리인의 행동에 대한 정보 취득이 어려운 데다 자신들의 무임승차 문제까지 겹쳐 대리인들로 하여금 기업의 이윤 극대화에 나서도록 하기가 어렵다. 그에 더해 국가 소유는 기업들이 생산성 증대 대신 정치적인 로비에 의지해서 살아남는 것도 가능하게 한다.

그러나 기업의 국유화에 반대하는 이 세 가지 주장들은 마찬가지로 대규모 민간 기업에도 적용된다. 주인-대리인 문제와 무임승차 문제는 많은 대규모 민간 기업에 영향을 미친다. 아직도 대주주가 경영하는(BMW나 푸조 같은) 대규모 기업이 있기는 하지만, 대규모 기업들의 대부분은 주식의 분산 소유로 인해 고용된 경영자에게 경영을 맡긴다. 이렇듯 어떤 민간 기업이 고용된 경영자에 의해 운영되고 수많은 주주들은 그 기업의 아주 작은 일부분만을 소유하고 있다면, 이 기업은 국영 기업과 똑같은 문제에 시달리게 된다. 국영 기업에 고용된 경영자들과 마찬가지로 이들 민간 기업에 고용된 경영자들 역시 최대한 공을 들일 동기가 없고(주인-대리인 문제), 주주들 개개인 역시 고용된 경영자들을 감독할 만한 동기가 없다(무임승차 문제).

정치적인 원인에서 발생한 연성예산 제약의 문제 역시 국영 기업에만 국한된 것은 아니다. (고용을 많이 하는 기업이나 무기나 의료 등 정치적으로 민감한 산업에서 활동하는 기업 등의) 정치적으로 중요한 민간 기업들 역시 보조금은 물론이고, 심지어는 정부의 구제 금융 조치까지 기대한다.

장하준, 『나쁜 사마리아인들』, 이순희 옮김, 부키, 2010, 165-168쪽.

1. 신자유주의 경제이론의 등장 배경과 주장에 대해 알아보자.

2. 이 책의 저자는 공기업 민영화 주장이 지닌 문제점을 세 가지 측면에서 비판하고 있다. 이러한 비판을 근거로 글쓴이가 제시한 국영기업의 성공 사례를 찾아보고, 민영화의 함정이 무엇인지에 대해서도 토의해 보자.

3. 최근 우리 나라의 공기업 민영화 실태를 조사해 보고, 공기업의 민영화가 지닌 장점과 단점에 대해 글을 써 보자.

3. 정부 주도 일자리 창출의 문제점

장기적이고 지속적인 경제 불황은 전 세계적으로 고용의 불안정과 실업의 증가를 불러왔다. 따라서 각국은 새로운 일자리를 창출하기 위한 정책의 마련에 심혈을 기울이고, 이를 통해 국민들의 지지를 확산해간다. 미국의 오바마 대통령은 2008년 민주당 전당대회 대통령후보 수락연설에서 부시정권의 신자유주의 경제정책을 정면으로 비판했다. 아울러 그는 양질의 일자리 공급을 최우선 과제로 제시하면서 지난 클린턴 행정부가 2,300만개의 새로운 일자리를 만들어 낸 사실을 상기시켰다. 이는 비단 미국만의 사례가 아니다. 우리나라의 경우도 매번 정권이 바뀔 때마다 가장 큰 정책비중을 일자리 창출에 두고 있다. 소위 경제 대통령으로 자부했던 이명박 정권도 일자리 창출을 경제의 최우선 과제로 삼았고, 지난 18대 대선 과정에서도 일자리 문제는 유권자의 선택을 받기위한 중요한 공약으로 제시되었다. 그러나 정부 주도의 일자리 창출이 과연 자본주의 경제구조에서 가능하고 타당한가에 대한 비판적 시각도 존재한다. 프랑스의 경제학자 프레데릭 바스티아가 처음으로 소개한 '깨진 유리창의 오류'에 따르면 새롭게 창출된 일은 새로운 부를 창출한 것이 아니라 단순한 부의 이전일 뿐이라고 한다. 그렇다면 정부의 일자리 프로그램 역시 새로운 일자리를 만들어 내는 것이라기보다는 빠르고 즉각적인 방식인 일자리 이동에 불과할 수 있다는 주장이 제기될 수 있다. 정부 주도의 일자리 공급정책이 과연 얼마나 효과적 대안일 수 있는지를 생각하면서 아래의 글을 읽어보자.

버락 오바마 대통령은 대선 과정에서 "임금 수준도 높고 하청으로 전락하지 않을 안정적인 새 일자리 500만 개를 만들겠다"고 약속했다. 또한 취임 직전에는 경제위기 때문에 치솟는 실업률을 해결할 방법도 발표했다. 오바마 행정부는 도로와 교량을 건설하고, 공립학교를 현대화하고, 풍력발전을 비롯하여 다양한 대체에너지원을 개발하는 데 향후 2년 이상 수십 억 달러를 투자하여 250만 개의 일자리를 만들거나 보전하겠다고 했다.

경제가 어려울 때 사람들은 정부에서 일자리를 만드는 것을 당연시한다. 일자리 프로그램이야 말로 치솟는 실업률에 맞서는 즉각적이고 단호한 대응이라고들 생각하는 경향도 있다. 국가 기반시설이나 '그린(green)'프로젝트의 확대와 보전에 인력을 투입하는 것이 무엇이 문제란 말인가? 이런 것들이야말로 언제 어떤 식으로든 추진해야 할 가치 있는 사업이 아닌가?

그러나 현실적인 문제를 언급하지 않을 수 없다. 많은 이들의 믿음과 달리 지금까지의 공공사업 프로그램은 경제의 후퇴뿐 아니라 침체기에 조차도 그다지 효율적인 해법은 아니었다.

프랑스의 경제학자 프레데릭 바스티아(Frederic Bastiat)가 1850년에 경제공황이 발생한 이유에 대해 설명한 적이 있다. 그는 '깨진 유리창의 오류(Broken Window Fallacy)'라는 논리를 설파했다. 이 이야기는 훗날 경제학자 헨리 해즐릿(Henry Hazlitt)의 저서 『경제학 1교시(Economics in One Lesson)』를 통해 세상에 잘 알려졌다. 한 소년이 동네 빵집의 유리창을 향해 벽돌을 던졌다. 유리창이 깨지고 케이크와 파이 위에 있는 비막이 유리도 박살났다. 빵집 주인은 만행을 저지른 소년에게 불같이 화를 낸다. 그런데 주변 사람들이 꼭 나쁜 쪽으로만 생각할 건 아니라고 말한다. 유리창이 박살난 황당한 사건도 다른 누군가에는 일거리가 될 수도 있다고…….

> "유리장수에게는 새로운 일거리가 된다. 생각해 보면 그 이유를 알 수 있다. 큰 판유리를 새로 바꾸려면 돈이 얼마나 들까? 250달러쯤 될까? 대략 그 정도 될 것이다. 결국 유리창이 깨지지 않는다면 유리산업은 어떻게 될까? 이렇게 세상은 끊임없이 돌아간다. 유리장수는 다른 상인들에게 250달러 이상을 지출하고, 그 돈은 다시 다른 상인들에게 가는 식으로 돌고 돈다. 깨진 유리창이 더 넓은 경제계에 돈과 고용을 제공하는 것이다. 따지고 보면 유리창을 향해 돌을 던진 악동은 공공의 골칫거리가 아니라 모두에게 은혜를 베푼 셈이다."

여기서 잠깐 생각해 보자. 그렇다면 새로 창출된 모든 일과 부(富)가 깨진 유리창에서 비롯된 것일까? 그렇지 않다. 해즐릿이 설명하는 바스티아의 이야기는 계속 이어진다.

> "빵집 주인은 원래 새 옷을 구입하려고 250달러를 지출할 계획이었을 수도 있다. 그런데 그 돈으로 유리창을 교체하는 바람에 새 옷(또는 그와 비슷하거나 더 소중한 가치를 지닌 무언가)을 구입할 수 없게 되었다. 그 전에는 유리창과 250달러가 있었지만 이제 남은 것은 새 유리창 하나뿐이다. 설사 그날 오후에 새 옷을 살 계획이었더라도 이제는 새 옷 없이 유리창 하나에만 만족해야 한다. 빵집 주인을 지역사회의 일원이라고 생각하면, 그 지역사회는 악동만 아니었으면 구입했을 새 옷 한 벌을 잃고 이전보다 더 가난해졌다는 뜻이 된다. 유리장수는 새 일거리를 얻었지만 그로 인해 재봉사는 일거리를 잃은 셈이다. 여기에 새로운 '고용'은 부가되지 않았다."

깨진 유리창의 오류는 부의 파괴(빵집 주인의 유리창)가 그 유리창을 고칠 사람에게는 새로운 부를 창출한다는 발상이다. 하지만 실제로 발생한 것은 부의 이전이다. 빵집 주인과 재봉사로부터 유리장수와 그의 협력업체로 부가 옮겨간 것이다. 그리고 빵집 주인은 새 옷을 장만하는 데 지출하려 했던 250달러를 결국 잃고 말았다.

정부의 일자리 프로그램에도 이와 똑같은 현상이 발생한다. 사람들 눈에는 일과 일자리가 창조되는 것처럼 보인다. 그러나 이런 행위를 발생시키기 위해 기존의 부가 파괴된다는 점은 보지 못한다.

정부는 일자리 프로그램을 재정적으로 후원하기 위해 국민과 기업으로부터 더 많은 세금을 걷어 들인다. 아니면 원래 오바마 행정부의 계획처럼 차입을 통한 후원도 가능하다. 어떤 식이든 정부는 새로운 산업 투자와 소비 지출에 사용될 재원을 일자리 프로그램에 투입한다. 정부의 일자리 프로그램에 고용된 사람들도 어쩌면 민간의 더 좋은 일자리를 얻었을 지도 모른다. 다시 말하면 돈과 일자리가 경제의 '깨진 유리창'을 고치기 위해 한 부문에서 다른 부문으로 이동하는 것일 뿐이다. (중략)

정부 '촉진(Stimulus: 경제부양)' 프로그램의 목적은 '보이지 않는 손'에 의해 일자리가 자연발생적으로 창출되기를 기다리기보다 빠르고 즉각적인 대응으로 경제를 부양하는 데 있다. 그러나 정부의 프로그램이 집행되기까지는 사실상 여러 해가 걸린다. 2009년, 정책수립자들이 의회 예산처에서 내놓은 보고서를 접하고 충격을 받았다. 기반시설 프로젝트에 투입될 예산인 3,580억 달러가 실제로 경제에 반영되기까지는 무려 10년 정도가 걸린다는 내용 때문이었다. 그 해의 보고서에서 예상하기로는, 2010년 말까지 이 프로젝트에 투입될 금액이 전체 예산의 1/3에 불과했다. 결과적으로 정부의 기업구제 프로그램이나 일자리 정책은 사실상 경제가 회복되기 시작한 후에 비로소 시작되는 셈이다.

스티브 포브스 · 엘리자베스 아메스, 『자본주의는 어떻게 우리를 구할 것인가』, 김광수 옮김, 아라크네, 2011, 110–117쪽.

1. 오바마 행정부와 이명박 행정부의 일자리 공급 정책을 비교하고 각각의 성과를 정리해 보자.

2. '깨진 유리창의 오류'를 적용해 볼 때 정부 주도의 일자리 공급은 그 실효성을 의심받을 수밖에 없다. 이 논리를 적용할 수 있는 또 다른 사례에 대해 우리나라의 경우를 중심으로 생각해 보자.

3. 이 글의 필자는 지금까지의 공공사업 프로그램이 일자리 창출에 효과적이지 않았으며, 경제의 침체기에도 그다지 효율적 해법이 아니었다고 비판한다. 과연 그러한지에 대해 자신의 생각을 정리하여 글로 써 보자.

3장

가상과 현실

고전적 형이상학에 의하면 세계는 세 가지 형태로 이루어져 있다. 원형인 이데아, 복제물인 현실, 복제의 복제물인 시뮬라크르가 그것이다. 플라톤 이래 수많은 철학자들이 이에 대해 고민해 왔다. 동굴 속에서는 현상이나 사건이 복제의 형태로 그려진다. 그 현상 및 사건이 원래의 형태보다 복제된 상태에서 더 중요해 보이면, 원래의 것은 복제를 닮아가고, 복제의 복제를 되풀이하는 '매트릭스'가 되어버린다.

1. 동굴, 진실을 가리는 무지함

바야흐로 기호의 시대이다. 사람들은 커피가 아니라 '스타벅스'를 마시고, 가방이 아니라 '루이뷔통'을 들고 다닌다. 자본의 재생산은 기호와 그것의 이미지를 복제하면서 이루어진다. 실제 대상의 가치가 어떻든 간에 소비되는 것은 기호로서의 이미지다. 실제 대상의 본질이 무엇이든 간에 인식 가능한 것은 대상을 복사한 이미지인 까닭이다. 영화 〈매트릭스〉는 이와 같이 본말이 전도된 이미지의 세계를 비유적으로 보여준다. 주인공 네오는 선택의 기로에 서 있다. 파란 약을 먹고 '눈 가리고 아웅' 할 것인가, 빨간 약을 먹고 진실에 눈 뜰 것인가. 빨간 약을 먹는다면 네오는 매트릭스라는 편하고 안락한 가상현실로부터 깨어나 어둡고 척박한 실제세계에 버려지게 된다. 그렇게 피상적인 이미지는 때때로 실제보다 달콤하며, 대체로 본질보다 아름답다.

일찍이 플라톤은 태양의 비유, 동굴의 비유 등을 통해 거짓으로 왜곡된 세계를 비판한 바 있다. 우리는 동굴 속을 살면서 빛이 만들어낸 그림자, 그 환영을 통해 세계를 인지한다. 동굴 안은 우물 안과 같아서 인간은 우물 안에서 바라 본 세계만을 인식하고, 가시적인 현상을 진실이라고 믿는다. 이러한 까닭에 우리는 오로지 교육에 의한 지성에 의해서만 동굴 밖의 실재, 이른바 이데아를 알 수 있다.

"그러면 이제 우리들의 본질이 어느 정도 계발될 수 있고 또는 몽매할 수 있는지 알아보기로 하세. 자! 인간이 지하 동굴 속에서 살고 있다고 하세. 이 동굴은 입구 쪽으로 광선을 받고 그대로 쭉 뻗어 있네. 그런데 그들은 어려서부터 발과 목이 묶여 움직일 수도 없고 목도 돌릴 수 없어 앞만 바라보고 있네. 그들의 머리 위와 뒤에는 좀 떨어져 불이 달아오르고, 불과 죄수들 사이에는 조금 높게 길이 나 있고, 잘 보면 나지막한 성벽이 이 길을 따라 인형놀이 하는 자들이 인형극을 벌이도록 자기들 앞에 설치하는 것과 같은 막같이 길을 따라 붙어 있네."

"알겠습니다."

"그리고 사람들이 성벽 같은 것에 따라 여러 가지 기구들과 인형, 그리고 돌과 나무로 된 동물들의 형상들을 가지고 이것을 받쳐 들고 지나가네. 어떤 것들은 지껄이면서 그리고 다른 것들은 침묵을 지키면서……"

"이상한 영상(映像)에다 이상한 죄수들을 보여주시는군요."

"우리들과 같지." 하고 나는 말했다. "그래서 그들은 오직 불이 동굴의 반대편 벽에다 투영하는 그들 자신의 그림자 또는 그들 서로의 그림자만을 보고 있는 것이겠지?"

"그렇겠습니다. 그들이 목을 돌릴 수 없는 바에야 그림자 외에 무엇을 볼 수 있겠습니까." 하고 그는 말했다. (중략)

"그들에게는 진실이라는 것은 문자 그대로 영상(映像)의 그림자 이외에 어떤 것도 아니야." 하고 나는 말했다.

"확실히 그렇습니다."

"그러면 만일 죄수가 풀려나 잘못을 깨달을 때에는 어떤 일이 자연적으로 일어날 것인가 알아보세. 우선 그들 가운데 누구이든 해방되어 급히 일어나게 되어 목을 돌리고 걸어가 빛 쪽을 본다면 심한 고통을 느낄 것이네. 눈이 부시어 곤란을 겪을 것이고, 그에 앞선 상태에서 그가 그림자로 보았던 실물을 보고도 식별할 수 없을 것이네. 그리고 누가 자기에게 말을 걸어오는 것 같은 생각이 드네. 즉 그가 눈앞에 보고 있었던 것은 환각이었으나 이제 그가 실재에 접근함에 따라 더욱 진실한 존재로 눈을 돌리게 되어 더욱 명료한 시각을 갖게 되었다고 말한다면 그의 대답은 어떤 것일까? 그리고 나아가 그의 교사가 지나가는 것들을 가리키며 그것들의 이름을 대라고 한다면 그는 당황해 하지 않을 것인가? 그는 그가 앞서 본 그림자들이 그가 지금 보고 있는 물건들보다도 진실한 것이라고 망상할 것이 아니겠는가?"

플라톤, 『국가론(國家論)』, 이병길 옮김, 박영사, 1996, 288-289쪽.

1. 장자의 호접지몽(胡蝶之夢) 우화에서, 현실과 꿈의 경계는 무색해지고, '물(物)'과 '아(我)'는 합일의 경지에 이른다. 이는 플라톤의 동굴 우화와 기이하게 맞닿아 있다. 이에 대해 함께 이야기해보자.

2. 영화 〈블레이드 러너〉(1982), 〈마이너리티 리포트〉(2002), 〈미스터 노바디〉(2009), 〈인셉션〉(2010) 등을 감상한 뒤, 영화에 나타나는 복제된 현실과 복제의 복제를 거듭하는 가상현실에 대해 생각해보자.

2. 디즈니랜드, 낡은 상상의 세계

이데아라는 선(善)의 최종 경지, 참된 현실에 다가가 '나'라는 존재를 알기 위해서는 동굴이라는 감옥, '매트릭스'로부터 탈출해야 한다. 플라톤 이래 수많은 철학자들이 이 문제에 대해 고민해 왔다. 동굴 속에서는 현상이나 사건이 복제의 형태로 그려진다. 그 현상 및 사건이 원래의 형태보다 복제된 상태에서 더 중요해 보이면, 원래의 것은 복제를 닮아가고, 복제의 복제를 되풀이하는 매트릭스가 되어버린다.

앞서 이야기한 바, 고전적 형이상학에 의하면, 세계는 세 가지 형태로 이루어져 있다. 원형인 이데아, 복제물인 현실, 복제의 복제물인 시뮬라크르가 그것이다. 그리고 장 보드리야르는 '시뮬라시옹'이라는 개념을 통해 원본보다 더 실제에 가까운 복제에 대해 이야기한다. 오늘날 우리는 실재하지 않는 대상을 실재하는 양 모사한 이미지의 세상, 즉 파생실재의 세계를 살고 있다. 대상과 표상, 기의와 기표, 본질과 외관, 원형과 복사물을 구별하는 일은 이미 불가능해졌다. 여기서는 원본 없이 복제된 이미지, 유아적이고도 낡은 상상의 세계로서의 디즈니랜드에 대한 이야기를 들어보도록 하자.

디즈니랜드는 모든 종류의 얽히고 설킨 시뮬라크르들의 완벽한 모델이다. 우선 환상과 공상의 유희이다 : 해적, 국경선, 미래 세계 등에서 보이듯이 사람들은 이 상상 세계가 성공적인 작전을 수행한 것으로 간주한다. 그러나 군중들을 끄는 것은 틀림없이 상상보다는 훨씬 더 이곳이 사회의 축소판이라는 사실이다. (중략)

따라서 디즈니랜드 곳곳에는 개인들과 군중의 얼굴 형태에 이르기까지 미국의 객관적인 프로필이 그려진다. 여기서는 모든 가치들이 축소된 세밀삽화와 만화에 의해 높이 치켜세워진다. 이 가치들은 방부 처리되고 잠잠하게 되어 있다. 그 때문에 디즈니랜드의 이념적인 분석이 가능하다(루이 마렝이 이를 『공상적인 것, 공간의 유희』에서 아주 잘 분석하였다). 미국 생활 방식의 개요, 미국 가치의 칭송사, 모순적인 현실의 이상화된 옮기기라고 분석하면 확실히 맞는 말이다. 그러나 이것은 다른 것을 숨기고 있다. 그리고 이 '이념적인' 경위는 세 번째 질서의 시뮬라시옹에 대한 은폐물로 사용된다. 디즈니랜드는 '실제의' 나라, '실제의' 미국 전체가 디즈니랜드라는 사실을 감추기 위하여 거기 있다(마치 감옥이 사회 전체가 그 평범한 어디서고 감방이라는 사실을 감추기 위하여 거기 있는 것과 약간은 유사하게). 디즈니랜드는 다른 세상을 사실이라고 믿게 하기 위하여 상상적 세계로 제시된다. 그런데 사실은 그를 감싸고 있는 로스앤젤레스 전체와 미국도 더 이상 실재가 아니고 파생실재와 시뮬라시옹 질서에 속한다. 더 이상 사실성의 거짓 재현 문제(이데올로기)가 아니고, 실재가 더 이상 실재가 아니라는 사실을 숨기고, 따라서 사실성의 원칙을 구하기 위한 문제이다.

디즈니랜드의 상상 세계는 참도 거짓도 아니고, 실재의 허구를 미리 역으로 재생하기 위하여 설치된 저지기계이다. 그로부터 이 상상 세계의 허약함과, 유치한 백치성이 나온다. 이 세계가 어린애 티를 내려 하는 이유는, 어른들이란 다른 곳, 즉 '실제의' 세상에 있다고 믿게 하기 위하여, 그리고 진정한 유치함이 도처에 있다는 사실을 숨기기 위함이며, 어른들의 유치성 그 자체가 그들의 실제 유치성을 환상으로 돌리기 위하여 여기서 어린애 흉내를 낸다.

게다가 디즈니랜드만이 유일한 것이 아니다. 마술 걸린 마을, 마술의 산, 해저 세계—로스앤젤레스는 이러한 종류의 상상 발전소로 둘러싸여 있는데, 이 발전소들은 비실제적인 끝없는 순환망일 따름인 신비한 도시에 실재, 즉 실재의 에너지를 공급한다. 환상적으로 펼쳐졌지만 공간도 차원도 없는 그런 마을 말이다. 발전소와 핵발전소만큼이나, 영화촬영소 만큼이나, 이 도시는 그 자신 거대한 시나리오와 끝없는 이동 촬영일 따름인데, 유아적이고 위조된 환상의 기호로 된, 교감신경계와 같은 낡은 상상 세계를 필요로 한다.

디즈니랜드, 다른 곳에서와 같이 상상을 재생하는 공간인데 여기조차 쓰레기 처리장이다. 어디서나 오늘날은 쓰레기와 꿈, 환상을 재생하여야 한다. 어린이들과 성인들의 역사적, 동화적, 전설적 상상 세계는 쓰레기, 즉 파생실재적 문명의 가장 일차적인 커다란 독소적 배설물이다. 디즈니랜드는 정신적인 면에서 이 새로운 기능의 전형이다. 그러나 캘리포니아에 우글거리는 성적, 심리적, 신체적인 모든 설비들도 이와 똑같은 계열이다. 사람들은 더 이상 서로 마주보지 않지만 그를 위한 설비가 있다. 그들은 서로 몸을 닿지 않지만 그를 위한 접촉치료 요법이 있다. 그들은 더 이상 걷지 않지만 조깅을 한다. 도처에서 사람들은 상실한 기능들 또는 잃어버린 신체, 잃어버린 사회성, 잃어버린 입맛을 재교육한다. 사람들은 궁핍, 금욕, 사라져버린 원시적 자연성을 재개발한다 : 자연식, 건강식, 요가. 이차적이지만 마아샬 샬렝의 생각이 확인된다. 그에 따르면 결핍을 퍼뜨리는 것은 결코 자연이 아니라 시장경제이다. 바로 여기, 기세등등한 시장경제의 첨단에서 결핍/기호, 결핍/시뮬라크르가 다시 고안된다. 즉 시뮬라크르된(마르크스 이론에서의 저개발 의미도 포함한) 저개발의 결핍 행위가 환경보호주의, 에너지 위기, 자본 위기라는 핑계로, 불가사의한 문명의 승리에 최종의 불가사의한 후광을 덧붙인다. 그렇지만 아마도 전례 없는 어떤 정신적 파국, 어떤 함열과 정신적 쇠퇴가 이런 종류의 체계를 노리고 있다. 이것의 눈에 띄는 기호들은 이 이상한 비만, 아주 묘한 이론과 실천의 믿을 수 없는 공존일 것인데, 이 기호들은 사치와 하늘과 돈의 전혀 그럴 법하지 않은 동맹에, 생의 전혀 그럴 법하지 않은 사치스러운 물질화에, 그리고 전혀 발견되지 않을 것 같은 모순들에 대답한다.

장 보드리야르, 『시뮬라시옹』, 하태환 옮김, 민음사, 2001, 39-43쪽.

1. 미국에 디즈니랜드가 있다면 우리나라에는 피씨방이 있다. 우리나라에는 유독 피씨방이 많다. 집집마다 컴퓨터가 없는 것도 아닌데 그 많은 피씨방들이 운영되는 것은 컴퓨터 게임을 하는 사람들 덕일 것이다. 이 사람들은 온갖 종류의 가상현실에 몰입하면서 실재하는 게 아닌, 상상하는 세계를 살고 있다. 가상 게임이 양산한 오늘날의 온라인 문화를 파생실재와 관련하여 이야기해보자.

2. 위의 글에 의하면, 오늘날 우리가 생각하는 '잃어버린 것'은 실제로 잃은 것이 아니라 시장경제의 논리에 의해 재교육되고 재개발되는 것이다. 이를테면 우리는 실제로 건강을 잃지 않았음에도 끊임없이 건강에 대해 걱정하고, 건강을 지키기 위한 노력을 아끼지 않는다. 이를 오늘날 웰빙 문화에 빗대어 논의해보자.

3. 짝퉁, 모방된 욕망

마그리트의 〈이것은 파이프가 아니다〉는 실제대상을 전제하지 않는 이미지를 그려낸 회화 작품으로, 원본과 복제본의 관계에 대한 논란을 불러일으켰다. 이는 원본 없는 복제(발터 벤야민), 원본과의 일치가 무의미한 복제(질 들뢰즈), 원본보다 더 중요한 복제(귄터 안더스) 등등, 진실한 것과 진실하지 않은 것 사이의 모순적 정황에 대한 논의로 반복의 반복을 거듭하고 있다.

모방에 대한 인간의 욕망은 예술뿐만 아니라 과학기술의 발전에 지대한 공을 세웠다. 인간 복제의 가능성은 신이나 자연만이 보여줄 수 있는 원형을 그대로 모방하고 싶어 하는 욕망의 한 표현이라 할 수 있다. 한때 대한민국을 들썩이게 했던 황우석 사태 역시 신이나 자연의 영역에 대한 모방 욕망을 보여주는 한 단면이라 할 수 있다.

흥미롭게도 진중권은 우리 국민이 아직도 황우석에 대한 미련을 버리지 못하는 까닭을 '짝퉁' 논리로 설명한다. 황우석 사건이 '선물 받은 명품이 짝퉁이라고 믿고 싶지 않은 대중의 심리'를 보여주며, 과학기술의 선진국으로 도약하고 싶은 욕망이 만들어낸 거대한 허구라는 것이다.

이미 원본과 복제를 구별하는 일은 무의미해졌으며, 원본이 복제에 대한 우위를 잃은 지 오래다. 뿐만 아니라, 복제는 복제를 거듭하면서 원본의 자리를 꿰차기도 하고, 원본과 전혀 상관없어지기도 하며, 원본을 뛰어넘어 고유의 선로를 마련하기도 한다. 이와 관련하여 아래의 글은 진짜처럼 보이고 진짜와 무관하며 진짜를 능가하는 가짜에 대한 이야기다. 저자에 의하면, 짝퉁이 만연한 대한민국의 분위기는 생산의 관념이 물질에 고착되었음을 반증하며 명품에 대한 대중의 욕망이 허구적으로 실현된 것이다.

채플린 흉내 내기 대회에 채플린 본인이 참가하여 4등을 했다는 얘기가 있다. 그러니까 원본보다 더 원본 같은 짝퉁이 위로 세 명이나 있었다는 얘기. 이걸 보면 짝퉁에도 단계가 있는 것 같다. 처음에 짝퉁은 허겁지겁 원본을 따라간다. 하지만 흉내 내기가 일정한 수준에 달하면, 그때 복제가 원본을 능가하여 짝퉁은 원본보다 더 원본처럼 보이게 된다. 아마도 대한민국 짝퉁 가수들의 꿈도 원본보다 더 원본 같은 짝퉁이 되는 것이리라.

하지만 다른 길이 있지 않을까? 예를 들어 짝퉁 너훈아가 원본 나훈아의 노래를 따라 부르는 수준을 넘어, 아예 나훈아 스타일의 신곡을 만들어 발표하는 것이다. 잘만 하면 나훈아보다 더 나훈아다운 노래가 나올 수도 있다. 이때 짝퉁 너훈아는 원본 나훈아의 궤적에서 벗어나 제 자신의 삶의 궤도를 따라 달리게 된다. 이렇게 복제가 원본에서 독립하여 제 길을 가는 것. 이것이 바로 모방적 짝퉁이 아닌 '창조적' 짝퉁의 길이다. 대한민국의 짝퉁들이여, 분발하시라. (중략)

짝퉁은 처음에는 원본을 그대로 베끼려 한다. 짝퉁의 조악한 질은 명품의 명성을 떨어뜨린다. 반면 짝퉁의 품질은 날로 발전하고, 그러다가 결국 원본에서 독립하여 제 삶을 살게 된다. 얼마 전 한 영세업자가 어느 도매상의 주문을 받아 전문가도 가려내기 힘든 A급 짝퉁 가방을 만들다가 적발된 적이 있다. 하지만 '가방 도매상 장모(26, 구속) 씨가 그에게 똑같이 만들어달라고 샘플로 두고 간 명품 가방도 알고 보니 짝퉁이었다.'(〈국민일보〉, 2006/09/15) 복제가 '자신의 순수한 시뮬라크르'가 된 셈이다.

이런 상황은 어떨까? 한국의 시장에 자기 회사 제품의 짝퉁이 나돈다는 말을 듣고, 외국 브랜드에서 조사를 나왔다. 그런데 시장에서 발견한 짝퉁에 분명히 자기들 상표가 붙어 있는데, 디자인은 자기들 것이 아니다. 짝퉁이 아예 새로운 디자인까지 하고 나선 것이다. 그런데 그 디자인이 꽤 괜찮다. 그래서 그 디자인을 가져다 베끼거나 아니면 참고만 하여 정식 제품을 만든다. 얼마든지 있을 수 있는 일이 아닐까? 이 경우 원본이 복제를 베낀 셈이 된다. 이건 어디서 들은 얘기인데, 확인할 수 없어 그냥 가정으로 남겨둔다.

최근에 짝퉁의 발전에서 획기적인 사건이 발생했다. '100년 동안 유럽 왕실에만 한정 판매'됐다는 명품 시계 '빈센트 앤 코(Vincent & Co)'. 하지만 유럽에 그런 브랜드는 물론 존재하지 않는다. '빈센트 앤 코'는 분명히 짝퉁이지만 원본 없는 복제, 즉 순수한 시뮬라크르다. 이렇게 복제는 실재의 부재를 감춘다. 어처구니없지만 철학적으론 매우 수준 높은 사건이다. 한국의 짝퉁 문화는 원본을 어설프게 베끼는 전근대(premodern), 원본과 똑같은 짝퉁을 만드는 근대적(modern) 수준을 벗어나 마침내 원본 없는 복제의 포스트모던한(postmodern) 단계로 접어들었다. (중략)

앞에서 A급 짝퉁을 만들다가 적발된 제조업자는 "내가 만든 9000원짜리 짝퉁과 수백만 원짜리 명품은 품질 차이가 거의 없는데 명품은 왜 그리 비싼지 이해할 수가 없다."고 말했다. '품질'의 차이가 없다는 그의 말은 맞을지도 모르겠다. 하지만 명품에서 정작 중요한 것은 눈에 보이지 않는 '브랜드'의 가치다. 명품과 품질의 차이가 '거의' 없는 게 아니라 '전혀' 없게 만들 경우라 해도 짝퉁은 짝퉁일 뿐이다. (중략)

한국의 발달한 짝퉁 제조 기술은 바로 후진국형 '물자의 생산'에서 선진국형 '브랜드 생산'으로 넘어가고 싶은 염원의 허구적 실현이다. 한국에서 짝퉁 소비가 만연한 것은 하류층의 '재화의 소비'에서 상류층의 '기호의 소비'로 넘어가고픈 염원의 허구적 실현이다. 짝통의 소비만이 아니라 실은 명품의 소비도 허구적이다. 대중들이 경제적 무리를 해가며 사는 명품은 그들의 실질적 경제력을 정직하게 반영하지 않기 때문이다. 대한민국에서 기호의 생산과 소비는 모두 허구적이다.

진중권, 『호모 코레아니쿠스』, 웅진지식하우스, 2010, 237-243쪽.

1. 창작 및 학술 분야에 있어서 복제의 문제는 짝퉁이라는 말로 치부할 수도 없을 만큼 민감한 사안이다. 이를 지적 소유권, 저작권 등의 법적인 문제 및 표절 등의 윤리적인 문제와 연결시켜 논의해보자.

2. 아날로그 시대는 원본과 복제물의 차이를 쉽게 알아낼 수 있었으나, 디지털 시대에는 그 차이가 사라져버렸다. 디지털 시대의 지적 소유권을 보호하기 위해 어떻게 해야 할지 함께 생각해보자.

3. 마샬 맥루언은 주화가 지폐로, 화폐가 카드로 변환되는 과정에서 상업적 교환이 정보의 교환으로 변화한다고 주장한 바 있다. 그에 의하면 오늘날의 가격시스템과 신용카드의 사용은 세상이 극단적으로 추상화되었음을 증명한다. 같은 논지에서, 윗글의 저자는 우리가 추상화된 경제 논리에 의해 기호라는 가상의 재화를 소비하고 있다고 한다. 우리가 일상생활에서 행하고 있는 허구적 소비에 대해 생각해보자.

4장

폭력과 정의

공동체의 대의를 위해 치러야 하는 사적인 희생은 불가피한 것일까? 보다 큰 악과 보다 작은 악이 과연 있을 수 있을까? 나쁜 폭력과 좋은 폭력은 어떤 기준에 따른 것일까? 폭력의 원인과 주체, 행위와 결과에 대해 우리는 섣불리 판단을 내릴 수 없다. 설사 가치 판단의 기준이 있다고 인정한다 할지라도, 보다 큰 악을 제압하는 좋은 폭력의 한계가 어디까지인지 우리는 망설일 수밖에 없다.

1. 희생제의, 희생위기

고대 중국에서는 천지신명이나 종묘에 제사를 지낼 때 제물로 바치던 소를 희생(犧牲)이라 불렀다. 이어 은나라 탕왕의 일화는 오늘날 우리가 사용하는 희생이라는 말의 뜻을 굳힌다. 5년에 걸친 가뭄이 들자 탕왕은 스스로 머리를 깎고 사지를 묶은 뒤 제단 위에 올라, 희생물이 되어 기우제를 지냈다. 희생양(犧牲羊)이라는 용어의 기원은 고대 이스라엘에 있다. 이스라엘인들은 욤 키푸르(속죄절)에 희생양을 골라 자신들의 죄를 짊어지게 하고 사막으로 추방했다고 한다. 이렇게 제의적인 형태로 나타나는 희생은 한 사회의 안녕과 번영을 비는 의식으로서 죽인 동물의 영혼을 신에게 바친다는 뜻과, 그 영혼을 매개로 하여 인간의 기원을 신에게 전달한다는 뜻으로 쓰인다. 문제는 이와 같이 성스러운 희생이 인간의 생리학적인 폭력을 집단적으로 재현하는 문화라는 점이다. 빅터 터너는 희생제의가 내적 갈등, 숨은 원한, 경쟁심 등 집단 안의 상호적인 공격 의사에 근거하여 행하는 집단 전이의 형태로 나타난다고 일갈한 바 있다.

르네 지라르에 의하면, 인간에게 내재하는 폭력 욕망은 한 사회와 문화에 깃든 성스러움의 모델에 의해 끊임없이 재현된다. 최초의 폭력은 보복적 폭력을 부르고, 일종의 '모방 욕망'에서 비롯되는 폭력은 꼬리의 꼬리를 물고 진행된다. 지라르는 이와 같이 폭력이 폭력을 모방하는 상태를 '희생위기'라 부른다. 악순환의 고리를 끊는 것은 실질적이고 결정적이며 합법적인 폭력, 즉 '좋은 폭력'이다. 좋은 폭력으로 인해 발생하는 희생은 '나쁜 폭력'을 제어하고 집단적인 공포를 정화시켜 사회의 질서와 평화를 기하는 일이기에 불가피하다. 제의의 핵심은 다소의 좋은 폭력으로 나쁜 폭력을 막아 상호적이며 연쇄적인 폭력사태를 제어하고 그것이 재발하지 않도록 경고하는 기능에 있다. 이를테면, 오늘날 재판이라는 제도는 합리적으로 순화된 폭력을 주관하는 제의이며, 희생위기의 치유책이자 예방책이라 할 수 있다.

아래의 지문은 희생위기의 문제를 윤리적 관점에서 알기 쉽게 서술한 글이다. 저자는 공리, 정의, 질서를 기준으로 폭력의 정당성과 이에 대한 비폭력주의적 반론을 제시한다. 아울러 비폭력주의가 보여주는 도덕적 이상과 현실적 한계에 대해서도 지적한다.

폭력은 도덕적으로 잘못 사용된 힘이라고 할 정도로, '폭력'이란 말 자체가 부정적 의미를 가지고 있다. '사람은 이성(理性)을 잃을 때 폭력을 쓴다'는 말도 있다. 도덕적 질서를 무시하고 윤리적 방법을 포기하는 사람은 폭력에 의존하게 된다는 뜻이다. 사람이 짐승처럼 되는 것을 말하지만, 짐승들이 폭력을 쓴다고 하지는 않는 것 같다. 도덕적 행위자인 인간이 도덕적 이상을 버리고 힘에 의존하게 될 때 '폭력'이라는 말을 쓰게 된다.

폭력을 쓰지 않는 것이 윤리적으로 바람직한 것은 더 말할 필요가 없다. 그러나 현실적인 인간 사회는 폭력을 필요로 할 때가 있다는 주장도 가능하다. 폭력 자체는 나쁜 것이지만 하나의 수단으로써 이용될 때 그것의 목적이 그것을 정당화해 줄 수 있다는 것이다. 예컨대, 학교에서 교육의 목적으로 체벌을 하는 것은 일종의 폭력이지만 교육의 수단으로서 정당화될 수 있다는 주장을 할 수 있다. 그와 비슷한 경우이지만, 국가사회의 치안을 유지하기 위한 경찰의 폭력 사용도 윤리적으로 정당화될 수도 있다는 것이다. 그리고 사회적인 변화를 요구하는 시위가 폭력화하는 것도 상황적 특수성을 고려하면 정당화될 수도 있다는 것이다.

어떤 상황에서, 어떤 조건 아래에 폭력이 정당화될 수 있을까? 적어도 우리는 그것이 강한 정당화여야 한다는 데 합의할 수는 있을 것이다. 폭력 자체가 나쁜 것이므로 그것을 수단으로 사용하고자 할 때는 공리, 정의, 질서의 기준들 모두에 의거한 지지를 받아야 할 것이라는 조건을 받아들여야 할 것이다. (중략)

공리적으로 볼 때 폭력은 고통스러운 것, 신체적 또는 정신적 피해를 주는 것이므로 언제나 역가치로 계산될 수밖에 없다. 그런데 우리 인간은 그런 역가치를 치르지 않고도 꼭 같은 교육적 효과나 다른 결과를 가져올 수 있는 방법을 생각해낼 능력을 가진 존재이다. 이것은 인간의 도덕적 창의성을 뜻하는 것이며, 그런 능력 때문에 우리 인간사회는 폭력을 적게 쓰거나 전혀 쓰지 않아도 되는 쪽으로 점진적 발전을 해가고 있다. 따라서 폭력의 사용을 주장한다는 것은 윤리적 현실주의의 구실일 뿐이다.

정의론적으로 볼 때 폭력을 사용하는 강자와 폭력의 피해를 받는 약자의 구별이 생긴다는 것은 불공정한 차별현상이 나타나게 되는 것을 말한다. 지배하는 강자와 지배당하는 약자의 관계가 힘에 의해서 결정된다는 것은 불공정한 일이기 때문이다. 그리고 그러한 차별 관계가 지속될 때 그것은 결국 힘에 의한 불공정 상태를 불가피하게 할 것이다. 그러므로 폭력을 사용하는 사람은 이미 불공정과 불공평이라는 정의의 문제를 제기하는 원인이 되어버린 것이다. 폭력의 사용은 어떤 것이든 '힘이 곧 정의이다'라는 말로 정당화하지 않을 수 없으며, 이것은 평등주의적 정의론에 대한 명백한 부정을 뜻하는 것이다.

질서론적으로 볼 때 폭력에 의한 질서 유지는 구조적 질서와 기능적 질서를 마비시키고 모든 것이 그 폭력에 의존하도록 하는 획일적 질서를 만들어낸다. 그런데 이러한 폭력적 질서는 경직화됨으로써 상황적 변화에 적응할 수 없게 되어 결국은 또 하나의 폭력에 의해 대치되고 마는 것이다. 폭력은 폭력의 악순환을 낳게 된다는 뜻이다. (중략) 이상과 같은 비폭력주의의 반론은 폭력이 강하게 지배하는 현실일수록 설득력이 있는 것 같다. 그러나 비폭력주의의 현실적 한계성이 지적될 수 있다면 거기서 다시 어떤 폭력의 사용에 대한 정당화의 논쟁이 시작될 수가 있을 것이다.

소흥렬, 『윤리와 사고』, 이화여자대학교 출판부, 1989, 285-288쪽.

1. 고대 그리스의 디오니소스 제사, 중세의 카니발 등 과거의 제의에 대해 조사해보자. 제의 속에 담긴 희생이 무엇인지 생각해보고, 사회가 희생제의를 통해 희생위기를 극복하는 방법에 대해 이야기해보자.

2. 크리스마스, 발렌타인데이 등등 기념일들과 각종 축제들에 담긴 신성성의 기원에 대해 조사해보고, 희생제의와 비교해보자.

3. 폭력도 성스러운 것이 될 수 있다는 희생제의의 논리에 대해 긍정하는지 부정하는지 이야기해보자.

2. 보다 큰 악, 보다 작은 악

알베르 카뮈의 『이방인』의 주인공은 자신을 위협하는 아랍인을 총으로 쏘아 죽인 뒤 사형을 선고받는다. 같은 작가의 『의로운 사람들』에는 무고한 사람들에게 피해를 주지 않으려 하는 테러리스트가 등장한다. 그렇게 작가는 폭력과 그 폭력에 대한 흠결 없는 윤리의식에 대해 문제를 제기한다. 여기서는 테러리즘에 대해 문학적으로 성찰한 글을 읽고 폭력을 둘러싼 도덕적 딜레마에 대해 성찰해보도록 하자.

우선 다음과 같은 테러리스트를 머릿속에 그려 보자. 그는 어느 혁명집단에 속해 있는 열성분자인데, 그 집단은 오래 전부터 추구해 온 혁명 과업의 성취를 위한 한 단계로서 어떤 인물의 살해를 기도한다. 이 목적을 위해서 그는 대상인물에게 폭탄을 던질 것을 자원해 나서고 길모퉁이에서 그 인물이 타고 올 마차를 기다린다. 그러나 마차가 지나가는 바로 그 순간에 그는 폭탄 투척을 단념하고 만다. 그렇다면 이 갑작스런 단념의 이유가 무엇인가? 그것은 자기가 죽여야 할 표적물의 바로 곁에 천진스런 두 어린아이들을 보았기 때문이다. 다시 말하면 아무런 죄도 없는 그 어린 것들이 테러리즘의 부당한 희생물이 되는, 거의 필연적인 결과를 스스로 빚어 낼 수가 없었기 때문이다. 그래서 그의 팔은 축 늘어지고 다리가 떨리기 시작한다. 이러한 예기치 못했던 육체의 떨림과 무너짐은 단순한 감상의 소산이 아니라, 애초부터 그의 마음속에 깊이 뿌리 박혀 있는 어떤 윤리관의 표현이다. (중략) 테러리스트는 다름 아니라 알베르 카뮈가 『의로운 사람들 *Les Justes*』에서 형상화해 놓은 칼랴예프의 모습이다.

이와 아울러 또 하나의 인물을 상상해 보자. 그는 기독교의 윤리를 충실히 지켜 온 전투폭격대원인데, 방금 핵폭탄을 사용해서 적의 한 도시를 파괴하라는 명령을 받은 처지에 있다. 그러자 그는 양립될 수 없는 두 가지 느낌에 시달리게 된다. 그는 정의와 민주주의라는 대의를 위해서 자진해서 전쟁에 참가했으며, 이 전쟁을 최단 시일 내에 끝내기 위해서는 핵폭탄의 투하는 불가피한 것으로 여긴다. 그러나 다른 한편으로는 그의 괴로움은 이루 말할 수 없이 크다. 왜냐하면 그 폭격은 필연적으로 수십만 명의 무고한 비전투원들에게 죽음을 가져올 터인데, 이런 사태의 직접적 원인이 될 그의 행위는 분명히 자신의 기독교적인 윤리와 상치되는 것이기 때문이다. 그것은 선악의 판단을 쉽게 내릴 수 없는 도덕적 딜레마의 한 대표적 경우이다. 지침이 될 만한 아무런 객관적 규범이 없는 이 판국에서 그는 전적으로 자신의 양심에 따라 그리고 자신의 책임으로 행위를 선택하고 그 결과에 대해서 역시 스스로 책임을 질 수 밖에 없는 처지에 몰린 것이다. 결국 그는 더없는 마음의 아픔을 느끼면서 대량 학살의 명령을 따르기로 결심한다. 핵폭탄의 투하가 아마도 전쟁을 조속히 종결시키고 더 엄청난 살상을 예방할 '보다 작은 악'이라고 스스로 타이르면서.

이 두 인물을 아울러 고려할 때 우리는 윤리적 관점에서 본 폭력의 미묘하고, 또 어떤 의미에서는 기본적인 문제들에 마주치게 된다. 그러나 진실한 문제는 행위를 단념한 테러리스트의 도덕적 순결주의와 괴로움에 싸인 폭격수의 정치적 리얼리즘 중의 어느 쪽을 더 마땅한 것으로 판정하는 데 있는 것은 아니다. 왜냐하면 그 두 가지 태도는 동시에 정당하기도 하고 또 정당화될 수 없는 것이기도 하기 때문이다. (중략)

허다한 경우에, 행동한다는 것은 위험하게 그리고 괴롭게 행동하는 것이다. 우리의 행동의 의미와 결과가 우리의 의도를 벗어나고 배반할지도 모른다는 것을 알면서 행동하는 것이다. 이러한 의도의 결과의 상치는 정의의 이름 아래서 행사되는 폭력의 경우에는 특히 그 정도가 극대화될 수 있다. 사용한 수단이 목적과 부합하지 않을 뿐 아니라 목적 자체를 변질시키는 일이 많다는 것을 생각할 때, 목적이 수단을 정당화시킨다고 하면서 폭력의 행사를 옹호한다는 것은 참으로 안이한 논법이다. 그 반면에 개인적이건 집단적이건 또는 국가적이건 간에 모든 차원에서 폭력에 의지할 수밖에 없고 또 의지하는 것이 옳다고 생각하는 사람들이 너무나 많은 현실을 고려할 때, 목적이 결코 수단을 정당화시키지 않는다고만 되풀이하는 것은 실효 없는 소박한 태도에 지나지 않는다. 그렇다면 폭력의 정당성과 부당성, 가피성(可避性)과 불가피성은 근본적으로 해결될 수 없는 문제일까?

정명환, 「폭력과 윤리-문제제기를 위한 몇 마디 말」,
『문학을 찾아서』, 민음사, 1994, 403-406쪽.

1. 사형 제도를 포함하여 공권력이 개인에게 행사하는 폭력이 정당한지 생각해보자.

2. 보다 큰 악을 막기 위해 보다 작은 악을 행사해야 한다는 논리에 허점은 없는지 생각해보자.

3. 알베르 카뮈의 『이방인』을 읽고, 주인공이 행한 폭력과 주인공에게 가해진 폭력에 대해 이야기해보자.

3. 좋은 폭력, 나쁜 폭력

영화 〈상계동 올림픽〉(1988), 〈해바라기〉(2006), 〈똥파리〉(2008) 등은 철거지역에 살고 있는 소외된 자들의 애환과 좌절을 그린 영화이다. 공적인 폭력 사태에 대해 가해자와 피해자를 나누고 잘잘못을 가리는 일은 매우 민감한 사안이다. 특히 크고 작은 이권을 두고 벌이는 갈등 및 알력 다툼에서 누가 혹은 무엇이 더 옳고 더 그른지를 가늠하기는 어렵다.

영화 〈아저씨〉(2010)에서 한 소녀가 '나쁜 사람들'에 의해 납치당한다. 경찰의 수사가 미적지근하자 주인공인 '착한 아저씨'는 소녀를 구하기 위해 납치범들을 추적하여 처치한다. 이 영화는 나쁜 폭력을 응징하는 착한 폭력을 옹호한다. 그리고 개인적 복수의 논리와 공적인 응징의 메커니즘을 잘 버무려 우리로 하여금 폭력에 가치를 매기게끔 한다. 과연, 폭력이라는 행위에 대해 더 좋고 더 나쁘다는 가치 판단을 내릴 수 있을까? 설사 가치 판단의 기준을 인정한다 할지라도, 좋은 폭력의 한계가 어디까지인지 우리는 망설일 수밖에 없다. 이 문제들에 대해 생각하면서 다음 글을 읽어보자.

> '감시자들을 누가 감시할 것인가(Who watches the watchmen?)'라는 질문은, '폭력을 어떻게 제거할 것인가(혹은, 고양이 목에 누가 방울을 달 것인가)'라는 질문과 동일한 구조를 가지면서, 그 질문에 대해 정확히 거꾸로 선 거울상의 모습으로 제기되는 물음, 동시에 대항폭력이 지닌 아포리아를 가장 극명하게 드러내는 물음이 된다(그러나 감시자를 만든 것은, 고양이를 창조한 것은 누구인가, 혹은, 고양이보다는 쥐의 목에 방울을 달기가 오히려 더 어려워진 세상이 아닌가). (중략)
>
> 클린트 이스트우드(Clint Eastwood) 감독의 영화 〈그랜 토리노(Gran Torino)〉는 이러한 탈출과 탈구의 주제와 관련하여 하나의 흥미로운 물음을 던진다. 이 영화가 가장 기본적으로 제기하는 것은 먼저 폭력에 '어떻게' 대항할 것인가 하는 물음이 되고 있다. 주인공의 선택은 비폭력도 아니고 일반적인 의미에서의 대항폭력도 아니다. 그는 가장 극명하고 단순한 폭력을 '단지' 유발하기만 함으로써 그 자신의 죽음을 무릅쓰고 불러낸 이 '불의의' 폭력을 합법적 폭력과 적법한 형벌의 지배 아래로 돌려놓는다. 〈그랜 토리노〉의 주인

공이 어떤 '건강한' 보수성을 대표한다고 한다면, 그것은 바로 이러한 독특한 '희생'의 논리와 그에 기초한 '법치'에 대한 믿음으로부터 기인하는 것이다(이러한 지극히 '기본적인' 믿음이 죽음과 희생을 통해 가장 '순수하고 직접적으로' 드러나고 증명된다는 이 영화적 사실은 그 자체로 지극히 역설적이지 않은가, 합법적 폭력의 이상성은 그 자체로 '피'를 요구하고 있는 것이므로). (중략) 이러한 '적법성'의 복수, '합법성'의 눈먼 틈새를 적극 차용하고 활용하는 피의 복수가 일견 감동적이고 통쾌하면서도 그 희생의 '영속성'과 그 윤리의 '정치성'에 대해서는 의문의 여지가 남는 이유이다. 그러면서도 또한 이 영화는 은연중에 가장 확실하게 말하고 있는 건지도 모른다, 법치라는 것이 '언제' 그리고 '어떻게' 작동하게 되는지를. 왜 모든 영화에서 경찰은 언제나 그렇게 뒤늦게, 언제나 그렇게 모든 상황이 정리되고 난 후 가장 나중에 등장하게 되는가? 이러한 등장의 지연에는 어떤 특정한 '기호학'이, 어떤 특수한 '미학-정치학'이 있지 않은가? 그러므로 이러한 지연은 단순히 주인공의 모든 '영웅적' 행동들의 효과와 결과가 드러나고 실현되기를 '친절히' 기다려주는 영화미학적인 배려의 장치인 것만은 아니다. 폭력의 경제 안에서 '법치' 혹은 '치안'이 갖는 징후적 성격은 이러한 '늑장 출동' 혹은 '지연된 최종적 마무리' 안에서 가장 극명하게 드러나고 진단되고 있기도 한 것이다(이러한 영화적 상투성(cliché)을 가장한 법치에 대한 '무의식적' 믿음과 문법은 또한 우리들이 법치 일반에 대해 가장 '나이브하게' 품고 있는 뿌리 깊은 불만과 불안을 역시가 가장 '나이브하게' 드러내주고 있지 않은가). 〈그랜 토리노〉의 '복수'가 성공할 수 있었던 것은 역설적이게도 바로 이러한 지연과 그에 대한 자연스러운 불안의 감정, 곧 법치에 대한 일종의 '뒤틀린' 믿음 그 자체 때문이었던 것. (중략)

이러한 폭력의 독점이라는 문제는 필히 그 정당성의 문제와 결부되어 있지만, 동시에 그 정당성의 '신비한 토대'는 망각되고 은폐되어야 한다는 어떤 '무의식적 당위' 자체가 역설적으로 이러한 독점적 체제의 근본적 기제를 이루고 있는 것이다. 최근 우리는 국가폭력, 곧 이러한 '국유화'된 폭력의 형태가 과연 '정당한' 것인가 하는 근본적인 질문을 던져야 하는 상황에 그 어느 때보다도 더욱 자주 노출되고 있다(촛불집회가 그랬고, 용산참사가 그랬으며, 미네르바의 구속이 그러했고, 또한 이길준 의경의 재판이 그러했다). 정당성에 대한 결정은 무엇보다 사후적으로(nachträglich) 온다. 하지만 이러한 사후성 자체를 거세하는 것, 사후적인 것을 오직 사전적인 것으로 치환하고 규정짓는 행위 속에 바로 독점적 폭력의 '심리적 기제'가 존재한다(그러므로 현실의 치안과 경찰은, 영화의 그것과는 정확히 반대되는 의미와 모습으로, 너무나 빨리, 너무나 신속하게, 그리고 너무나 잔혹하게 출현한다). 법치를 '사전적(事前的)'이다 못해 '사전적(辭典的)'으로까지 만드는 것은 이러한 '폭력적' 법치의 절대화다. 여기서 법은 지극히 '도착적'인 방식으로 스스로를 일종의 정언적 체계로 만든다. 사전(辭典)과 정전(正典, canon)으로서의 법치는 '총파업'과 '가두시위'라는 정치적인 전복의 요소들을 사전에 '불법화'함으로써 이를 철저히, 곧 '원천적'이고 '기원적'으로 차단한다.

최정우, 「폭력의 이데올로기 비판을 위하여」, 『사유의 악보 — 이론의 교배와 창궐을 위한 불협화음의 비평들』, 자음과모음, 2011, 32-37쪽.

1. 2001년 발발한 911 테러 및 아프가니스탄 전쟁에 대해 조사하고, 폭력 사태를 억제하기 위해 도입된 또 다른 폭력의 정당성에 대하여 논의해보자.

2. 4.19 의거, 5.18 광주민주화운동, 6월 항쟁 등 우리 근대사에 있었던 해방투쟁 및 혁명에 대해 조사해보자. 대의를 위해 시작된 집단적 시위가 불가피한 것인지, 또한 이를 제압하기 위해 동원된 공적인 폭력이 정당한 것인지 이야기해보자.

5장 환경위기와 생태론

환경파괴와 생태위기는 문명의 발전 과정에서 필연적으로 나타날 수밖에 없었던 사회문제다. 그래서 이미 오래전부터 많은 사회운동가들과 환경관련 학자들은 이 문제가 지닌 심각성에 대해 끊임없이 경고해 왔다. 그 중에서도 머레이 북친은 오늘날의 환경문제를 사회 생태론의 관점에서 접근하여 문제의 원인을 진단하고 대안을 제시해 온 인물이다. 그는 현실의 환경 위기를 초래한 사회적 원인을 경쟁적 시장 이데올로기에서 찾고 있다.

1. 환경위기에 대한 경고

오늘날의 환경운동을 촉발한 대표적 저작으로 레이첼 카슨의 『침묵의 봄』을 꼽는 것에 대부분의 사람들이 동의한다. 이 책이 발간된 이후 수많은 환경운동단체가 생겨났고 이에 대한 본격적인 움직임들도 구체화되었기 때문이다. 1962년 이 책이 처음 독자들에게 선보인 이래 미국 사회의 반향은 실로 놀라웠다. 1969년 '국가환경정책법'의 제정을 이끌어냈음은 물론이고, 당시까지 완벽한 살충제로 각광받던 DDT를 미국 사회에서 추방하는 성과도 얻어냈다. 비단 국내적 파급에만 머물지 않고 전 세계적인 환경윤리 의식의 각성에도 촉매제가 되어 1992년 '리우 선언'을 이끌어 낸 원동력이 되기도 했다. 그러나 우리는 카슨의 『침묵의 봄』과 더불어 또 한 편의 글에 주목해야 한다. 국내에는 「우리는 결국 모두 형제들이다」는 제목으로 번역되어 소개된 한 인디언 추장의 연설문이 그것이다. 1854년 당시 미국 대통령 프랭클린 피어스는 일군의 백인 대표단을 인디언 부족들에게 파견한다. 그리고 그들에게 인디언보호구역을 제공할 테니 땅을 팔라고 강압적으로 요구했다. 땅과 자연의 소중함을 몰각하고 있는 백인들에게 그 소중함을 일깨워주고 있는 이 글은 지독한 환경의 파괴, 그리고 그 후폭풍으로 인해 고통당하고 있는 오늘의 우리들에게 강렬한 메시지를 던진다. 카슨의 『침묵의 봄』과 더불어 환경위기에 대한 경종을 울리는 이 글을 읽으면서 우리의 오늘을 되짚어보도록 하자.

그대들(백인들)은 어떻게 저 하늘이나 땅의 온기를 사고 팔 수 있는가? 우리로서는 이상한 생각이다. 공기의 신선함과 반짝이는 물을 우리가 소유하고 있지도 않는데 어떻게 그것들을 팔 수 있다는 말인가? 우리에게는 이 땅의 모든 부분이 거룩하다. 빛나는 솔잎, 모래 기슭, 어두운 숲속 안개, 맑게 노래하는 온갖 벌레들, 이 모두가 우리의 기억과 경험 속에서는 신성한 것들이다. 나무속에 흐르는 수액은 우리 홍인(紅人:인디언)의 기억을 실어 나른다. 우리가 죽어서도 아름다운 땅을 결코 잊지 못하는 것은 이것이 바로 우리 홍인의 어머니이기 때문이다. 우리는 땅의 한 부분이고 땅은 우리의 한 부분이다. 향기로운 꽃은 우리의 자매이다. 사슴, 말, 큰 독수리, 이들은 우리의 형제들이다. 바위산 꼭대기, 풀의 수액, 조랑말과 인간의 체온 모두가 한 가족이다. 개울과 강을 흐르는 이 반짝이는 물은 그저 물이 아니라 우리 조상들의 피다. 우리에게 이 땅은 거룩할 뿐만 아니라, 호수의 맑은 물속에 비추인 신령스러운 모습들 하나하나가 우리네 삶의 일들과 기억들을 이야기해 주고 있다. 물결의 속삭임은 우리 아버지의 아버지가 내는 목소리이다. 강은 우리의 형제이고 우리의 갈증을 풀어준다. 카누를 날라주고 자식들을 길러준다.

그대들(백인들)의 도시의 모습은 홍인의 눈에 고통을 준다. 백인의 도시에는 조용한 곳이 없다. 봄 잎새 날리는 소리나 벌레들의 날개 부딪치는 소리를 들을 곳이 없다. 홍인이 미개하고 무지하기 때문인지도 모르지만, 도시의 소음은 귀를 모욕하는 것만 같다. 쏙독새의 외로운 울음소리나 한밤중 못가에서 들리는 개구리 소리를 들을 수가 없다면 삶에는 무엇이 남겠는가? 나는 홍인이라서 이해할 수가 없다. 인디언은 연못 위를 쏜살같이 달려가는 부드러운 바람소리와 한낮의 비에 씻긴 바람이 머금은 소나무 내음을 사랑한다. 만물이 숨결을 나누고 산다. 우리에게 공기가 소중하고, 또한 공기는 그것이 지탱해주는 온갖 생명과 영기를 나누어 갖는다. 우리의 할아버지에게 첫 숨결을 베풀어준 바람은 그의 마지막 한숨도 받아준다. 바람은 또한 우리의 아이들에게 생명의 기운을 준다.

아침 햇살 앞에서 산안개가 달아나듯이 홍인은 백인 앞에서 언제나 뒤로 물러났었지만 우리 조상들의 유골은 신성한 것이고 그들의 무덤은 거룩한 땅이다. 그러니 이 언덕, 이 나무, 이 땅덩어리는 우리에게 신성한 것이다, 백인은 우리의 방식을 이해하지 못한다는 것을 우리는 알고 있다. 백인에게는 땅의 한부분이 다른 부분과 똑같다. 그는 한밤중에 와

서는 필요한 것을 빼앗아가는 이방인이기 때문이다. 땅은 그에게는 형제가 아니라 적이며, 그것을 다 정복했을 때 그는 또 다른 곳으로 나아간다. 백인은 거리낌 없이 아버지의 무덤을 내팽개치는가 하면 아이들에게서 땅을 빼앗고도 개의치 않는다. 아버지의 무덤과 아이들의 타고난 권리는 잊혀지고 만다. 백인은 어머니인 대지와 형제인 저 하늘을 마치 양이나 목걸이처럼 사고 약탈하고 팔 수 있는 것으로 대한다. 백인의 식욕은 땅을 삼켜 버리고 오직 사막만을 남겨 놓을 것이다. 모를 일이다. 우리의 방식은 그대들과는 다르다.

우리가 우리 땅을 팔게 되더라도 그것을 잘 간수해서 백인들도 들꽃들로 향기로워진 바람을 맛볼 수 있는 신성한 곳으로 만들어야 한다. 우리는 우리 땅을 사겠다는 그대들의 제의를 고려해보겠다. 그러나 제의를 받아들일 경우 한 가지 조건이 있다. 즉 이 땅의 짐승들을 형제처럼 대해야 한다는 것이다. 나는 미개인이니 달리 생각할 길이 없다. 나는 초원에서 썩어가고 있는 수많은 물소를 본 일이 있는데, 모두 달리는 기차에서 백인들이 총으로 쏘고는 그대로 내버려둔 것들이었다. 연기를 뿜어내는 철마가 우리가 오직 생존을 위해서 죽이는 물소보다 어째서 더 중요한지를 모르는 것도 우리가 미개인이기 때문인지 모른다. 짐승들이 없는 세상에서 인간이란 무엇인가. 모든 짐승이 사라져버린다면 인간은영혼의 외로움으로 죽게 될 것이다. 짐승들에게 일어난 일은 인간들에게도 일어나게 마련이다. 만물은 서로 맺어져 있다.

시애틀 추장 연설, 「우리는 결국 모두 형제들이다」, 김종철 편,
『녹색평론 선집 l』, 녹색평론사, 2008, 23-29쪽.

1. 레이첼 카슨의 『침묵의 봄』 1장 '내일을 위한 우화'와 이 글을 비교하여 읽은 후, 두 글에 공통적으로 나타난 생태인식에 대해 이야기해 보자.

2. 최근 한국사회에 심각하게 대두된 환경위기를 실례로 들어 성장 우선의 개발 논리와 환경 보호론의 입장 차이를 정리해 보자.

3. 오늘날 '환경적으로 건전하고 지속 가능한 발전(ESSD)'을 모색하는 생태 발전론의 담론이 유효한 지에 대해 생각해보고, 이를 실현할 수 있는 구체적 방법에 대해 글을 써 보자.

2. 지배 속성의 야수성과 사회 생태학

환경파괴와 생태위기는 문명의 발전 과정에서 필연적으로 나타날 수밖에 없었던 사회문제다. 그래서 이미 오래전부터 많은 사회운동가들과 환경관련 학자들은 이 문제가 지닌 심각성에 대해 끊임없이 경고해 왔다. 그 중에서도 머레이 북친은 오늘날의 환경문제를 사회 생태론의 관점에서 접근하여 문제의 원인을 진단하고 대안을 제시해 온 인물이다. 그는 현실의 환경 위기를 초래한 사회적 원인을 경쟁적 시장 이데올로기에서 찾고 있다. 북친은 '성장하지 않으면 죽음'이라는 식의 시장 이데올로기가 인간을 비롯한 모든 생명체를 하나의 상품으로 전락시켰고, 그러한 논리의 이면에는 '지배 속성'이라는 야수성이 자리 잡고 있음을 간파했다. 그리고 지배 속성에 대한 타성이 지난 수세기 동안 이어지면서 인간에 대한 서로의 지배를 당연하게 인식하도록 만들었고, 급기야는 이를 자연으로까지 확대하면서 위기를 자초했다는 것이다. 즉 여성에 대한 남성의 지배뿐 아니라 남성이 같은 남성을 지배하기 시작하면서 인간에 의한 인간 지배가 일반화되었고, 궁극적으로는 자연에 대한 인간의 지배를 정당화하는 논리가 성립되었다는 주장이다. 따라서 생태적, 환경적으로 온전한 사회를 회복하기 위한 북친의 대안은 일차적으로 인간과 인간의 관계 회복에 놓여있음을 분명히 알아야 한다.

오늘날 우리들은 터무니없이 엄청난 규모의 생태 위기에 둘러싸여 있다. 이 위기는 외견상 지구를 무자비하게 오염시키고 착취한 결과로 등장한 것이다. 우리는 이러한 위기의 사회적 원인이 경쟁적인 시장 이데올로기에 있음을 알고 있다. 이 시장 이데올로기는 인간을 포함한 생명체들의 세계를 상업화할 수 있는 대상에 불과한 것으로 가격표를 부착한 채 이윤과 경제 팽창을 위해 팔려질 상품에 불과한 것으로 그 의미를 축소시켰다. 이러한 이데올로기는 악의에 찬 시장 격언 "성장하지 않으면 죽음이다"로 표현되어 있다. 이 격언은 무제한적인 성장을 '진보'와 동일화하였고 '자연의 지배'를 '문명'과 동일화하였다. 이러한 착취와 오염의 물결이 야기한 결과는 지구의 멸망을 예언할 만큼 음울한 것이었다. 토양, 산림, 물, 대기의 오염과 유실은 우리 종들의 역사에서 그 유래가 없었던 것이다.

역사 속의 다른 사회들과 대조해볼 때, 우리의 시장 지향적인 사회는 독특한 사회다. 이 사회는 성장과 이기주의에 전혀 한계를 설정하지 않는다. '난폭한 개인주의'가 사회 진보의 일차 동기를 제공해주고, 경쟁은 사회를 발전시키는 동력기라는 반사회적인 원칙들이 이 사회를 지배하고 있다. 이는 과거 시대와는 명료하게 대조되는 원칙들이다. 이전에 이타성은 인간적 품위의 속성으로, 협력은 사회적 덕목의 증거로 가치를 부여하였다. 우리의 시장 사회는 결과적으로 초기 사회의 가장 사악한 특성들을 가장 존경스럽고 명예로운 가치들로 만들었고 금세기에 일어난 세계 대전을 통해 그 야수성을 노출시켰다.

오늘의 생태적이고 사회적인 위기를 논의하는 학자들은 인간들이 가지고 있는 지배 속성을 소홀히 하는 경향이 있다. 지난 수세기 동안 인간들은 서로에 대한 지배를 당연한 것으로 받아들여왔고, 급기야는 이를 자연으로 확대하였다. 오늘날 인간들은 자신 이외의 것을 지배하는 데 너무나 익숙해져 있다. 나는 오늘의 세계가 자연 세계에 대해 가지고 있는 이미지를 언급한 바 있다. 자연은 '맹목적'이고 '말이 없으며' '잔인하고' '경쟁적이며' '인색하고' 자유와 자아 실현을 추구하는 '인간적 속성'과는 반대되는 악마적인 '필요 영역'으로 간주되고 있다. 이러한 이미지에서 '인간'은 자연이란 적대적 '타자성'과 대립되는 것으로 설정되어 있다. 마치 프로메테우스적인 드라마와 같은 역사 속에서 '인간'은 굴복할 줄 모르는 자연 세계에 적대적으로 도전하고 자신을 주장하는 주인공이다. 진보란 무심하고 야만적인 영역, 사르트르의 용어로 '역사의 진흙'에서 인간성을 구원해서는 이성과 문

명의 밝은 빛으로 이끌어가는 것으로 간주되었다. (중략)

합리적인 인간에 의해 길들여져야만 하는 고집스런 자연이란 가장 보편적인 이미지는 지배적인 이성, 과학, 기술의 유형으로 우리에게 주어졌다. 인간들은 위계 체계, 계급들, 국가 제도, 성별 그리고 인종 구분으로 파편화되었다. 이것은 민족주의적인 증오, 제국주의적인 모험 그리고 전세계적인 지배 철학을 촉진시켰다. 이 지배 철학은 복종과 종속을 질서와 동일시하고 있다. 생기 넘치는 인간 공동체에서 인간 개인이 의미를 갖고 장소가 의미를 갖는 사회 그리고 이러한 의미들을 부여하는 문화적 · 경제적 · 이데올로기적 · 미학적 그리고 가족적 유대들이 모두 서서히 붕괴되었다. 이 과정에서 자연에 대한 안티테제로 설정된 인간 속성은 허무주의와 반사회적인 발전으로 만들어진 공백을 중세적인 의미의 도시도 마을도 아닌 거대하고 황폐한 도시들로 채워넣었다. 이 공백은 이로부터 더 나아가 세계에서 가장 부유한 나라들의 경계를 넘어 지구적인 규모로 확대되었고, 가장 작은 촌락들의 물질 생활까지 결정하는 거대한 기업체들로 메워졌다. 궁극적으로 이 공백은 고도로 중앙 집권화된 국가 제도들과 통제 불가능한 힘을 가진 군사력으로 채워졌는데, 이 관료 조직들은 개인의 자유뿐만 아니라 종의 생존도 위협하고 있다.

머레이 북친, 「사회 생태론」, 문순홍 편, 『생태학의 담론』, 솔, 1999, 110-114쪽.

1. 북친은 시장 이데올로기와 지배 속성에 길들여진 인간들에 의해 자연의 속성이 왜곡되어 있다고 비판한다. 본문에 인용된 자연의 부정적 이미지들이 과연 그러한지에 대해 생각해 보자.

2. 북친은 오늘날의 생태적 위기를 시장 이데올로기의 경쟁적 속성에서 기인한 것으로 보았다. 이처럼 자연과 인간의 관계를 근본적으로 파괴하고 있는 자본주의의 폐해에 대해 각자의 생각을 이야기해 보자.

3. 인간에 대한 인간의 억압과 착취는 인류사에서 오랫동안 지속되어 온 사회적 문제다. 한국사회가 안고 있는 지배 속성의 폐단을 시대별 · 유형별로 진단해 보고, 이에 대한 비판적인 글을 써 보자.

3. 생태여성주의와 생태학적 대안

생태여성주의(Ecofeminism)는 1970년대 프랑스아즈 도본느가 처음 사용하기 시작한 용어로서 생태주의와 여성주의를 종합한 사상이다. 생태 여성론은 여성 해방과 자연 해방을 동시에 추구하는 사회운동으로서 여성과 자연의 본성을 동일시하고, 반면 남성과 문명의 본성과는 이질적으로 인식하는 데서 출발하고 있다. 이들은 오늘날의 생태적 위기와 여성 문제들이 억압적이고 공격적인 남성문화, 즉 지배와 복종, 정복과 착취로 점철된 남성 중심적 문화 속에서 초래된 비극임을 강조한다. 이들 남성문화는 지배욕과 소유욕을 미덕으로 과장한다. 그리고 이를 근거로 여성과 어린이에 대한 가부장적 지배의 옹호, 더 나아가 인간중심주의에 근거한 자연의 지배를 정당화하는 파괴적 속성을 야기했다. 때문에 이러한 문제의 해결을 위해 필연적으로 여성문화의 속성에 대한 이해가 선행되어야 한다. 이른바 '보살핌의 문화', '나눔의 문화'로 일컬어지는 여성문화는 연대와 협력, 포용을 중시하기 때문이다. 지배와 정복에 길들여진 사회에서는 결코 여성 해방과 자연 해방을 이루어낼 수 없다. 결국 생태여성주의에 대한 올바른 인식과 이해는 여성의 해방에만 그치지 않고 소수 민족, 이민 노동자, 전쟁난민, 어린이, 노약자, 병자, 실업자 등 사회적 약자에 대한 생명 존중으로 이어지며, 궁극적으로는 파괴되고 황폐화된 자연 환경의 회복을 위한 생태운동으로 기능하게 될 것이다.

생태여성주의는 오늘날의 생태위기가 남성 지배문화에서 비롯되었다고 본다. 남성문화는 세상을 지배와 복종, 정복과 착취의 관계로 인식한다. 자연을 정복하고 타인과 여성을 지배하고 소유하는 것이 남성다운 삶의 모습이다. 이러한 삶의 지향성은 세상을 약육강식의 치열한 경쟁터로 왜곡시킨다.

정글에서 살아남기 위해서는 공격성과 무기를 갖추지 않으면 안 된다. 마찬가지로 우리 사회의 남성은 사랑과 우정과 친절 그리고 삶의 의미보다는 생존과 외부적 성공을 중시하는 사회적 관습과 조건 속에 양육되고 길들여져서, 지배욕과 소유욕을 대단히 남성다운 미덕으로 여기는 풍조 속에 살게 되었다.

이러한 남성문화의 바탕에는 이분법적 인식체계가 자리 잡고 있다. 몸, 감정, 주관성, 사적인 생활과 자연이 한쪽에 있다면 다른 한쪽에는 마음, 이성, 객관성, 공적 생활과 문명이 있다. 앞의 것이 여성적이라면 뒤의 것은 남성적이다. 이러한 이분법적 사고에서 여성과 자연에 대한 억압은 동시에 일어난다. 몸과 자연과 여성은 하나의 연속선상에 위치하는 열등한 존재이므로 이성과 과학과 남성의 지배를 받아야 하는 차별적 존재로 인식되는 것이다. (중략)

남성 지배문화는 모든 존재를 서열의 사다리에 차례대로 배치한다. 신의 형상을 지닌 남성은 자연을 지배하고 동시에 여성과 어린이를 지배한다. 이러한 서열적 가치의 사다리는 가부장제를 옹호하며 남성에 의한 여성 지배를 정당화하였다. 또한 인간이 모든 자연 생태계를 지배하는 중심에 있다는 인간중심주의(anthropocentrism)를 정당화시켜 인간에 의한 자연 파괴를 당연시하는 결과를 낳고 있다. 그래서 서구의 생태여성주의자들은 오늘날 지구적 위기 상황을 야기한 모든 문제가 '남성 신'의 발명에서 비롯한다고 본다.

남성 신을 정점으로 하는 가치의 피라미드는 인종차별주의나 제국주의의 논리로도 사용되었다. 백인, 남성, 서구인은 여성, 흑인, 비서구인에 비해 더 합리적이고 문명을 가지고 있으며 신의 보호를 받고 있다는 믿음으로 자신들의 지배를 정당화시켰던 것이다.

그렇다면, 남성의 권력에 의해 왜곡되지 않은 여성문화의 진정한 모습은 어떠한가? 여성의 문화는 언제나 보살핌의 문화였다. 어린이, 노인, 병자, 자연과의 관계에서 여성은 언제나 상대방이 처한 개별적인 상황을 고려하는 섬세한 보살핌의 윤리를 실천해 왔다. 이와 같이 여성들의 체험은 관계성에 기초하고 있다.

여성문화는 이분법적이기보다는 다원적 사고원리에 기반하고 있으며, 정복보다는 포용, 상하수직적 관계보다는 좌우수평적인 연계의 원리를 지니고 있다. 여성들은 수용적이고 포용적이며 남들과 공유하기를 좋아하며, 무엇보다 폭력을 거부한다. 결론적으로 여성적 사고방식과 행위양식을 채택하는 것은 여성의 해방만이 아니라 인간과 인간 그리고 인간과 자연 사이의 건강한 관계를 수립하기 위함이다.

정수복, 「지배와 정복에서 나눔과 보살핌으로」,
『깨어나는 女神-에코페미니즘과 생태문명의 비전』, 정신세계사, 2000, 181-183쪽.

1. 한국사회에 생태 여성주의가 수용된 과정을 알아보고, 이를 페미니즘의 역사 속에서 검토해 보자.

2. 인용된 글에는 남성 지배문화의 폐해와 함께 이에 반하는 여성 문화의 긍정적 속성들이 소개되어 있다. 이에 대한 각자의 생각을 이야기해 보자.

3. 한국사회에서 여성은 아직도 주체로서의 정당한 대접을 받지 못하고 있다. 이를 개선하기 위한 제도적 보완책에 대해 글을 써 보자.

6장

예술과 문화

인간은 누구나 천성적으로 아름다운 것을 좋아한다. 어린 아이들은 천성적으로 예술을 감상하고 표현을 한다. 흥겨운 음악에는 경쾌한 발짓으로 서정적인 음악에는 고요한 눈짓으로 반응한다. 어른이 되어서는 일상의 지루함과 밋밋함을 벗어나기 위해 일부러 시간과 비용을 들여 미술관과 극장을 찾아다닌다. 그러한 노력은 남들에게 과시하기 위한 것이 아니다. 일상을 벗어나 작품으로부터 심미적 경험을 맛보기 위한 것이다.

1. 카뮈의 노벨상 수상 연설에 담긴 예술가의 역할

'예술'의 어원을 살펴보면 로마어로는 "ars"이고, 그리스어로는 "techne"로, 예술과 기술이 구분되지 않은 형태다. 예술과 기술이 구분되지 않듯이 장인과 예술가의 차이도 없었다. 기술과 예술의 분리는 르네상스 이후에 생겨난 것으로, 예술가들이 장인들의 육체노동으로부터 자신들을 분리시키고자 순수 예술(fine art)을 주창한 것이다. 순수 예술은 예술 이외의 다른 무엇을 위한 것이 아니라 그 자신의 미를 위한 것이다. 이러한 생각이 낭만주의 시기에 극대화되어 예술은 다른 무엇을 위한 것이 아니라 예술자신을 위한 것으로 자리 잡았다.

다음의 글은 알베르 카뮈가 1957년 노벨 문학상 수상을 기념하면서 스웨덴에서 행한 연설이다. 이 연설에서 카뮈는 예술을 위한 예술에 반대하고 예술가가 시대에 봉사해야 한다는 주장을 펼치고 있다. 이 연설에서 카뮈는 예술가의 책임과 역할을 구체적으로 밝히고 있다. 카뮈 자신에게 예술은 무엇이며, 예술이 무엇을 할 수 있는지를 살피면서 읽어보자.

저는 개인적으로 저의 예술 없이는 살 수가 없습니다. 그러나 저는 모든 것을 초월하는 저 꼭대기에 이 예술을 올려놓고 생각해본 적은 없습니다. (중략) 제가 보기에는 예술이란 고독한 향락이 아닙니다. 그것은 인간의 공통적인 괴로움과 기쁨의 유별난 이미지를 제시함으로써 최대 다수의 사람들을 감동시키는 수단입니다. 따라서 예술은 예술가가 고립된 존재가 되지 않도록 만듭니다. 가장 겸허하고도 보편적인 진실을 따르도록 만드는 것입니다. 그리하여 흔한 경우로 자기가 남다른 존재라고 느끼기 때문에 예술가의 운명을 선택한 사람도 이내, 자기가 모든 사람과 닮았다는 것을 인정함으로써 비로소 자기의 예술에,

나아가서는 자기의 다름에 자양분을 공급할 수 있다는 것을 깨닫게 됩니다. 예술가는 자기 자신과 남들 사이의 그 항구적인 왕래 속에서, 자신에게 필요불가결한 아름다움과 자기가 절대로 벗어날 수 없는 공동체 사이의 중간 지점에서 스스로의 모습을 만들어가는 것입니다. 그렇기 때문에 진실한 예술가들은 그 어느 것도 업신여기지 않습니다. 그들은 판단하기보다 이해하려고 애씁니다. (중략)

작가의 역할은 그러므로 여러 가지 어려운 의무들과 분리하여 생각할 수가 없습니다. 당연히 작가는 오늘날 역사를 만드는 사람이 아니라 역사를 겪는 사람을 위해서 봉사할 수밖에 없습니다. 만일 그렇지 않다면 그는 외톨이가 되어 자신의 예술을 잃게 될 것입니다. 독재자가 거느리는 수백만의 그 모든 군대조차도 작가를 고독에서 구출할 수는 없을 것입니다. 그 작가가 그들과 동조할 때라도, 아니 동조할 때면 더욱이 그럴 것입니다. 이와 반대로 세상의 저쪽 끝에서 온갖 수모를 겪고 있는 이름 모를 한 수인의 침묵은 넉넉히 작가를 유적(幽寂)에서 벗어나게 해줍니다. 적어도 작가가 자신이 누리고 있는 자유의 혜택 속에서 이 침묵을 망각하지 않음으로써 예술의 여러 가지 수단을 통해서 그 침묵을 메아리치게 할 수 있게 되는 때에는 그러할 것입니다.

우리 가운데 그 누구도 이 같은 사명을 혼자 감당할 만큼 위대하지는 못합니다. 그러나 한 작가가 무명이건 잠시 유명해지건, 독재의 쇠사슬에 매여 있건 한동안 표현의 자유를 누리건, 삶의 그 어떤 정황 속에서건 작가는 자신을 정당화시켜줄 어떤 살아 있는 공동체의 감정을 다시 찾을 수 있습니다. 다만 그러기 위해서는 작가라는 직업의 위대성을 보증하는 두 가지 짐을 능력이 닿는 한 짊어진다는 조건을 충족시켜야 합니다. 그 두 가지 짐이란 다름 아니라 진실에 대한 섬김과 자유에 대한 섬김입니다. 작가의 사명은 최대 다수의 사람들을 융합시키는 것이므로 거짓과 굴종을 받아들일 수는 없습니다. 거짓과 굴종이 지배하는 곳에서는 고독만이 만연할 뿐입니다. 우리의 개인적인 결함이 어떻든 간에 우리의 직업이 가진 고귀함은 언제나, 자기가 알고 있는 것에 대해서 거짓말을 하는 것을 거부하고 억압에 맞서서 저항한다는 지키기 어려운 두 가지 약속에 뿌리내리게 될 것입니다. (중략)

지난 20여 년간 광활의 역사를 겪는 동안, 같은 연배의 모든 사람들과 마찬가지로 아무런 구원도 없이 시대의 경련 속에서 길을 잃었던 저에게 힘이 되어 준 것은 오늘날 글을 쓴다는 것이 하나의 명예라는 은연중의 감정이었습니다. 왜냐하면 이 행위는 글을 쓰도록 강요했고 또 글을 쓰지 말도록 강요했기 때문입니다. 그것은 특히, 저 나름으로 그리고 제 힘이 자라는 한, 우리가 다 같이 나눠 지닌 불행과 희망을, 같은 역사를 겪는 모든 사람들과 함께 짊어질 것을 강요했던 것입니다. 1차 대전과 더불어 태어나서 히틀러의 정권과 동시에 최초의 여러 혁명 재판이 자리 잡을 때 스무 살이 되었던 사람들, 그 다음에는 스페인 내란, 2차 대전, 집단 수용소의 세계, 그리고 고문과 투옥의 유럽과 대면하면서 인생 교육을 마무리했던 우리는 오늘은 핵무기에 의한 파괴의 위협을 받고 있는 세계 속에서 우리의 자식들과 작품들을 길러나가야 하는 것입니다. 그러니 아무도 우리에게 낙관주의자가 되라고 요구할 수는 없을 것입니다. 심지어 극에 달한 절망을 이길 수 없어 스스로 불명예의 권리를 요구하고 그 시대의 허무주의 속으로 뛰어들었던 사람들의 과오를, 그들의 허무주의와 부단히 싸우는 한편에서, 이해해주지 않으면 안 된다는 생각마저 듭니다. 그러나 저의 조국과 유럽 전체에 걸쳐서 대부분의 사람들은 이 허무주의를 거부했고 그 어떤 정당성을 찾아 나섰습니다. 그들은 이 파멸의 시대에 살아나갈 방책을 스스로 다듬어 만들어야 했고 그리하여 새로이 태어나 우리의 역사 속에 자리 잡은 죽음의 본능과 당당하게 싸워나가야만 했던 것입니다.

모든 세대는 저마다 이 세계를 개조해야 할 의무가 있다고 생각할 것입니다. 그러나 우리 세대는 세계를 개조할 수 없다는 것을 알고 있습니다. 하지만 그 세대의 과업은 더욱 중대할 것입니다. 그 과업은 바로 이 세계가 붕괴되는 것을 저지하는 것이기 때문입니다. 우리 세대는 부패한 역사의 상속자입니다.

알베르 카뮈, 『스웨덴 연설, 문학 비평』, 김화영 옮김, 책세상, 2007, 10-14쪽.

1. 까뮈는 “예술가는 진공의 공간에 살지 않는다”고 말한 바 있다. 제시문을 참고로 이 말이 의미하는 바를 생각해 보자.

2. 제시문에서 작가는 진실과 자유를 섬긴다고 한 말을 우리의 역사 안에서 구체적으로 생각해 보자.

3. 오늘날 예술가의 시대적 사명은 무엇인지를 생각해 보자.

2. 소포클레스의 『안티고네』에 담긴 딜레마

고대 그리스를 대표하는 비극작가 소포클레스의 『안티고네』에는 국가의 명령이 우선인지, 가족의 의무가 우선인지에 대한 도덕적 딜레마가 있다. 안티고네는 테베의 국왕 오이디프스의 딸이다. 오이디프스는 자신의 의지와 상관없이 아버지를 죽이고 어머니와 결혼한 비극적 운명을 타고난 불운한 왕이다. 자신의 운명을 뒤늦게 깨닫고 두 눈을 찌른 후 테베를 떠나 방랑을 할 때 그의 딸 안티고네가 동행하였다. 아버지를 돌보고 조국으로 돌아 온 안티고네는 또 다른 문제에 직면한다. 그녀의 두 오빠가 왕위 다툼 끝에 서로가 서로를 찔러 죽인 것이다. 문제는 오빠의 뒤를 이어 왕이 된 외삼촌 크레온이 당시 왕이었던 큰오빠의 시체는 장례를 치러 주지만, 적국과 역모를 꾸며 테베를 공격한 둘째 오빠의 시체는 어느 누구도 경의를 표하거나 묻어 주어서는 안 된다는 명령을 내린 데 있다. 안티고네는 둘째 오빠의 시체가 거리 한 복판에서 개와 독수리의 먹이가 되고 있는 처지를 차마 모른 체 할 수 없었다. 누구든 시체에 손대는 자는 죽음을 명한다는 왕의 명령에도 불구하고 안티고네는 오빠의 시체를 묻기로 작정한다.

다음의 제시문은 시체를 묻으려다 파수병에 의해 붙잡힌 안티고네가 외삼촌이자 약혼자의 아버지인 크레온 왕 앞에 끌려와 죽음을 무릅쓰고 왕명을 어긴 이유를 밝히고 있다. 도덕적 딜레마에서 무엇을 선택해야 할지를 생각하면서 읽어 보자.

(코러스는 파수병이 포로로 안티고네를 데리고 성문을 통해서 들어오는 것을 본다.)

코러스: 이 무슨 신의 불길한 징조인가? 놀랍기만 하구나. 나는 저 아가씨가 누구인지 알고 있으니, 그녀가 안티고네가 아니라고 어찌 말할 수 있겠는가? 오, 불운한 아버지 오이디푸스의 불운한 자식이여! 이게 무슨 일인가? 왕의 법을 어긴 죄로 저들이 끌고 온 사람이 너란 말이냐? 어리석음의 극치에서 붙잡혀 왔단 말이냐? (중략)

크레온: (파수병이 퇴장할 때 크레온은 안티고네를 향하여) 간단히 대답하라. 누구도 이런 일을 해서는 안 된다는 포고령을 너는 알고 있었느냐?

안티고네: 알고 있었습니다. 어떻게 모를 수가 있었겠습니까? 세상 사람들이 다 알고 있는 일입니다.

크레온: 그럼에도 불구하고 네가 감히 그 법을 어겼단 말이지?

안티고네: 제게 그 포고령을 내린 것은 제우스신이 아닙니다. 이 지상의 인간에게 폐하와 같은 법을 선포한 것은 정의의 신이 아닙니다. 저는 인간인 당신의 포고령이 신들의 변함없는 불문율에 우선할 만큼 강하다고 생각하지 않습니다. 신의 법이 어디에서 어떻게 생겨났는지를 그 어느 누구도 알 수는 없지만, 신의 불문율은 어제 오늘의 것이 아니라 영원한 것입니다. 그러니 인간의 뜻이 겁나서 신의 뜻을 어긴 죄과를 치를 생각은 없었습니다. 폐하의 포고령이 아니더라도 저는 죽게 될 것이라는 것을 잘 알고 있습니다. 어찌 모르겠습니까? 그러나 저는 제 명을 다 살지 못하고 죽더라도 그것을 오히려 득이라고 간주합니다. 저처럼 온갖 불행을 겪으며 산 사람이라면 죽음은 득이 아니고 무엇이겠습니까? 따라서 이런 운명을 맞이한 것도 저에게는 결코 고통스런 일이 아닙니다. 그러나 어머니의 아들이 묻히지도 못하고 죽어 누워 있다면, 그것이야말로 저에게는 고통입니다. 제가 이번 일로 벌을 받는 것은 고통도 아니죠. 폐하가 보시기에 이번 제 행동이 어리석다면 이것은 저를 심판하는 자가 어리석은 때문일 것입니다.

코러스 단장: (크레온에게) 성미 급한 아버지의 성미 급한 그 딸임이 분명합니다. 재난

이 다가와도 고개 숙일 줄을 모릅니다.

크레온: (코러스 단장에게) 지나친 고집은 가장 쉽게 꺾이는 것임을 알게 해주시오. 불에 달궈진 가장 단단한 쇠가 쉽게 조각조각 부러지며, 사나운 말도 작은 재갈 하나로 순해짐을 나는 보아왔소. 다른 사람의 노예는 오만한 생각을 품을 수가 없는 법이오. 우선 이 계집은 오만하게 굴어 공표된 법률을 위반하는 법을 잘 알고 있었소. 그녀의 두 번째 죄는 자신이 한 일을 자랑스럽게 여기고 자신의 행동을 즐거워하고 있다는 점이오. 만일 이 계집이 왕과 같은 권력을 누리며 아무런 처벌도 받지 않게 된다면 내가 사내가 아니라 이 계집이 사내임에 틀림없다. 이 자가 내 누이의 자식이고 내 집 제단에서 제우스신을 예배하는 자 중에서는 나와 핏줄이 가장 가까운 자라 하더라도, 이 계집과 그 자매는 가장 무서운 운명을 면하지 못할 것이다. 동생도 이 장례를 계획할 때 반드시 한 몫 거들었을 것이니 마찬가지의 죄를 물을 것이다.

소포클레스, 『안티고네』, 박우수 옮김, 동인, 2007, 55-60쪽.

1. 왕으로서 크레온이 주장하는 바는 무엇인지 정리해 보고 자신이 크레온의 입장이라면 조카 안티고네를 어떻게 처벌할지 생각해 보자.

2. 안티고네는 크레온의 외아들 하이몬의 약혼녀이므로 장차 테베의 왕비가 될 것이다. 그렇다면 안티고네가 반역자 오빠를 위해 자신의 생명과 약속된 미래를 포기하는 것이 어리석은 일은 아닌지 생각해 보자.

3. 오늘날에도 국가의 명령과 가족의 의무 사이의 딜레마 상황이 가능하다. 각자 자신이 생각하는 구체적인 딜레마 상황을 제시하고, 그 상황에서 국가의 명령에 따를지, 가족을 보호할지 생각해 보자.

3. 심미적 경험

인간은 누구나 천성적으로 아름다운 것을 좋아한다. 예술 또한 마찬가지이다. 어린 아이들은 예술교육을 전혀 받지 않고도 예술에 반응한다. 흥겨운 음악에는 경쾌한 발짓으로 서정적인 음악에는 고요한 눈짓으로 반응한다. 어른이 되어서는 일상의 지루함과 밋밋함을 벗어나기 위해 일부러 시간과 비용을 들여 미술관과 극장을 찾아다니며 기회가 된다면 스스로의 예술적 능력을 개발하려고 한다. 그러한 노력은 남들에게 과시하기 위한 것이 아니다. 일상을 벗어나 작품으로부터 심미적 경험을 맛보기 위한 것이다. 다음의 글을 통해 예술이 지닌 가치와 의미에 대해 생각해 보자.

순결한 흰색, 반짝이는 붉은 치마 아래로 보이는 무용수의 다리가 전하는 긴장감을 마음에 한 번 그려봅시다. 나긋나긋 움직이는 검은 인물의 도약과 관악기, 플루트, 현악기의 소리, 바흐의 음악을 상상해 봅시다. 〈하이쿠〉에서 창백하고 웅크린, 미끄러지며 불쑥 튀어나오는 형태들과 어슴프레한 공간 속 다양한 이미지들을 연상해봅시다. 선율, 라벨의 사중주가 전하는 투명한 어우러짐, 〈게임스〉가 담고 있는 힘찬 에너지를 떠올려봅시다.

이와 같은 작품들을 특별한 방식으로 경험하는 가운데, 우리는 이른바 심미적 순간이라고 부를 수 있는 빛나는 일례들을 마주하게 될 것입니다. 이는 마치 그러는 동안 나 자신만의 서정적이고 아름다운 순간을 경험하는 것과 같습니다. 물론 울창한 나무, 동물, 석양의 노을, 천둥번개, 아기의 작고 보드라운 손, 길에서 뛰어 노는 아이들을 보면서도 심미적 체험을 맛볼 수 있습니다. 그렇지만 우리의 심미적 관심사를 특히 더 자극하는 특정한 대상이나 이벤트들이 있습니다. 그것은 이 시대를 살아가는 사람들이 함께 살아가는 사람들을 위해 만든 작품이고, 우리 각자에게 자신을 위한 비전을 제공합니다. 우리가 기꺼이 마음을 열고 참여할 의지가 있다면 말입니다. (중략)

춤, 회화, 사중주 등을 인식하는 것은 그것을 깊이 받아들이며 가까이 가는 것을 의미합니다. 이를 위해 필요한 것은 이 시대의 모든 이들이 지닌, 수동적으로 응시하는 태도, 다시 말해 TV가 유도하는 텅 빈 감수성이라든지 젊은이들이 그토록 자랑스워하는 '느긋한' 태도에서 벗어나는 것입니다. 인식은 전체가 또렷해졌을 때 그것을 적극적으로 살피는 것입니다. 그렇게 하는 중에 무언가를 계속 보려는 감각, 그래서 밝혀지지 않은 가능성으로 나아가려는 감각이 필연적으로 생겨나게 됩니다. 인식은, 작품이 온전히 드러나도록 주의를 기울이고 완벽하게 파악함으로써 도달할 수 있는 어떤 것으로서의 작품에 대한 의식, 정신적이며 창의적인 참여를 필요로 합니다.

맥신 그린, 『블루 기타 변주곡』, 문승호 옮김, 다빈치, 2011, 38-41쪽.

1. 자신이 경험한 심미적 순간은 언제였고 무엇 때문이었는가? 다양한 예술작품 중에 특히 자신의 관심을 강력하게 끌었던 작품이 있었는지 생각해 보고, 그 작품의 어떤 점이 자신에게 감동을 주었는지 생각해 보자.

2. 예술을 흔히 아름답다고 한다. 그런데 일상의 순간에서도 아름다운 것이 많다. 붉게 타오르는 노을, 햇살에 빛나는 강, 기러기의 우아한 날갯짓 역시 아름답다. 소위 '예술작품'이라고 하는 것들과 예술작품은 아니지만 일상에서 마주치는 아름다운 것들과의 공통점과 차이점은 무엇인지 생각해 보자.

3. 예술 작품을 잘 감상하기 위해 필요한 것 중 하나가 인지라는 것에 대해 찬성하는가? 혹자는 예술이 과학과 달리 감성으로 파악하는 것이라 인지를 필요로 하지 않는다고 한다. 작품에 대해 많이 아는 것이 작품을 더 잘 감상하게 한다고 생각하는가? 또한 일반인보다 전문가가, 어른이 아이보다 작품을 더 잘 감상한다고 생각하는가?

7장
생활과 과학

현대사회는 과학과 기술의 놀라운 발달로 인해 변화의 속도가 점점 빨라지고 있다. 이러한 변화는 사회 구조는 말할 것도 없고 개인의 심리에도 영향을 줌으로써 어떠한 방식으로든 반응을 요구한다. 이에 대한 인류의 반응은 대체로 두 가지 양상을 보여주고 있다. 그 변화에 환호하며 적극적으로 추종하는 부류가 있는 반면, 변화를 거부하고 기존의 것을 지켜가려는 부류가 그것이다. 그러나 현대사회는 어떤 방식으로든 변화를 거듭한다. 그리고 그것을 거스를 수 없는 것이 현실이다.

1. 디지털 시대와 사이버 공동체

아래 글은 피에르 레비가 쓴『사이버 문화—유럽의회 보고서』를 번역한 역자의 서문에서 발췌한 지문이다. 이미 우리사회는 컴퓨터와 인터넷이 결합된 사이버 문화를 통해 인류를 하나로 통합하는 지적 공동체를 형성해 가고 있다. 여기서 한 걸음 더 나아가 창출된 지식은 경제 영역과도 불가분의 관계를 형성한다. 뿐만 아니라, 사이버 공간으로 유입된 인류의 모든 지식의 총화가 거대한 하이퍼텍스트로 재구성될 때 그 힘은 엄청난 위력을 발휘하게 된다. 우리는 이러한 현상을 디지털 혁명이 가시화되기 시작하던 시기에 이미 예견해 왔고, 지금에 이르러서는 그 실체를 하나하나 확인하고 있다. 시간과 공간의 경계를 초월한 사이버 공동체의 소통이 세계를 얼마나 빠르게 변화시키고 있는지는 더 이상 말할 필요가 없다. 또한 디지털 혁명은 미래에 지리적 국경의 소멸을 견인하는 동력으로 작용할 것이라고도 이야기된다. 더 나아가 근대 국가의 개념이 희박해지는 것은 물론이고 국가의 권력조차도 하나의 상징으로만 존재할 가능성이 조심스럽게 제기된다. 이러한 현상 속에서 디지털 혁명이 야기한 변화의 가능성들에 대해 지적 공동체의 구성원들의 정확한 진단이 필요한 시점이 되었다.

하이퍼텍스트의 특징은 이질성, 변형, 층위의 다양성, 외재성, 위상, 탈중심 등이다(피에르 레비, 『지능의 테크놀로지』). 특히 하이퍼텍스트의 중심 개념은 인간과 기계의 인터페이스이다. 인터페이스란 일상적 세계와 디지털화된 정보 세계 사이의 상호 작용을 가능케 하는 모든 물적 기제(機制)를 뜻한다. 인간은 손과 마우스, 그리고 특수한 디지털 기제를 사용하여 정보를 포착하고 그것을 디지털화하고 인터페이스를 통해 시각적인 존재에서 다감각적인 존재(소리, 촉감, 시각 등)로 탈바꿈한다. 이것은 들뢰즈가 말하는 우글거림, 주름, 근경의 공간으로서 모든 것이 하나의 디지털 공간 안에서 서로 뒤엉키고 뒤틀리고 다시 쓰여지고 불투명하게 된다.

하이퍼텍스트 공간에서 독자는 (인쇄 매체 시대의) 수동적인 태도를 벗어나, 읽을 바를 선택하고 선별한 바를 조직하고 관계짓는(link) 적극적인 태도를 취할 수 있다. 자료를 필터링하고 거기에 새로운 형태를 부여하고 위계화시키는 작업은 고스란히 독자의 몫으로 남게 된다. 물론 여기서 중요한 점은 인쇄 매체 시대의 작업과 달리 자료의 선별과 새로운 구성은 맥락적인 성격을 지닌다. 즉 정보나 지식은 '지금 이 순간' 어떤 개인이나 어떤 집단이 필요로 하는 바에 부응해야 한다. 유체와 같은 사이버 공간에서 맥락화되지 않는 지식이란 죽은 지식과 다름없기 때문이다. 결국 독자는 타인과 함께 쓰고 읽고 편집하는 행위를 동시에 행함으로써 독자적인 의미의 세계를 구축하게 된다.

월드 와이드 웹은 점차적으로 인류가 잉태한 모든 텍스트들을 하나의 텍스트로 통합한다. 전자 신경망 위에서 인류의 모든 가상성들이 구체적으로 구현되면서 의미의 거대한 피륙이 눈앞에 펼쳐지고 있다. 그런 의미에서 사이버 문화는 인류를 하나로 통합하는 지적 공동체를 구성한다고 볼 수 있다. (중략)

이 대목에서 주목할 것은 지식이나 아이디어(단순한 정보가 아니라 창의적인 지식의 차원)가 경제의 영역과 완전히 독립되어 따로 존재하지 않는다는 점이다. 이제 지식과 경제는 서로 분리된 개념들이 아니라 긴밀하게 연결되어 시너지 효과를 창출하는 개념들이다. 따라서 전 세계 인구의 상당 부분이 인터넷을 이용하고 사이버 공간에 접근 가능할 21세기 초반에는 지식이 경제를 견인하고 경제가 지식 생산에 앞장설 전망이다. 이제 사이버 공간은 아날로그 언론의 단순한 정보 제공의 통로를 넘어서 지식을 창출하고 유통하는 거대한 학습장으로 탈바꿈하고 있다. 인류가 지금까지 비축한 지식들이 모두 사이버 공간으로 유입됨으로써 사이버 공간은 거대한 하이퍼텍스트로 재구성될 것이다. (중략)

디지털 테크놀로지가 추동하는 미래의 사회에는 창의적인 지식 획득의 문제가 정치 · 경제 · 사회 · 교육 · 문화 전반과 밀접하게 관련할 것이다. 특히 월드 와이드 웹은 인류의 지적 자산을 모두 흡수하여 하나의 거대한 하이퍼텍스트로 도서관을 구성할 것이고, 이렇게 구축되는 전자 신경망 도서관은 인류가 존속하는 한(무한 복제 가능성으로 인해) 불에 타 멸실될 우려가 없는 지식의 보고이자 경제 활동의 장이 될 것이다.

오랫동안 서로의 연결(interconnection)을 동경해온 인류는 인터넷을 통해 인종과 계급, 그리고 문화의 차이를 넘어서, 그리고 시공간의 압축을 통해 전 지구적으로 통합되고 있다. 월드 와이드 웹이 구성하는 하이퍼텍스트는 18세기 유럽 계몽주의자들의 이상인 코즈머폴리턴 시민정신의 구현이며 그들이 꿈꾸었던 백과전서적 지식 공동체의 디지털적 실현이다.

김동윤, 「디지털 테크놀로지와 새로운 사이버 공동체」, 피에르 레비,
『사이버 문화-유럽의회 보고서: 뉴 테크놀로지와 문화협력 그리고 커뮤니케이션』,
문예출판사, 2000, 16-19쪽.

1. 하이퍼텍스트가 기존의 미디어와 다른 특성이 무엇인지에 대해 알아보자.

2. 필자는 이 글의 결말에서 "미래 사회의 핵심 과제로 떠오를 사이버 지식 공동체의 구성과 관련하여 '국가'가 해야 할 일"에 대해 주장을 전개하고 있다. 이 글의 전문을 찾아 읽고, 이에 대해 설명해 보자.

3. 이 글에서 글쓴이는 디지털 문화가 세계화에 기여하는 문제에 대해 낙관적인 시각을 드러내고 있다. 그러나 디지털 기술 혁신이 과연 우리의 미래에 긍정적으로만 기여할 것인지에 대해서는 여전히 의문이 남는다. 현재 드러나고 있는 문제점들에 대해 비판적 관점에서 글을 써 보자.

2. 유전공학과 생명윤리

현대사회는 과학과 기술의 놀라운 발달로 인해 변화의 속도가 점점 빨라지고 있다. 이러한 변화는 사회 구조는 말할 것도 없고 개인의 심리에도 영향을 줌으로써 어떠한 방식으로든 반응을 요구한다. 이에 대한 인류의 반응은 대체로 두 가지 양상을 보여주고 있다. 그 변화에 환호하며 적극적으로 추종하는 부류가 있는 반면, 변화를 거부하고 기존의 것을 지켜가려는 부류가 그것이다. 그러나 현대사회는 어떤 방식으로든 변화를 거듭한다. 그리고 그것을 거스를 수 없는 것이 현실이다. 특히 과학자들은 미래에 대한 낙관적 전망을 기반으로 과학의 발전에 무한한 가치를 둔다. 변화와 발전으로 인해 초래되는 문제점은 또 다시 과학의 힘을 빌어 극복할 수 있다는 것이 그들의 일반적인 논리다. 줄기세포 연구, 인간 복제, 인간 유전자 서열 분석 등 유전공학과 관련한 과학기술에 대한 우려도 대개는 이런 식으로 논란을 피해간다. 그러나 유전공학이 지닌 윤리적 문제를 이처럼 간단히 넘겨버릴 수 있을까? 이에 대해 마이클 샌델은 유전학적으로 완전해지려는 인간 욕망에 대한 반론을 제기하고 있다. 아래에 소개한 글은 '유전학적 강화'를 위해 우리가 벌이고 있는 여러 과학적 행위들에 대한 윤리적 고찰이 담겨 있다. 배아 복제에 대해서는 찬성하지만, 인간 복제에 대해서는 반대를 주장하는 샌델의 윤리적 성찰에 대해 생각해 보자.

유전학에서 획기적인 발전에는 명암이 공존한다. 우리를 힘들게 하는 다양한 질병들을 치료하고 예방할 수 있을 것 같은 희망을 주는 반면, 새로 발견한 유전학적 지식 때문에 인류의 본성을 조작하는 일도 가능해진다. 예를 들어 근육을 강화하고 기억력을 향상시키며 기분이 좋아지게 한다. 아이의 성별과 키와 다른 유전형질을 선택하고, 신체적 · 인지적인 능력을 개선하고, 우리의 몸을 최선의 상태로 만드는 일들이 가능해진다. 많은 사람들이 유전공학이 가능하게 하는 일부 기술에 대해 불안하게 여긴다. 문제는 불안한 까닭을 분명하게 말하기 쉽지 않다는 것이다. 윤리학이나 정치학적인 담론에서 흔히 나오는 자율성, 공정성 같은 용어만으로는 우리의 본성을 공학적으로 강화하는 것이 왜 잘못된 일인지 파악하기가 더 어렵다.

복제 문제부터 다시 생각해보자. 1997년 탄생한 복제 양 돌리가 인간 복제의 가능성에 대한 염려를 촉발했다. 거기에는 그럴 만한 의학적인 이유가 있다. 과학자들은 대부분 복제가 불안전하고, 심각한 기형과 선천적인 결함이 있는 자식을 낳게 할 수 있다는 데 동의한다(돌리는 조산으로 죽었다).

하지만 복제 기술이 자연 임신에 못지않은 수준으로 위험도를 떨어뜨렸다고 가정해보자. 그래도 인간 복제를 허용할 수 없는가? 정확히 무엇이 그른 일인가? 양친 중 한 쪽과 유전학적으로 쌍둥이인 아이를 만드는 일이 그른가? 비극적으로 사망한 형제와 유전학적 쌍둥이를 만드는 일이 그른가? 아니면 존경 받는 과학자나 스포츠 스타, 유명인의 유전학적 쌍둥이를 만드는 일이 그른가? 이 모든 것이 다 잘못되었는가?

복제의 종류에 따라 의견이 다를 수 있는 것에 대해서는 일단 접어두자. 복제 자체가 그른 것은 태어날 아이의 자율권을 침해하기 때문이라는 학자들이 있다. 아이의 유전학적 구성을 부모가 선택하다 보니 그 아이에게 이전에 살던 누군가의 그림자 인생을 부여하는 셈이고, 결국 아이는 열린 미래를 맞이할 권리를 빼앗긴다는 것이 요점이다. 그렇다면 자율성에 근거해서 반대할 수 있는 것은 비단 복제뿐만 아니라 모든 생명공학 기술이라 해도 과언이 아니다. 아이의 유전학적 특성을 부모들이 선택할 수 있게 하는 기술이기 때문이다. 다시 말해 이러한 반론에 따르면 유전공학의 본질적인 문제는 '디자인된 아이들'은 충분히 자유롭지 않다는 것이다. 설령 그것이 지능이나 학습 능력, 음악적 재능이나 운동 능력을 위한 상태를 더 좋게 해주는 유전학적 강화라 할지라도 인생을 미리 정하는 일이기 때문에 자율성 침해일 뿐만 아니라, 스스로 인생 계획을 수립할 권리를 빼앗는 셈이다.

언뜻 보면 위의 자율성 논변이야말로 인간 복제와 다른 형태의 유전공학의 문제를 제대로 파악한 것 같지만, 여전히 두 가지 이유 때문에 설득력이 떨어진다. 첫째, 그 논변은 잘못된 논리적 결론을 도출한다. 즉 디자인하는 부모가 없으면 아이들이 자신의 신체적인 특성을 고를 자유가 있는 것처럼 말하지만, 누구도 자신의 유전학적 유산을 고르지 않는다. 아이를 복제하거나 유전학적으로 강화하는 것의 대안은 아이의 미래를 일정한 재능으로 구속하는 것이 아니라 유전학적 제비뽑기에 따라 자연스럽게 정해지도록 놓아두는 것이다.

둘째, 자율성 때문에 디자인된 아이에 대해서 걱정하는 것은 맞지만, 여전히 설명되지 않는 부분이 있다. 우리는 자기 자신을 위해서 유전학적으로 강화하려는 사람들에 대해서도 도덕적으로 주저한다. 게다가 유전학적으로 개입한 결과가 모두 세대를 걸쳐 내려가지는 않는다. 근육세포나 뇌세포처럼 생식세포가 아닌 세포를 유전자 치료하면 결함이 있는 유전자를 복구하거나 교체할 수 있다. 질병을 치료할 목적으로 유전자 치료를 하는 경우에는 상관없지만, 신체의 능력이나 인지 기능을 강화할 목적으로 유전자를 교정하는 것은 도덕적으로 꺼림칙하다. (중략)

오늘날 과학이 도덕적 이해보다 빠르게 발전하다 보니, 사람들은 저마다 알 수 없는 불안감을 어떻게든 제대로 파악해 보려고 한다. 자유주의 사회에 사는 우리가 우선 접하는 언어는 자율성이나 공정, 개인의 권리 등이다. 그러나 이런 도덕 언어만으로는 복제와 디자인된 아이들, 유전공학이 유발하는 가장 심각한 문제들을 거론하고 해결하기에 불충분하다. 게놈 혁명(genomic revolution)이 도덕적 어지럼증을 유발하는 것도 이 때문이다. 강화의 윤리에 대해 제대로 고심해보려면 현대 세계의 시야에서 사라진 문제들에 직면해야 한다. 이는 본성의 도덕적 지위나 주어진 세계에서 인간의 적절한 지위에 대한 문제들이다. 이 문제들은 신학에 가깝기 때문에 현대의 철학자들과 정치사상가들은 이 문제들이 나오면 몸을 사린다. 그러나 생명공학의 새로운 힘 앞에서 이런 문제들을 직면하는 일을 피할 수 없게 되었다.

마이클 샌델, 『생명의 윤리를 말하다』, 강명신 옮김, 동녘, 2010, 32-37쪽.

1. 이 글의 전문을 읽고, 유전 공학적 개입이 초래하는 윤리적 문제가 구체적으로 어떠한 것들이 있는지를 이야기해 보자.

2. 영화 〈가타카〉(1997)를 본 후, 본문에서 제기하고 있는 자율성의 문제와 관련하여 유전공학이 지닌 근본적 문제점에 대해 토론해 보자.

3. 배아 줄기세포 논쟁은 최근까지도 뜨거운 쟁점으로 남아 있다. 배아는 세포 덩어리인가? 아니면 인간인가? 이 문제에 대한 본인의 생각을 논리적으로 서술해 보자.

3. 가이아 가설과 지구의 미래

제임스 러브록이 1970년대 '가이아 가설'을 던져 놓았을 때 과학계는 마치 중세 시대 갈릴레이가 지동설을 들고 나온 것만큼이나 충격이었다. 가이아(Gaia)는 고대 그리스인들이 대지의 여신을 부르던 이름으로서 지구에 대한 은유적 명칭이다. 러브록은 지구와 지구에 살고 있는 모든 생명체, 그리고 대기권, 대양, 토지까지를 망라한 모든 지적이고 신성하고, 살아있는 지구를 가이아로 불렀다. 따라서 그가 생각하는 지구는 그저 생명체를 지탱하는 암석 덩어리가 아니라, 모든 생물과 무생물이 상호작용하며 스스로 진화와 변화를 반복하는 일종의 유기체였다. 때문에 우리는 가이아 가설을 '지구유기체론'이라는 또 다른 이름으로도 부른다. 이 이론에서 핵심은 모든 생명체는 자신이 터잡은 행성의 주어진 조건들에 단순히 반응하는 것이 아니라, 그 조건들을 자신에게 유리하도록 바꾸고 안정화시켜 생명을 지속해 나간다는 것이다.

이처럼 가이아는 모든 생명체에게 적합한 환경을 만들어 준다. 아울러 정교한 자기 조절 기능을 갖고 있기 때문에 인간이 가이아의 기능에 지장을 줄 정도로 간섭하지 않을 경우 가이아는 그 속성을 영속화할 수 있다. 아래에 소개한 글은 러브록의 가이아 가설에 대한 과학계의 반응을 읽을 수 있는 지문이다. 이 글을 통해 가이아 가설과 지구의 미래에 대해 생각해 보자.

미 항공우주국(NASA)에서 외계 생명체 관련 문제를 연구하고 있던 과학자이자 발명가인 제임스 러브록(James Lovelock)은 1960년대에 지구의 대기 조성이 다른 행성들과 다르며, 그것은 살아있는 생물들과 무기 환경 사이에 무언가 심오한 관계가 있음을 간파했다. 그는 과학 잡지 『네이처(Nature)』에 생명체가 자신이 뿌리를 두고 있는 행성의 주어진 조건에 단순히 적응하는 것이 아니라고 주장하는 글을 실었다. 생명체는 그 조건들을 바꾸고 안정화하여 영속시킨다는 것이다. 이 깨달음은 미생물이 행성의 조건을 바꿀 힘을 지니고 있다는 린 마걸리스(Lynn Margulis)의 연구에서 얻어진 생물학적 증거들을 통해 뒷받침되고 확장되었으며, 1974년 러브록과 마걸리스는 『텔루스(Tellus)』에 공동으로 논문을 써서 이 깨달음을 '가이아(Gaia)가설'이라는 이름으로 과학계에 제출했다. 이것은 타당한 증거에 바탕을 둔 과학이었지만, 고대 그리스 대지의 여신이라는 겉모습을 하고 있었다.

과학계는 그것을 어떻게 생각했을까? 그들은 그 가설을 저 멀리 어둠 속으로 내던졌다. 왜냐하면 러브록과 마걸리스는 정통 과학의 원칙들 중에서도 한 가지가 아니라 두 가지를 위반했기 때문이다. 하나는 다윈 원리에 순응하지 않는 진화의 기본 측면이 있다는 주장을 펼쳤다는 것이다. 가이아 가설에 따르면, 생명체는 지구의 주어진 조건에 단순히 적응하는 것이 아니라, 그 조건이 생명체에게 적합한 곳이 되도록 바꿀 수 있다. 미생물들은 기온이 생명체가 계속 살 수 있는 범위 내에 있도록 대기의 조성(이산화탄소, 메탄, 암모니아, 산소)을 바꿀 수 있다는 것이다. 따라서 생물과 마찬가지로 지구 전체를 자신의 극히 중요한 변수들을 조절하는 살아있는 계(界)로 볼 수 있다.

또 하나는 가설에 '가이아'라는 용어를 사용했다는 것이다. 그것은 지구 자체가 과학이 보는 식으로 행성 활동을 하는 맹목적인 역학적 과정의 집합이 아니라 일종의 살아있는 존재라는 의미이다. 여신이라는 이런 지구 이미지는 지구 천연 자원들의 약탈과 화석 연료의 과도한 연소로 땅과 바다와 대기가 오염되고 있는 실태에 항의하고 있던 환경 활동가들에게 특히 강한 인상을 주었다. 가이아의 이미지는 많은 사람들이 자신들이 무엇을 해 왔으며, 우리 행성에 무슨 짓을 저지르고 있는지 깨달았을 때 겪는 슬픔과 분노에 초점을 맞출 수 있게 해주었다.

가이아 가설의 핵심 옹호자인 러브록은 이단 가설을 펼친 결과, 과학이라는 교회로부터 사실상 파문당했다. 그는 다윈의 자연 선택 원리가 진화의 메커니즘 중 하나라는 것을 인정했지만, 생명체 자체가 변화에 적응하는 한편으로 자신이 처한 조건을 바꾼다고 주장함으로써, 자신의 첫 번째 이단설을 강력하게 옹호했다. 이 원리는 지금은 과학계에 받아들여졌으며, 과학계는 러브록과 마걸리스의 확장된 육상 진화 설명에 '지구체계과학'이라는 이름을 붙이고 있다. 하지만 대가 없이 받아들여진 것은 아니었다. 즉 러브록은 지구가 자신의 생명체를 돌보는 목적이나 의도 같은 것을 지니고 있다는 함의를 철회했다. 그것은 일종의 애니미즘으로 여겨졌고, 애니미즘은 과학에서 절대적으로 금지된 것이기 때문이었다. 만약 그것이 우리 문화의 어딘가에 살고 있다면 그것은 가장 짙은 그늘 속에서 살고 있을 것이다. (중략)

현재 우리의 양적 과학은 우리의 욕구를 충족시킬 수 있을 만큼 충분한 상품을 만들어낼 능력을 주었지만, 오히려 삶의 질이 급속히 떨어지는 상황을 가져왔다. 앞으로 우리는 현재 과학의 그늘 속에 있는 질적 과학의 요소들이, 양만이 아니라 질에도 의존해 판단을 내림으로써 우리 일상 생활에서 정서적 판단이 차지하고 있는 지위만큼 과학에서 자신의 지위를 다시 찾는 것을 볼 수도 있다. 이런 복원은 감정이 우리에게만이 아니라 어떤 형태로든 자연의 다른 것들에게도 속해 있다는 인식과 함께 앞으로 과학 지식, 기술, 기업과 정치 활동에 극적인 변화가 있을 것임을 알려주고 있다.

이런 대규모의 과학적 관점 이동은 하루 아침에 이루어지지 않을 것이다. 그것은 근본적인 새로운 형태의 교육을 필요로 하며, 그 수준에서 과학과 예술은 통합되어 사람들을 하나로 묶을 것이고, 과학적 및 기술적 의사 결정 과정에는 다시 지식을 갖춘 시민들의 참여와 실천을 요구하게 될 것이다. 그러면 우리가 현재 살고 있는 이 시대는 사실상 암흑 시대이긴 하지만, 변화의 씨앗이 이미 지구의 그늘 속에 놓여 있는 시대로, 말하자면 그곳에서 가이아가 그 씨앗을 키우고 있는 시대로 보일 것이다.

브라이언 굿윈, 「과학의 그늘」, 존 브록만, 『앞으로 50년』, 이한음 옮김, 생각의 나무, 2002, 79-81, 86-87쪽.

1. 제임스 러브록의 『가이아—살아있는 생명체로서의 지구』를 찾아 읽고, '가이아 이론'에 대해 요약해 보자.

2. 가이아 이론은 기독교적 세계관과 정면으로 충돌한다. 가이아 가설이 주류 기독교의 우주론, 혹은 창조론과 배치되는 점에 대해 비판적으로 생각해 보자.

3. 과학의 발전이 우리의 삶을 양적으로는 충족시켜주었지만 질적으로는 그렇지 못하다는 견해가 있다. 이에 대한 자신의 생각을 글로 써 보자.

제Ⅲ부

읽고 토론하기

제Ⅲ부 '읽고 토론하기'는 학생들이 읽기자료를 분석적으로 이해하고, 비판적으로 평가한 후, 합리적인 의사소통이 전개될 수 있도록 구성했다. 비판적 평가는 텍스트에 대한 기본적인 이해에서 비롯된다. 이해를 근간으로 논리를 추론하고, 여기서 미흡한 부분은 무엇인지를 고민하도록 한다. 또한 여러 사람들과 의견을 교환함으로써 자신의 논리적 허점, 상대의 논리적 허점이 무엇인지를 발견하고, 이를 근거로 건전한 해결방안을 모색하는 과정을 담고 있다. 여기에 등장하는 주제들은 시사적인 이야기이다. 시사적인 주제는 흔히 유행에 따른다고 한다. 그렇기 때문에 한번 토론하면 더 이상 생각해 볼 것이 없다고 생각한다. 그러나 시사토론에 등장하는 모든 토론 자료는 시대의 변화에도 남을 수 있는 사회적 조건을 고려했다. 말하자면 시대가 변해도 대립적인 가치가 사회적 배경에서 어떻게 나타나는지 비판적으로 사고해 보려는 의도가 담겨 있다. 이를 통해 단순히 주제에 대한 이해가 아니라 사회에 대한 이해로 확대하자는 것이다. 이 자료를 통해 논쟁의 근간을 이루는 가치관이 어떻게 구별되는 것인지를 이해하고, 사회적 조건에서 어떻게 적용되는 것인지를 토론과 함께 고민할 수 있기를 권한다.

1장

토론이란 무엇인가

민주주의에서는 다양성이 추구된다. 자신과 의견이 다른 사람과 협력하면서 살아가는 것이 오늘날의 민주주의의 요체다. 이를 위해서는 다른 사람과의 차이를 분명하게 인정할 수 있는 태도가 필요하다. 자신의 의견만 옳다고 주장하는 것이 아니라 상대의 의견에서 장점은 무엇인지, 받아들일 수 있는 의견은 무엇인지를 진지하게 고민하고 생각할 수 있는 사람이 민주시민이 될 수 있다. 이를 실현하기 위해서는 먼저 의사소통의 방법을 알아야 할 것이다. 나아가 이 방법을 통해 상대방과의 차이를 이해할 수 있는 능력을 갖추어야 할 것이다.

1. 현대사회와 토론

현대 사회를 흔히 정보화 사회라고 한다. 정보화 사회에서는 정보의 소통이 무엇보다도 중요하다. 정보화 사회가 경과될수록 정보는 쉽게 찾을 수 있다. 정보 습득을 잘 하기 위해서는 기본적으로 의사소통의 도구가 필요하다. 이 도구에 해당하는 것은 컴퓨터와 영어일 것이다. 이런 이유에서 거의 대다수의 대학에서 이 두 과목을 필수로 지정하고 있다. 그렇지만 이에 못지않게 중요한 것이 있다. 그것은 쉽게 습득한 정보와 지식을 단순히 외우는 것이 아니라 정당화시키는 능력이다.

과거에는 정보를 외우는 것이 중요했다. 그러나 이제는 정보는 인터넷을 검색하면 충분히 찾을 수 있다. 오히려 이러한 사회에서는 습득한 정보가 어떤 의미를 담고 있는지 확인하고, 이 정보를 타인에게 쉽게 전달할 수 있는 능력이 중요하게 된다. 말하자면 현대 사회에서는 정보의 습득만큼 정보를 전달할 수 있는 능력이 필요하다는 것이다. 이는 민주주의 발전과도 밀접한 연관을 맺고 있다.

민주주의에서는 다양성이 추구된다. 자신과 의견이 다른 사람과 협력하면서 살아가는 것이 오늘날의 민주주의의 요체다. 이를 위해서는 다른 사람과의 차이를 분명하게 인정할 수 있는 태도가 필요하다. 자신의 의견만이 옳다고 주장하는 것이 아니라 상대의 의견에서 장점은 무엇인지, 받아들일 수 있는 의견은 무엇인지를 진지하게 고민하고 생각할 수 있는 사람이 민주시민이 될 수 있다는 말이다. 이를 실현하기 위해서는 먼저 의사소통의 방법을 알아야 할 것이다. 나아가 이 방법을 통해 상대방과의 차이를 이해할 수 있는 능력을 갖추어야 할 것이다.

차이를 인정하려는 태도는 토론을 통해서 실현된다. 토론이란 현안 문제에 대해서 서로 다른 원인을 대조하면서 최선의 해결책을 논의하는 방식이다. 토론이 민주사회에서 절실하게 요구되는 이유는 다양한 이해관계를 폭력이 아닌 평등한 관계에서 설득하고 합의점을 찾아야 하기 때문이다. 이러한 특성 때문에 기업에서 신입사원을 채용할 때 집단 토론을 실시하기도 한다.

기업에서 집단 토론을 실시하는 이유는 건전한 의사소통 능력이 있는지를 확인하기 위해서다. 일정한 자격조건을 갖춘 인재라면 누구나 일정한 지식을 갖고 있다. 그런데 사회에서 활동하는 상황을 보면 자신이 알고 있는 지식을 충분히 활용하지 못하는 성원들이 많다. 기업의 입장에서는 기존에 주어진 정보를 단순히 습득하는 능력보다는 그 정보를 통해 새로운 정보를 만들어낼 수 있는 능력을 인재의 조건으로 간주할 것이다. 이런 측면에서 자신의 지식을 원만하게 전달할 수 있는 능력이 있는 사람을 선호하는 것이다.

2. 토론이란 무엇인가

토론은 영어로 표현하면 'debate'가 된다. 이 단어는 '서로 싸우다'라는 뜻의 라틴어 'debattuere'에서 유래한다. 말하자면 대립되는 주장을 가진 두 사람이 일종의 말싸움을 통해 논의를 이끌어가고 문제를 해결하는 것이다. 더 간단하게 말하면 말싸움이라고 해도 좋다. 이런 의미에서 보자면 토론이라는 말보다는 '논쟁'이라는 표현이 적합하다. 그렇지만 우리나라에서는 '논쟁'보다는 '토론'이라는 말을 더 선호한다. 논쟁이라는 말에는 '서로 다툰다'는 부정적 의미가 담겨 있기 때문이다. 이렇게 논쟁이라는 말을 피하다보니, 토론(debate)이라는 말과 토의(discussion)라는 말이 혼용되어 사용되는 경우가 많이 있는데, 사실 이 둘은 추구하는 목표나 논의 방식 등에서 많은 차이가 있다.

토의는 대화 참여자들이 해당 문제에 대해서 협력적인 접근을 통해 해결책을 찾는 논의 방식이다. 예를 들어 "이번 MT를 어디로 갈 것인가?" "학교 발전을 위해서 무엇을 해야 할까?"등은 토의 주제가 된다. 반면 토론은 대화의 참여자들이 문제에 대해서 대립된 접근을 통해 문제의 해결 방안을 모색하는 논의 방식이다. 여기서 중요한 것은 '대립된 접근'이다. 예를 들어 "안락사를 허용할 것인가?", "기여 입학제는 정당한가?" 등은 토론(논쟁)의 주제가 된다. 이러한 사실로부터 토론(논쟁)이 되기 위한 근본적인 조건을 가늠해 볼 수 있다. 이상의 논의에서 토의와 토론(논쟁)을 구분하는 기준을 살펴볼 수 있다. 그것은 '협의'와 '대립'이다.

협의는 현안 문제의 원인이 중요하지 않거나, 문제의 원인에 대해서 서로 동의를 할 때 가능해진다. 예를 들어 "이번 MT를 어디로 갈 것인가?"라는 문제에서는 원인이 중요하지 않다. 그런데 대립은 현안 문제가 발생하게 된 중요 원인(이유)을 서로 다르게 볼 때 나타난다. 예를 들어 "안락사를 허용할 것인가?"라는 물음에서 안락사를 허용해야 한다는 사람들은 모두 죽음 선택의 자율성을 문제의 원인으로 본다. 반면 안락사를 반대하는 사람들은 생명의 중요성을 안락사가 발생한 원인으로 생각한다. 이렇게 서로 대립되는 가치를 담고 있기 때문에 해결방안도 서로 다를 수밖에 없다.

토론은 대립을 전제로 하기 때문에 그 형식이 매우 중요하다. 서로 동일한 시간에 동일한 방식으로 대화를 나누어야 효과적으로 서로의 의견이 교환될 수 있다. 아무래도 특정한 사람이 발언을 오래하게 되면 의견이 교환되는 것이 아니라 일방적인 설명이 되기 때문이다. 예를 들어 수업 시간에 교수가 오랫동안 말하고 학생들에게 질문을 하더라도, 이것은 토론이라고 볼 수 없다. 교수가 일방적으로 학생들에게 설명하는 것일 뿐이다. TV에서 나오는 토론 프로그램에서 사회자가 엄격하게 발언을 제한하거나 중단시키는 것을 볼 수 있을 것이다. 이렇게 해야 다양한 의견을 들을 수 있기 때문이다. 말하자면 토론은 엄격한 형식으로 논의하는 방식이다.

결국 토론이란 대립되는 가치를 드러냄으로써 사태를 건전하게 이해하고, 이를 근거로 창의적인 해결 방안을 모색하는 과정이다. 이를 위해 찬반으로 나뉠 수 있는 대립된 견해와 엄격한 형식이 동반되어야 토론이라고 할 수 있다.

3. 토론을 잘 하는 방법

현대 사회의 한 구성원으로서 반드시 필요한 토론 능력은 크게 세 가지 단계로 나뉜다. 첫째, 사태에 대한 정확한 이해이다. 현안 문제가 무엇인지, 그 원인이 무엇인지를 파악할 수 있는 능력이 있어야 한다. 이를 위해서 사태를 다양한 측면에서 분석할 수 있는 눈이 필요하다.

둘째, 사태를 비판적으로 평가할 수 있어야 한다. 같은 사태를 보고도 전혀 다른 평가를 내릴 수 있다. 하나의 사실이 어떤 가치를 지니며, 어떤 결과로 연결될 수 있는지를 비판적으로 평가할 수 있는 능력을 길러야 한다.

셋째, 창의적인 해결을 모색할 수 있어야 한다. 상식적인 수준에서 문제를 해결하는 것이 아니라 다양한 의견을 선별하고 종합하면서 상위의 가치를 따질 수 있는 능력을 길러야 한다.

토론 능력은 하루아침에 신장되지는 않는다. 오랫동안 읽고 고민하고 대화하면서 길러지게 된다. 그렇지만 토론 잘 하는 방법은 하루아침에도 될 수 있다. 토론 잘 하는 방법을 단순하게 정리하자면 세 가지로 볼 수 있다. 첫 번째는 경청이다. 상대의 의견을 듣는 자세가 중요하다. 토론의 절반은 듣기에 해당한다. 상대의 의견이 무엇인지 알아야 논박도 할 수 있고, 자신의 견해를 제대로 전달할 수 있다.

두 번째는 논증이다. 토론은 말로 하는 싸움이다. 이 싸움에서 이기려는 감정적인 호소보다는 논리적이고 이성적인 설득을 할 수 있어야 한다. 말하자면 주장만 피력하는 것이 아니라 왜 그런 주장이 타당한지 적절한 근거를 제시할 수 있어야 한다. 물론 효과적인 논증을 구성하기 위해서는 어떤 논의 방식이 좋은 것인지를 알아야 한다. 그렇지만 듣는 사람의 입장에서 말하기를 한다면 어느 정도는 해결될 수 있다.

세 번째는 반박이다. 반박을 하기 위해서는 상대 의견이 어떻게 제시되고 있는지, 그 흐름을 먼저 파악해야 한다. 그리고 이 흐름에서 나와 대립되는 것이 무엇인지를 찾아야 한다. 말하자면 서로의 의견이 교차되는 지점이 어디인지를 파악할 수 있어야 한다. 그런 후 이 교차되는 지점에서 상대에게 부족한 부분이 어디인지를 찾는 것이다.

이상의 세 가지 방법을 토론 능력을 배양할 수 있는 세 가지 방법과 함께 연마한다면 누구나 토론을 잘 하게 될 것이다. 토론은 단순히 자신의 감정을 드러내는 것이 아니다. 논리로서, 비판적 사고로서 자신의 주장을 드러내는 것이다. 이를 통해 지식을 구체적으로 활용할 수 있는 방법을 배울 수 있게 된다. 말하자면 지식을 일정한 규칙에 따라 활용함으로써 지식의 깊이와 내용을 채울 수 있게 되는 것이다. "혼자 수천 권의 책을 읽은 지식인보다 한 권의 책을 읽고 여러 사람과 토론한 지식인이 더 낫다"라는 말이 있다. 이 말은 토론이 갖는 지식의 깊이와 활용의 중요성을 잘 지적해준다.

2장

음식과 문화

대부분의 문화적 관습은 그것이 속해 있는 맥락으로부터 분리되었을 때 매우 괴상하고 어리석게 보일 수도 있다. 그 경우 자신의 문화적 가치와 규범만 당연하고 정당한 것으로 받아들이고, 그와는 다른 사회 집단들의 가치와 규범은 부도덕하고 열등한 것으로 간주하고 경멸하는 태도를 갖게 되는데, 이것이 극단화될 경우 문화적 제국주의가 된다. 한 집단이 자신의 문화를 다른 집단에게 강요하는 데서 저질러진 식민주의의 야만적인 과오들을 우리는 역사를 통해 수없이 찾아볼 수 있다.

보신탕은 예부터 우리 선조들이 더운 여름 원기를 회복하기 위해 먹었던 '기호식품'이지만, 외국인을 포함한 반대론자들은 이를 보고 "가족과 같은 개를 먹다니!"라며 혐오감을 드러낸다. 개고기 문화는 우리나라 고유의 전통문화이며, 개고기를 먹는 것은 국민의 행복추구권과 관계가 있다는 주장도 있고, 인간과 동일한 것은 아니더라도 동물에게도 권리가 있다는 입장도 있다. 끝이 보이지 않는 논쟁이라 할 수 있는 이 문제에 대해 상반된 두 편의 글을 읽고, 합리적인 시각으로 자신의 생각을 정리해 보자.

〈자료 1〉

최근 보신탕과 관련하여 우리의 식습관에 대한 검토가 요구된 적이 있었다. 보신탕 찬반 논쟁은 주로 올림픽을 전후로 하여 외국인들에 의해서 제기되었는데, 최근 벨기에의 한 동물 보호 운동가와 프랑스의 모 여배우가 이끄는 동물 보호 협회로부터 청와대에 날아든 경고장은 국내에서도 보신탕 논쟁의 열기를 확산시키는 계기가 되었다. 경고장의 내용인즉, "인간이 자신의 친구를, 그것도 잔인한 방법으로 잡아먹는다면, 그것만큼 비인간적이고 야만스러운 행위는 없을 것이다. (중략) 한국 정부가 시급히 이것을 금지하는 어떠한 조치를 취하지 않는다면 우리는 모든 수단을 통하여 경제적 제재 조치를 취하겠다"는 것이다.

외국의 일개 개인이나 단체가 한 나라의 상징적 주체인 정부에 이와 같은 경고장을 보낼 수 있느냐의 문제는 접어두고서라도, 다른 나라의 특정한 음식을 두고 야만스럽다든가 비인간적이라든가 하는 비난을 공공연히 할 수 있는가는 큰 문제가 될 수밖에 없다. 특정한 음식이 문화와 야만을 결정할 수 있을까? 다시 말해, 과연 지금 문제되고 있는 보신탕이, 그들이 말하는 것처럼 야만적 성질의 표상일까? 아니면 우리 문화의 맥락에서 자연스러운 문화적 산물인가?

넓은 의미에서 '문화'는 한 나라, 혹은 민족의 생활양식이며, 좁은 의미에서는 정신의 산물, 인간성의 실현 상태로 정의된다. 한편 '야만'은 좁은 의미의 '문화'에 대한 반대 개념으로 이해될 수 있다. 보신탕 논쟁은 바로 문화의 넓은 의미와 관련해서 문화 상대론의 타당성을 검토함으로써 해석될 수 있을 것이다.

우선 개에 대한 서구인과 한국인의 의식의 차이를 비교해 보자. 서양인과 우리의 개에 대한 의식의 차이는 개와 인간이 맺는 관계 방식의 차이에 기인한다고 볼 수 있다. 전통적인 가축 개념으로 생각한다면, 스위스의 유명한 양치기 개들의 노동을 생각하거나, 집 지키는 개들을 패러디화하고 있는 이솝의 이야기들을 따져보아도, 서구인과 한국인의 개에 대한 의식이 그토록 차이가 있는지에 대해서는 의심스럽다. 다만 후기 산업 사회로 진입한 서구 사회의 경우, 가족과 공동체적 삶의 붕괴는 도시 속에 고립된 개인들을 양산해 내었고, 따라서 개와 같은 애완용 가축들은 전통 가족의 역할까지 담당하게 되었다고 이해해야 할 것이다. 그러한 개와 인간의 관계 방식을 생각해 볼 때, 개를 먹는 일은 동족 살해와 같은 금기를 범한 일이나 다름이 없다. 그런 의미에서 보신탕에 대한 혐오감이 일어나는 것이다.

우리도 역시 애완용 개를 키우며 개 미용실, 개 고아원 등을 찾아다니며 개를 '사랑'하는 사람들이 최근 늘어나고 있으며 개 미용실도 성업 중이라고 한다. 그러나 전통적으로 개는 집을 지키는 등의 이유로 키워지고 적당한 때에는 소나 돼지처럼 식용으로 쓰이는 것이 당연하고 자연스러운 것으로 이해되었다. 모든 동물은 인간에게 가치를 주되, 살아서도 주고 죽어서도 준다면 더 좋은 가축이 아닌가 하는 식의 도구적인 이해인 것이다.

개에 대한 의식의 차이를 결정하는 것은 무엇인가? 바지는 남성적이고 치마는 여성적이라고 규정하는 것이 그것들의 물질적인 성질들이나 그것에서 비롯되는 관계들과는 아무런 필연적인 연관도 없듯이, 소는 먹을 수 있고 개는 먹을 수 없다고 생각하는 이유 역시 상징 체계 내에서 사물들의 상호 연관성에 의한 것이라고 볼 수 있다. 어떠한 사물도 인간이 그것에 부여한 의미에 의거하지 않고서는 인간 사회에서 존재할 수 없기 때문이다.

보신탕 논쟁은 문화 상대주의적 근거에서 결론지어질 수 있겠다. 한 사회의 문화적 행위나 가치는 그 문화의 맥락 속에서 판단해야 하는 것이다. 한 사회의 관습이나 가치는 그 자체만을 떼어서 옳고 그르다거나, 좋고 나쁘다고 말할 수 없는 것이다.

대부분의 문화적 관습은 그것이 속해 있는 맥락으로부터 분리되었을 때 매우 괴상하고 어리석게 보일 수도 있다. 그 경우 자신의 문화적 가치와 규범만이 당연하고 정당한 것으로 받아들이고, 그와는 다른 사회 집단들의 가치와 규범은 부도덕하고 열등한 것으로 간주하고 경멸하는 태도를 갖게 되는데, 이것이 극단화될 경우 문화적 제국주의가 된다. 한 집단이 자신의 문화를 다른 집단에게 강요하는 데서 저질러진 식민주의의 야만적인 과오들을 우리는 역사를 통해 수없이 찾아볼 수 있다. 동물 애호가를 자칭하는 외국 단체의 경거망동한 행동이야말로 또 하나의 야만적인 문화적 식민주의의 발로라고밖에 볼 수 없는 것이다.

여명숙, 「특정 음식이 문화와 야만을 구별하게 하는가」, 소흥렬 외 10인, 『논술문 강의와 연습』, 이화여자대학교출판부, 1994, 150-159쪽.

〈자료 2〉

개고기 먹는 사람을 배척하거나 특별히 나쁜 사람으로 여기지는 않는다. 물론 개를 가두거나 묶어 키우거나 도살하거나 사거나 먹는 과정에서 아주 잔인함을 발휘하는 사람들이 꽤 있다. 그러나 그 외의 개를 먹는 대다수는 평범한 우리 이웃들로서, 살아온 경험이 조금 다를 뿐이라고 생각한다. 다만 그 식습관을 바꾸었으면 하는 바람이 있다. 살아있는 곰을 가두고 내내 쓸개즙을 뽑아먹는 것에 반대하듯 말이다. 습관을 쉽게 바꿀 수 있도록 제도적으로 뒷받침되는 것도 중요할 것이다.

어떤 동물이 한번 축산화되면 복지를 개선하기 위한 싸움은 더욱 힘들어질 것이다. 더구나 복지를 개선하기 위해서는 동물의 종류별로, 용도별로, 연령단계별, 성별에 따라 전문적 지식을 갖고 따로따로 싸워서 법제화 해내야 하는 일이다. 그러니 합법적 축산동물이 아닌 개에 대해서는 개식용 반대운동이 도움이 되는 것이지, 동물의 평등을 고려한답시고 합법화 해놓고 다시 그 동물의 처우를 생각한다는 것은, 현실적으로 불가능하기도 하거니와 무의미한 코미디가 될 것이다. 그렇기 때문에 개고기는 '반대운동'으로, 소, 돼지, 닭은 '채식운동'으로 풀어야 하는 것이다. '소 돼지를 먹으니 개도 먹어야한다'가 아니라, '사람들과 돈독한 유대관계를 맺으며 살아가는 반려동물(개와 고양이)부터 보호하고,

소, 돼지, 닭들에 대해서도 관심을 갖고 육식을 줄여 그 수를 줄이고 복지를 개선해나가자'라고 하는 것이 더 합리적 선택인 것이다.

우리나라 사람으로서 개식용을 반대하는 것은 서양사대주의라고 하는 분들이 있다. 외국 사람들이 싫어하기 때문에 개식용을 반대한다고 여기는 것이다. 그러나 그것은 대단한 오해이다. 어느덧 개식용이 만연된 우리나라에서, 우리 스스로가 누구보다 그 폐해를 절실히 느끼기 때문에 반대하는 것이다. 개식용 문제는 '사람과 개 사이의 문제'이지, '우리나라와 외국 간의 문제'가 아니다. 외국 사람이 싫어하고 안하고에 대해서는 사실 관심도 없고 중요하지도 않다. 오히려 브리짓드 바르도라는 일개 프랑스인의 발언이 개식용 반대 논리의 전부인 듯, 이제껏 개고기를 옹호하는 많은 사람들이 그에 대한 비판만을 교과서처럼 암기하고 되뇌어 왔다. 그는 개식용을 반대하는 사람들을 대표하는 사람이 결코 아니다. 그가 어떤 식으로 표현했느냐에 의해, 개식용 문제의 본질이 달라지는 것은 결코 아니다.

문화상대주의도 모르는 것이 아니다. 문화상대주의는 '세계 문화의 다양성을 인정하고, 각 문화는 그것이 속한 문화권 나름의 환경과 역사적, 사회적 상황을 토대로 이해해야 한다'는 견해이다. 그러므로 타문화권의 전통과 고유문화에 대해서는 기본적인 예의를 갖추어야 하고, 어느 민족이 '우월하거나 열등하다'고 말해서는 안 되는 것이다. 이러한 문화상대주의는 소수민족의 자율과 전통도 존중해야 함을 인식시켜, 제국주의의 팽창논리에 맞서왔다는 점에서 소중한 의의가 있는 것이다.

하지만 도덕적 관점에서 어떤 습속이 과연 오늘의 시점에서도 정당한가에 대해 성찰할 때는, 더 이상 문화상대주의가 개입될 수가 없다. 무조건 과거에서부터 존재해왔거나 고유의 문화라는 이유가 앞으로도 지속적으로 존재해야 하는 이유가 될 수는 없기 때문이다. 우리가 상상하기도 힘든 고통을 당하는 일부 이슬람 문화권 여성에 대한 차별문화를 반대해서는 안 되는가? 지금도 그 사회의 지배계급인 남성들은 그것들이 고유의 문화라며 문화상대주의를 여성들을 지속적으로 억압하는 수단으로 삼고 있다. 또한 그러한 논리에 세뇌 당해, 자신들을 차별하는 문화가 고유의 문화이므로 받아들여야 한다고 스스로 믿고 있는 무슬림 여성들도 많을 것이다.

다른 문화권이기에 이슬람 문화를 객관적으로 볼 수 있는 우리는 그 이슬람 문화의 모든 것을 비난하는 것이 아니고, 그 중 극도의 성차별 문화로 인한 여성들의 고통을 가슴 아파하는 것이다. 악습을 빌미로 무력침입하거나 지배하려고 해서는 안 되지만, 자신들의 성차별 문화를 타파하기 위해 노력하는 무슬림들과는 연대할 수도 있는 것이다.

개식용은 이슬람 지역의 일부다처제, 여성할례, '명예살인'과 같이, 과거의 어느 시점에서부터 현재까지 지속되고 있는 하나의 관습일 뿐이다. 그것이 지속될만한 가치가 있는 관습인지를 판단하려면, 문화상대주의가 아닌 다른 기준을 찾아야 한다. 우리나라의 노비제도, 일부다처제, 호주제, 그리고 영국의 여우사냥, 중국의 원숭이골 요리 등은 모두 문화상대주의만으로는 용인될 수 없는 일들로서 이미 금지되었다.

편집부, 「동물보호 무크지 '숨'」, 『더불어 숨』, 창간호, 2008, 78-89쪽.

1. 〈자료 1〉은 문화상대주의를 기반으로 글을 전개하고 있다. 개식용의 다른 쟁점들(식용과 애완용의 분리, 개식용 합법화, 다른 식용 동물과의 형평성 등)에 대해서도 토론해 보자.

2. 〈자료 2〉를 읽고, 개식용 문제가 문화 상대주의의 범주에 들어갈 수 있는지 없는지에 대한 문제와 문화와 관습을 구분하는 기준에 대해 토론해 보자.

3. 독일은 동물권을 인정하고 있다. 〈자료 1〉과 〈자료 2〉를 비교하여 읽고, 동물권 내지 생명권이 있다고 한다면, 인간의 필요와 동물권(생명권)이 어떻게 조화될 수 있을지 토론해 보자.

3장 사형제도와 인권

우리나라는 사형 선고를 받은 사형수는 있으나 지난 1997년 이후 실제 사형 집행이 이루어지지 않아 실질적 사형제 폐지국가로 분류되었다. 참고로 미국의 일부 주에서는 지난 30년간 1,000명 이상이 처형되었고, 싱가포르는 인구 당 사형집행이 세계최고를 기록하고 있다. 사형제에 대한 찬성과 반대는 인간 생명을 두고 토론한다는 점에서 막중하고, 직접적으로 사회에 영향을 끼칠 수 있다는 점에서 신중해야 한다.

우리나라는 실질적 사형제 폐지국가이다. 사형 선고를 받은 사형수는 있으나 지난 1997년 이후 실제 사형 집행이 이루어지지 않았기 때문이다. 참고로 미국의 일부 주에서는 지난 30년간 1,000명 이상이 처형되었고, 싱가포르는 인구 당 사형집행이 세계최고를 기록하고 있다. 사형제에 대한 찬성과 반대는 인간 생명을 두고 토론한다는 점에서 막중하고, 직접적으로 사회에 영향을 끼칠 수 있다는 점에서 신중해야 한다. 우선 찬성과 반대에 대한 간단한 읽기 자료를 참고하여 토론해 보기로 하자.

〈자료 1〉

필자는 사형제도의 이론가가 아니나 폐지론자의 논리가 너무 상식에 어긋남에 놀라움을 금할 수 없다.

첫째 오심(誤審)으로 인해 애꿎은 사람이 하나라도 죽으면 안 된다고 한다. 이 세상에 100% 완벽한 심판이란 있을 수 없다. 만약 오심으로 극악한 연쇄살인 혐의자가 죽는 것을 걱정한다면 살인자들이 오심으로 풀려나서 마구 사람을 죽이고 다닐 일도 걱정해야 한다. 그렇다면 무죄판결 받은 살인 혐의자 역시 한 사람도 일생 동안 석방해서는 안 된다.

둘째 사형이 범죄를 줄이는 효과가 없다고 말한다. 도대체 죽음을 무서워하지 않는 사람이 있다는 말인가? 사형과 같은 극형이 효과가 없다면 이 세상 어떤 형벌이 악인을 제어(制御)할 수 있겠는가.

셋째 살인자의 인권도 보호해줘야 한다는 것이다. 기가 막힌 인본주의자들이다. 법무부 게시판에는 살인마가 살해할 여성에게 '너에겐 없지만 나에게 있는 게 바로 인권'이라 말하는 그림이 실렸다고 한다. 살인자의 인권에 대해서는 오직 그 피해자만이 말할 권리를 가질 것이다. 철학자 칸트는 살인자도 자유의사의 행위자로 존중받아야 함을 주장했다. 즉 그가 다른 사람을 살해로써 대접했듯이 그를 같은 방법으로 대접하는 것이 그의 선택을 존중하는 길이라는 것이다.

공리주의(功利主義) 철학을 창시한 벤담은 "최대다수에게 최대행복"을 가져다주는 것이 공공정책의 목적임을 주장했다. 즉 "개인에게 이익이 되는 행위가 항상 동료에게도 가장 이익이 되도록, 동료에게 상해를 입히는 행위는 항상 자신에게도 똑같이 해를 가하도록" 사회제도를 구비하는 것이 공공사회의 과제라는 것이다. 민주주의 하에서 우리는 사법제도를 믿고 그 효과를 인정하고 누구나 자기행위에 책임을 지고 똑같이 권리를 누림을 인정해야 한다.

김영봉, 「美 · 싱가포르는 야만국인가」, 한국경제, 2008년 3월 30일.

〈자료 2〉

김문수 씨는 "사형수의 인권만 인권이냐"며 "피해자에게도 인권이 있다"고 말한다. 범죄자를 처형하는 게 과연 피해자의 인권을 존중하는 길일까? 만약 그의 말이 맞는다면, 전 세계에서 가장 인권을 존중해주는 국가는 아마도 중국이리라. 거기서는 아예 스타디움에서 공개처형을 하지 않던가. 그런데 왜 세계는 중국에 인권상을 수여하지는 않고 외려 비난을 해대는 것일까? (중략)

사형이 범죄를 막아준다면, 예방 효과를 극대화하기 위해서라도 처형 장면을 공개해야 마땅하다. 뭐가 문제인가. 범죄자의 인권? 범죄자만 인권이 있고, 피해자는 인권이 없는가? 중국인들은 아마 자신들의 공개 처형을 '야만'이라 부르는 미국인들이 이해가 되지 않을 게다. 하지만 그러는 미국인들도 자신들의 전기의자 관행을 '야만'이라 부르는 다른 나라 사람들이 이해가 안 될 것이다.

이것은 사회적 감성의 문제다. 어떤 사회에서는 당연하게 느끼는 것을 다른 사회에서는 잔혹하고 야만적이라 느낀다. 혹은 사회적 합의의 문제다. 어떤 나라는 질서를 유지하려면 '경우에 따라서는 사람을 죽여야 한다'는 원칙을 고집하고, 다른 사회는 '어떤 경우에도 사람을 죽여서는 안 된다'는 원칙으로 질서를 잡는다. (중략)

사형제로 흉악 범죄를 막을 수 있다고 한다. 그 주장은 전혀 근거가 없음이 이미 밝혀져 있다. 처벌의 강도와 범죄의 빈도 사이에 유의미한 인과관계는 확인되지 않는다. 연구들은 외려 사형제가 있는 나라일수록 범죄율도 높다는 것을 보여 준다. 절도마저도 사형으로 처벌하던 17세기, 가장 많은 절도가 벌어지던 곳이 역설적이게도 바로 군중들을 모아놓고 절도범을 잔혹하게 처형하던 바로 그 현장이었다. (중략)

사회를 두 종류로 나누어 보자. 한 사회는 흉악범을 허공에 매다는 교수대의 버튼을 누를 준비가 되어 있다. 버튼이 내려가는 순간, 성원들은 일제히 환호성을 올린다. 또 다른 사회는 교수대의 버튼을 누를 준비가 되어 있지 않다. 그 사회의 성원들은 아무리 흉악범이라도 사람의 생명을 빼앗는 일을 잔혹하고 야만적이라 느낀다. 전자에 속하는 나라는 63개국, 후자에 속하는 나라는 134개국이다.

주위를 둘러보라. 한 사회에도 두 부류의 사람들이 있다. 당신은 어떤 인간과 더불어 살고 싶은가? 기회만 닿으면 기꺼이 교수대의 버튼을 누를 사람들 틈에 살고 싶은가? 아니면 차마 교수대의 버튼을 누르지 못하는 사람들 틈에 살고 싶은가? 교수대에 버둥거리는 사람을 보며 환호하는 사람과 이웃하고 싶은가? 아니면 그 장면에 고개를 돌려버리는 사람과 이웃하고 싶은가? 아니, 그 이전에 당신은 어떤 이웃인가? (중략)

이제 가슴에 손을 얹고 대답해 보라. 당신의 자녀는 과연 어떤 인성을 가진 사회에서 더 안전할까? 당신의 자녀의 영혼은 과연 어느 사회에서 더 아름다울까? 허투루 대답하지 말라. 이것은 당신 자녀의 안전과 영혼이 걸린 문제니까. 당신 자녀를 "죽여라, 죽여라" 고래고래 외치는 군중들 틈에 내보낼 것인가? 정말 그러고 싶은가? 이것이 세계 134개국에서 사형제를 폐지하고, 또 점점 더 많은 나라가 거기에 동참하는 이유다.

진중권, 「사형제가 인권이라고?」, 프레시안, 2008년 3월 23일.

1. 〈자료 1〉, 〈자료 2〉에 나타난 사형제도 찬성과 반대 입장의 요지를 정리해 보고 각 입장의 강점과 약점에 대해 토론해 보자.

2. 사형을 금지하는 것이 가해자의 인권만 중시하고 피해자의 인권을 무시한다는 주장에 대해 찬성 또는 반대의 입장에서 토론해 보자.

3. 사형제도는 범죄자에게 교화의 기회를 주지 않고 생명을 앗아 버리는 극형이다. 사형수에게 교화의 기회를 주어서는 안 된다고 생각하는지, 교화가 가능하지 않다고 생각하는지 토론해 보자.

4장 성차별과 양성평등

성적 차이와 이에 따른 차별에 대해 인식하게 되면서부터 우리는 이에 대응하는 담론을 형성하고 대처할 수 있는 방안을 찾아가고 있다. 그럼에도 성차별과 양성평등의 문제는 여전히 사회적인 논란을 낳고 있다. 특히 여성고용할당제 적용 및 군가산점제 부활 등의 사안들은 남녀 차별 문제, 이에 대응하는 여권 신장 정책, 또 이에 따른 역차별 사례 등의 논의로 이어진다.

성(性)과 성적 차이에 대한 담론이 오늘의 이슈만은 아닐 것이다. 17세기 이후 유럽은 종교적인 차원에서 성적인 담론을 형성했으며, 이는 문학의 영역으로 확대되었다. 의학이 발달하면서 성은 본격적으로 치료의 대상이 되고 과학의 용어로 목록화, 기호화 되었다. 근대에 이르러 성은 자본주의 논리로 상품 시장에 등장하고, 정치적으로 욕망을 제어하여 하나의 권력 장치가 된다. 이와 같이 성이 권력화, 이데올로기화 되면서 남녀 차별에 대한 문제들이 불거졌고, 페미니즘과 같이 성적으로 약자인 여성에 대한 담론이 형성되었다.

니체는 『짜라투스트라는 이렇게 말했다』에서 여성이 임신과 출산을 통해서나 자유로워질 수 있다면서 여성성을 폄하하고, 한정숙은 『여성은 이렇게 말했다』에서 여성 중심적인 신화를 통해 여성주체의 권리와 자유에 대해 강변한다. 여성성과 여성주의에 대해서는 다양하고 상반된 주장들이 공존한다. 만약 여성과 남성의 역할이 뒤집어진다면, 그리하여 여성이 권력을 행사할 수 있다면 어떤 사회가 만들어질까? 브란튼베르그의 소설 『이갈리아의 딸들』은 남녀의 성역할을 뒤바꾼 가상의 사회를 통해 생물학적인 것에서 비롯된 성차별의 요소들이 실은 사회가 인위적으로 만들어 낸 구성물임을 반증한다. 작가는 남성을 임신과 출산, 가사노동 등에 얽매인 성적인 약자로 그려내면서 남성 중심적 사고와 가부장적 문화를 풍자한다.

뿌리 깊게 박힌 성차별에 대하여 우리의 인식은 크게 바뀌었지만, 이 문제는 정치적으로나 일상생활에서나 여전히 해결되지 않고 있다. 특히 여성고용할당제 적용 및 군가산점제 부활 등의 사안들은 남녀 차별 문제, 이에 대응하는 여권 신장 정책, 또 이에 따른 역차별 사례 등의 논란을 낳고 있다. 아래의 읽기 자료들을 정독하면서 이에 대해 생각해보자.

1. 여성할당제

〈자료 1〉

4 · 11 총선을 앞두고 각 당에서 공천을 진행 중이다. 공천을 둘러싸고 여러 가지 파열음이 터져 나오고 있는데, 그중 하나가 여성 전략공천의 정당성에 대한 논의다. 민주통합당이 지역구에 15%를 공천하기로 하자 지난 2월 12일 민주통합당 남성 의원 46명의 이름으로 성명서가 발표됐다. 성명서는 여성 의무공천이 공정한 경선 기회를 가로막는다고 지적하며, 여성 전략공천을 실행하면 헌법소원을 제기하고 무소속 출마도 불사할 것이라고 발표했다. 여성 후보와 맞붙은 지역구의 남성 후보들은 여성 의무공천에 맹렬히 반대하고 있으며, 공천 심사에 탈락한 경우 심사 결과에 불복해 재심을 청구하는 사례까지 등장하고 있다. 여성 의원들은 그들대로 공천심사위가 남성들의 반발이나 권위에 좌우되지 말고 공정하게 심사할 것을 주문하고 있다.

여성할당제는 사회적 약자로서 여성의 정치적 대표성을 높이기 위해 나온 제도다. 무엇보다 기존 정치 구조에서 여성이 대의기구에 진입하기 어렵다는 점을 고려해 취한 조처다. 하지만 논쟁 속에서 여성할당제는 정의를 실현하기보다는 오히려 공정성을 해치는 제도로 이야기된다. 또한 할당제는 '잘난' 여성들의 문제로 여기기도 한다. 공천 심사는 곧 마무리될 것이고, 총선이 지나면 할당제 논쟁은 다음 선거까지 다시 잊힐지도 모른다. 그리고 다음 선거 때쯤 같은 논쟁이 반복될 수도 있다. 여성할당제에 대한 반복된 비판과 대응을 넘어서 할당제의 정치성을 어떻게 실행할 수 있을까? (중략)

할당제가 아니면 여성의 정치 참여가 답보 상태에 머무르는 것이 여러 번에 걸쳐서 반복되고 있다. 그래서 다시 강제적 조처의 확대를 요구하는 것은 현재 상황에서 가능한 해법으로 볼 수 있다. 한편으로 이런 해법은 할당제가 추진되는 동안 남성중심적 정치문화, 정당구조, 선거제도 등에 대한 개혁이 적극적으로 이뤄지지 않았음을 의미한다. 할당제가 공정한 경쟁이 아니라고 지적하지만, 심각한 것은 할당제가 추진되는 동안 공정한 경쟁을

공정한 경쟁이 아니라고 지적하지만, 심각한 것은 할당제가 추진되는 동안 공정한 경쟁을 위한 정치구조의 개혁이 충분히 이뤄지지 않았다는 점이다. 더구나 '공정한 경쟁'이 아니라고 주장하는 남성 정치인들이 정작 책임은 나누지 않은 채, 성찰도 없이 스스로를 평가자 위치에 올려놓고 있다.

할당제에 대한 또 다른 비판은 후보로 선출할 만한 여성이 없다는 것이다. 실제로 19대 총선에서 여성 15% 의무공천을 약속해서 37명의 여성을 공천하기로 한 민주통합당은, 공천을 신청한 여성이 49명이어서 신청자 대다수가 공천을 받는다는 비판을 받았다. 이런 상황은 할당제를 취약하고 무리한 전략으로 보이게 한다. 하지만 이 문제의 본질은 여성의 정치 참여 확대가 1990년대 이후 주요 쟁점이었는데도 정당들이 여성 정치인 양성을 위한 실질적인 노력을 하지 않았다는 점이다. 여성 정치인을 양성하려는 노력과 성과가 없는 상태라면 할당제는 무리한 전략으로 비치게 되고, 이런 전략은 할당제의 정당성을 취약하게 만든다.

할당제 논의가 우리를 지치게 하는 것은 현실의 반복이다. 이제는 이름난 여성 정치인이 있고, 각 당의 대표도 모두 여성이다. 하지만 여전히 여성은 중앙의 계파 정치나 지역 조직, 인맥 중심 정치에 쉽게 끼어들지 못한다. 지금 할당제 논의에서 문제는 할당제 의무 적용의 확대를 넘어서, 강제적 적용 말고는 다른 방법이 없는 것처럼 보이는 정치구조의 지체 현상이다.

여성의 정치 참여가 답보 상태에 있는 지금, 지역구 후보 공천에서 여성을 의무공천하기로 한 것은 전향적인 결정이다. 하지만 지금의 현실을 보면, 지체돼 있는 것은 정치구조인데 오히려 할당제가 낡은 제도로 평가되고 있다. 정당이 약속했던 여성 공천 확대를 실행시키는 것만큼이나, 할당제의 논리 구조와 할당제가 담아내는 개혁의 외연을 점검해보는 것이 필요하다.

할당제에서 항상 문제의 초점이 되는 것은 '여성'이다. 여성의 과소대표, 여성의 차이, 여성의 자격, 여성 할당제의 정당성 등 여성이 쟁점의 대상이 된다. 반면 '남성'이나 '정치문화', '정당구조' 등은 논의 안에 적극적으로 들어오지 않는다. 즉, 할당제의 논리 구도는 여성을 괄호 안에 넣고 여성이 어떻게 기존 정치 제도에 들어갈 수 있게 할 것인지에 초점을 모아왔다. 이런 논리 구도는 여성을 둘러싼 조건이 어떻게 불공정한지를 문제 삼기보다는, 여성이 불공정한 경쟁을 하는 것으로 보이게 한다. 또 남성중심적 정치문화에서 남성의 역사적 무임승차는 논외로 하고 여성 정치인의 무임승차를 쟁점으로 만든다.

할당제가 문제가 되면서 프랑스의 남녀동수법이 주목받고 있다. 프랑스에서는 2000년 헌법 개정을 통해, 정당이 대표자 선출을 위한 후보 공천을 할 때 남녀동수로 공천하도록 명문화했다. 15% 의무공천도 말이 많은 한국의 상황에서 프랑스의 50% 여성 공천은 유용하게 참조할 만하다. 하지만 조앤 스콧에 따르면, 프랑스의 남녀동수운동이 보여주는 것은 50%라는 숫자를 넘어 보편주의의 위기와 이에 대한 페미니스트의 도전이다. 공정함과 합리성이 남성중심적으로 구성된 현실에서 여성은 불공정한 공정함을 수용하거나 예외와 편법으로 존재하게 된다. 프랑스의 남녀동수운동은 여성들이 공화주의가 전제하는 추상적 개인이 되기 위해 오랜 시도와 좌절을 거쳐 온 역설적 과정에서 나왔다. 여기에서 주목할 것은 남녀동수운동이 공화주의의 '추상적 개인'을 성차를 지닌 존재로 재개념화 했다는 것이다.

지금 할당제가 직면한 과제는 선출직에서 여성 의무공천 확대 이상의 것이다. 여성을 예외와 편법으로 두는 괄호를 열고, 정치문화 · 정당구조 · 선거제도 등을 개혁하는 방향을 할당제가 어떻게 포괄할 것인지에 대한 궁리가 요청된다. 이는 여성에게 향하던 질문이 남성과 정치구조를 향해 어떻게 열리도록 할 것인가의 문제가 될 것이다.

유정미, 「여성할당제, 남성 정치를 바꿔라」,
『르몽드 디플로마티크』 42호, 2012년 3월 13일.

〈자료 2〉

물론 오늘날 우리 사회의 여성들이 아직도 고용과 정계진출 같은 부분에서 성차별을 받고 있는 것은 엄연한 사실이며, 이것이 우리 사회에 양성평등문화를 정착시키기 위해 꼭 개선되어야 할 문제라는 것은 인정한다. 그러나 현 여성계는 그에 대한 해결책으로 여성할당제를 도입하기에 앞서 몇 가지 생각해 보아야 할 것이 있다.

그 중 하나가 바로 여성할당제가 한창 시행 중이었던 1999년 12월 군 가산점 폐지 당시 여성계가 내세운 주장과 최근 여성할당제를 옹호할 때 여성계가 내세우는 주장 사이에는 심각한 모순이 있다는 사실이다. (중략) 군 가산점 폐지 당시 여성계가 내세운 근거 중 하나가 바로 '고시라는 것은 병역의무 이행 여부와 상관없이 행정, 사법, 외무 분야에서의 직무수행능력을 평가하는 것인데, 군 가산점 제도는 공무원을 직무수행능력대로 뽑는 것을 방해한다'는 것, 한마디로 군 가산점으로 인해 능력 있는 여성이 불이익을 본다는 것이었다. 일전에 군 가산점 폐지를 놓고 게시판 상에서 토론을 벌인 한 여성 역시 군 가산점 제도를 '호봉체계처럼 군필을 인정해 주는 차원이 아닌, 합격이라는 기회의 평등을 막는 원천적인 차별제도'라고 비판했다.

그렇다면 여기서 우리는 여성할당제에 대한 여성계의 입장에 이의를 제기할 필요가 있다. 여성할당제가 통과되었을 때, 여성계는 왜 군 가산점을 폐지했을 때와 달리 '능력대로' 뽑자는 이야기를 하지 않았느냐는 것이다. 병역의무 이행 여부가 공무원 선발의 기준이 될 수 없다는 이유로 군 가산점 제도를 '합격이라는 기회의 평등을 막는 원천적인 차별제도'라 규정한 여성계의 논리대로라면, 이 여성할당제 역시 남성인지 여성인지의 여부가 사원 임용과 국무수행능력 평가의 기준이 될 수 없다는 점에서 '취업과 정치참여라는 기회의 평등을 막는 원천적인 차별제도'라 규정할 수 있는 것이다. (중략)

여성할당제가 가지고 있는 두 번째 문제점은, 앞에서도 잠시 언급했듯이, 여성할당제가 자유민주주의 사회에서 정의하는 '기회의 평등'을 막는 원천적인 차별제도라는 것이다. 알다시피 기업체에서의 사원임용은 기업을 위해 기민하고 능동적으로 일할 수 있는 능력 있는 사람을 선발하는 과정이다. 또한 국회의원 비례대표는 일반 국정에 결정적으로 참여하는 국민의 대표이며, 그들은 국민의 지지를 받고 있고 국정을 수행해나갈 능력과 경륜을 갖춘 이들이어야 한다는 것은 자명한 사실이다. 그렇다면 우리는 기업체 내에서의 업무수행과 국회에서의 국정수행능력에 관계없이, 남성인지 여성인지의 여부에 따라 혜택을 부여하는 여성할당제의 문제점에 대해 냉정하게 생각해 보아야 한다. 남녀의 여부가 업무수행능력과 국정수행능력을 평가하는 잣대가 될 수 없다는 것은 의심할 수 없는 사실이다. 현 여성계가 재계와 정계에서의 여성인력의 진출이 저조한 우리의 현실을 비판하는 이유는, 남녀의 여부가 재계와 정계에서의 능력을 평가하는 잣대가 될 수 없는 만큼, 여성 역시 사회 각 부분에서 남성과 대등한 지위를 누릴 수 있다고 생각하기 때문이다.

그러나 여성계가 주장하는 그러한 남녀의 대등한 지위는 어디까지나 우리 사회를 떠받치고 있는 두 개의 기둥인 '자유민주주의'와 '자본주의'라는 틀 안에서 벌어지는 공정한 경쟁에 근거한 것이어야 한다. 여성계의 주장대로 남녀의 여부가 한 사람의 능력을 평가하는 잣대가 될 수가 없다면, 남성인지 여성인지의 여부에 따라 사회적 지위를 결정하는 여성할당제는 자유민주주의와 자본주의라는 틀을 완전히 벗어난 원천적인 차별제도라 규정할 수 있는 것이다. (중략)

오늘날 우리 사회는 여성의 취업을 장려하기 위해 각 지역단체 및 시민단체별로 여성인력개발센터와 여성직업소개소 등을 운영하고 있는 한편, 여성취업박람회와 같은 다양한 행사를 열거나, 각 대학별로 현장의 실무능력과 종합적 사고를 기반으로 한 여성취업 교육 등을 실시하고 있다. 또한 여성의 정계진출을 독려하기 위해 사이버여성정치학교, 한국여성정치문화연구소와 같은 여러 기관을 운영하고 있다. 이러한 사회적 움직임은 여성들이 가부장적 남성주의로 인해 침해당한 기회의 평등을 회복하게끔 한다는 점에서 바람직하다고 평가될 수 있으며, 앞으로도 지속적인 지원과 관심이 요구되는 부분이다.

그러나 여성할당제는 이 경우처럼 교육과 캠페인을 통해 여성이 침해당한 기회의 평등을 회복할 수 있는 노하우를 전수한 것이 아니라, 자유 민주주의 사회에서 사회적 지위를 확보하기 위한 필수적 요소라 할 수 있는 '경쟁'이라는 과정을 뛰어넘어, 무조건적인 '결과의 평등'을 보장하고 있다. 이는 우리 사회를 지탱해온 두 개의 기둥인 자유민주주의와 자본주의 정신에 완전히 위배되는 행위이다. 즉, 여성이 기회의 평등을 침해당했다는 이유로 이에 대한 보조를 한다 하더라도, 남녀 모두가 바라는 결과의 산물은 어디까지나 땀과 노력을 통해 쌓아온 자신의 능력을 최대한 발휘한 사람에게만 주어져야 하는 것이다.

여성할당제의 문제점은 더 많은 땀과 노력을 기울이지도, 자신의 능력을 최대한 발휘하지도 않은 채, 단지 여성이라는 이유만으로 사회적 경쟁에 따라 주어져야 할 일자리와 의석을 할당받게 된다는 것이다. 기업체 내에서의 일자리와 국회의 비례대표 의석은 남성 구직자와 정치지망생도 여성 못지않게 간절히 희망하는, 그래서 한 사람으로 하여금 최선을 다해 취업준비와 정치활동 준비에 임하게끔 하는 궁극적인 목표이다. 능력 있는 남성에게 돌아가야 할 이러한 결실을, 단지 여성이라는 이유 하나만으로 할당받도록 하는 여성할당제는 과거 여성의 사회진출에 대한 성차별 못지않은 남성에 대한 역차별을 야기하게 될 것이다.

한지환, 「안티 페미니스트가 본 페미니즘과 가부장제」, 정채기 외, 『페미니즘에 대한 남성학과 남성운동』, 원미사, 2007, 201-207쪽.

2. 군가산점제

〈자료 3〉

국방부가 어제 업무보고를 통해 군필자에게 공무원 채용이나 공기업 입사 등에서 일정한 가산점을 주는 군 복무 가산점제를 다시 도입하기 위해 병역법 개정을 추진하겠다고 밝혔다. 이는 국가안보총괄점검회의가 얼마 전 이명박 대통령에게 재도입을 건의한 데다 한나라당 역시 최근 비슷한 움직임을 보이고 있는 데 따른 것으로 풀이된다. 결론적으로 군 복무 가산점제 재도입은 당연하며 꼭 필요하다는 게 우리 생각이다.

군 복무 가산점 제도는 1999년 헌법재판소의 위헌결정을 받아 시행 39년 만에 폐지된 바 있다. 하지만 당시 헌재는 가산점 제도 자체가 잘못이라고 한 것은 아니었다. 단지 군필자에게 만점의 3~5%를 가산점으로 주는 것은 근소한 점수 차로 합격, 불합격이 갈리는 점을 감안할 때 지나친 보상이므로 제도를 고치라는 뜻이었다. 실제 당시 헌재는 "가산점제는 취업 기회와 취업준비 기회를 잃는 군필자의 불이익을 보전하는 것으로 입법 정책적으로 얼마든지 가능하고 필요하다"고 밝혔다.

무엇보다 천안함 폭침, 연평도 사태를 잇달아 겪으면서 국민들은 안보의 소중함과 군의 노고를 그 어느 때보다 실감하고 있다. 때로는 목숨을 내걸면서 생의 가장 소중한 시간을 군에서 헌신한 청년들에게 국가가 일정한 보상을 해주는 것은 너무도 당연하다. 사실 우리의 군 복무 제도는 면제자에게 일방적으로 유리하게 되어 있다. 군 면제를 받으면 학업이나 사회생활, 경제활동 등에서 군복무자보다 몇년 앞서갈 수 있고 그 차이는 때로는 평생을 간다. 이 땅에서 병역비리가 절대로 없어지지 않는 이유이기도 하다.

따라서 이런 형평성 문제가 근본적으로 해결되지 않는 한, 가산점제는 군필자들에게 나라가 해줘야 하는 최소한의 보상이라고 본다. 다만 또다시 위헌 시비에 휘말리지 않도록 이번에는 사전에 세심한 조율을 해야 할 것이다. 여성단체나 장애인단체들이 반대하고 나설지 모르지만 군 가산점제는 그들에 대한 차별과는 차원이 다른 문제라는 점을 이해했으면 한다.

「군복무 가산점제 부활 망설일 이유 없다」, 한국경제, 2010년 12월 29일 사설.

〈자료 4〉

국방부가 군가산점제 재도입을 위한 여론몰이에 나서고 있다. 돌이켜보면 특히 문제가 되는 7급과 9급 행정 · 공안직 공무원 시험의 합격자 중에서 여성 합격자 비율은 군가산점이 존재하던 1999년 이전에는 10~20%대였던 것이 군가산점 제도가 폐지된 이후는 급격하게 늘어나 요즈음 거의 50%에 달하고 있다.

처음부터 군가산점제가 없었던 행정고시와 외무고시, 사법고시의 여성 합격자 비율도 계속 늘어나 지금은 50%에 육박하고 있다. 하지만 이러한 현상은 단지 군가산점 폐지에 의한 것만은 아니고 1998년 IMF 외환위기 이후 사람들이 쉽게 해고되지 않는 안정적인 직장인 공무원이나 의사 같은 전문직을 선호하게 된 우리 사회의 일반적인 추세와 맞물려 있다.

지금처럼 공무원시험 경쟁률이 보통 50 대 1 정도가 되는 상황에서 군필자에게 예컨대 2%의 가산점을 준다면 여성 합격자 비율은 예전처럼 10~20%대로 곤두박질 칠 것이 뻔하다. 헌법상의 평등권과 공무담임권을 명백하게 침해하게 되는 것이다.

지금도 여성 공무원들이 주로 하위직에 몰려 있고 공무원 직급 중 3급 이상의 고위직은 남성이 90% 이상을 독점하고 있다. 전체 남성의 73.1%가 경제활동에 참가하고 있는 반면 여성은 49.2%만 경제활동에 참가하고 있고, 취업 여성은 취업 남성의 63.5%의 임금만 받으면서 일하고 있다. 남녀차별이 없어 능력 있는 여성들이 꿈을 안고 도전하는 공무원시험조차 군가산점제를 도입해 여성 진출을 가로막는다면, 사기업에서의 여성 채용이 미미한 상황에서 여성들이 갈 곳은 저임금이고 하위직이고 비정규직이고 보조적인 서비스업종밖에 더 있겠는가?

군가산점제 도입 추진 배경에는 그나마 여성들은 기댈 곳(남성들)이 있지 않으냐 하는 가부장적 사고가 자리 잡고 있는 것으로 보인다. 여성들은 결혼 전에는 아버지에게, 결혼해서는 남편에게, 늙어서는 아들에게 복종하며 의지하며 살라고 했던 조선시대의 삼종지의(三從之義)의 현대판이다. 지금도 의외로 많은 남성들은 여성들이 공무원 사회로 진출하는 것 자체를 국가와 가정에서 중추적인 역할을 하는 남성의 직업을 빼앗는(!) 행위로 보고 있다.

청춘을 군대에서 보내는 남성들에게 정당한 보상체계가 미미한 것은 사실이다. 그렇다고 남녀를 대결시키고 여성이나 장애인 등 군대에 갈 수조차 없는 사회적 약자를 희생시켜 보상체계를 마련하려는 사고방식은 참으로 치졸하다. 여성을 희생시켜 남성적 특권을 유지하고 확대해선 안 된다.

필자는 이에 대한 대안으로 ▲현재 1년 9개월인 군복무 기간 단축 ▲현재 병장 기준으로 10만원 정도 하는 병사들의 월급 대폭 인상을 포함한 군 복지제도 확충 ▲현재도 실시되고 있는 군복무 기간 경력 인정 확대 ▲여성들에게 군복무 기회 확대 ▲여성들에게도 남성들의 군복무에 버금가는 사회봉사 의무화를 제시한다.

「군가산점제, 헌법상 평등권 침해다」, 여성신문, 2011년 6월 17일 사설.

1. 자료 1과 2를 읽고 여성할당제의 적용에 대하여 찬성과 반대의 입장에서 토론해보자.

2. 자료 3과 4를 읽고 군가산점제 재도입에 대하여 찬성과 반대의 입장에서 토론해보자.

3. 한 TV토론에서 마광수는 '성형을 안 하는 여자는 게으른 여자'라고 믿는다고 밝힌 바 있다. 이에 대하여 진중권은 여성이 가부장적 사회에서 살아남기 위해서는 '실력보다는 미모에 투자하는 게 경제적으로 더 합리적'인 것이냐며 남성 중심적인 시각을 꼬집는다. 여성의 신체를 대상화, 신화화하는 오늘의 현실에서 과연 성형의 의미는 무엇인지 생각해보자. 그리고 여성이 자기 계발의 목적으로 행하는 성형에 대해 긍정과 부정의 입장에서 토론해보자.

5장

생명복제와 윤리

1997년 복제양 돌리가 탄생한 이래 복제 기술이 인간에게 적용될 것을 우려하는 목소리가 끊이지 않았다. 특히 종교인들과 생명윤리학자들이 앞장서 즉각적으로 인간 복제를 비난하였다. 생명윤리학자 리차드 매코믹은 인간이 자신과 같은 유전자를 가진 또 다른 개체를 만들어내는 것은 이기주의의 극치라고 하였고, 앨런 베리는 인간 복제 행위가 부모에게 아이들을 단순한 생산물로 생각하도록 만든다고 주장하였다.

1997년 2월 스코틀랜드 에든버러의 로슬린 연구소에서 이안 윌머트와 키스 캠벨에 의해 복제양 돌리가 탄생한 이래 복제 기술이 인간에게 적용될 것을 우려하는 목소리가 끊이지 않았다. 특히 종교인들과 생명윤리학자들이 앞장서 즉각적으로 인간복제를 비난하였다. 생명윤리학자 리차드 매코믹은 인간이 자신과 같은 유전자를 가진 또 다른 개체를 만들어내는 것은 이기주의의 극치라고 하였고, 앨런 베리는 인간복제 행위가 부모에게 아이들을 단순한 생산물로 생각하도록 만든다고 주장하였다. 다음의 두 글 중 한 편은 인간복제에 대해 제기되는 문제점들을 정리한 것이고, 다른 한 편은 인간복제에 대한 우려들이 잘못된 인식에서 비롯된 것임을 주장하는 글이다. 두 글을 비교하여 읽어 보자.

〈자료 1〉

인간복제와 관련된 여러 가지 위험과 미해결 문제들을 정리하면 다음과 같다.

- 인간 복제는 성공률이 아주 낮은 불확실한 기술이다.
- 이 문제가 해결되기 전까지는, 복제 과정에 참여하는 여성이 극히 실험적이고 논쟁의 여지가 많은 기술의 적용을 받게 된다.
- 복제된 동물의 건강에 관해 아직 해결되지 않은 문제들이 있다. 이 문제는 인간에게도 마찬가지로 적용될 것이다.
- 그 위험은 예상되는 어떤 이익보다 훨씬 심각하다.
- 복제가 불임치료의 최후 수단으로 이용되는 경우를 제외하면, 복제인간을 탄생시키려는 사람들의 동기에 관한 물음이 제기될 것이다.
- 복제가 특정한 인간을 재창조할 수 있다는 생각은 잘못된 것이다.
- 복제된 아이의 정서적 문제가 있을 수 있는데, 그 아이는 특별한 기대에 따라 살아야 한다는 압박을 받게 될 것이다.

• 출신배경이 평범하지 않고, 복제 제공자와 너무 닮았다는 사실이 정서적으로나 심리적으로 해로울 수 있다.

이렇게 요약하고 나면, 복제 과정의 출발에서부터 복제된 인간 자신의 삶에 이르기까지 몇 가지 해결되지 않은 심각한 문제와 위험이 있다는 점이 분명해진다. 이런 문제가 특별히 복제 자체에만 있는 것이 아니라고 해도 많은 사람들은 이것만으로도 복제를 금지해야 할 충분한 이유가 된다고 생각한다. 하지만 인간복제를 반대할 본질적인 윤리적 이유는 없다고 주장하는 사람들이 있다. 앞서 요약한 문제들에 대한 이들의 입장은, 그런 이유에서 복제를 금지한다면 결과주의 근거에 따르는 게 된다는 것이다. 달리 말해서, 결과에 대한 우려 때문에 복제를 금지하게 된다는 것이다. 물론 몇 가지 문제가 되는 결과들은 생명의학계가 복제에 이용되는 기술을 개선하면서 해소될 것이다. 하지만 이 논쟁에 대한 또 다른 입장이 있다.

카톨릭 신자들과 일부 다른 기독교인들은 복제가 출산에서 성행위를 분리시키는 기술의 하나이기 때문에 금지한다. 이것은 의무론적 입장으로서, 교회의 해석에 따라 성서의 가르침이라고 생각되는 것에 근거하고 있다. 복제 방법 자체를 살펴보면, 모든 복제 시도는 여러 개의 배아를 만들어내게 되고 배반포 단계에 도달한 배아 중 일부가 폐기될 가능성이 있다. 탄생 방법과 상관없이, 초기 배아에 대한 전통적인 윤리관을 가진 사람이라면 이것에 반대할 것이다. 예를 들어, 자궁에 착상되기 전의 초기 배아도 인간이라고 생각하는 사람들이 있다. 이런 입장에 따르면 배아를 폐기해서 없애는 것은 한 인간을 폐기하고 죽이는 것이다. (중략)

이제 좀 더 널리 받아들여지는 윤리적 입장들에 따라 주장하자면 현재 복제 배아를 임신하는 모든 여성과 태어날 모든 복제 인간은 첫째, '실험 대상'이 된다는 것과 둘째, 몇 가지 형태의 위험에 노출된다는 것, 그리고 이 위험의 정도를 평가하고 측정할 수 있으려면 그런 '실험'이 지금처럼 계속해서 이루어져야 한다. 칸트 윤리학에 따르면, 한 인간을 다른 사람의 목적을 위한 수단으로 사용하지 말라고 하는 정언명법[절대적 도덕법칙]이 있고, 이런 의무론적 입장이 복제에 적용되는 것은 분명하다. 더욱이 이것은 우리 자신이 대접받고 싶은 대로 다른 사람을 대접하라는 덕윤리의 원칙과 유사하다. 이 원칙은 여러 종교의 가르침에 담겨 있고 휴머니즘과 빅토리아 시대의 '황금률'에도 담겨 있다.

존 브라이언트 · 린다 바곳 라벨 · 존 설, 『생명과학의 윤리』, 이원봉 옮김, 아카넷, 2008, 240-242 쪽.

〈자료 2〉

사람은 사람일 뿐이다. 그들이 존재하게 된 방식은 그다지 중요한 문제가 아니다. 하지만 어떤 사람들은 너무나도 명백한 이 사실을 받아들이지 못하는 것 같다. 예를 들어 신학자이자 생명윤리학자인 니겔 카메론은 "복제 인간은 아마도 인류 역사상 최악의 냉대를 받을 것이다. 새로운 노예 계층이 생겨날 것이며, 우리는 각자 자신의 목적을 위해 사용할 복제 인간을 소유하게 될 것이다."라고 주장했다. (중략)

'혈통에 따른 무차별의 원리'란 태어난 방법에 대한 편견으로 고통을 겪는 사람이 있어서는 안 된다는 의미이다. 부모의 결혼 사이든 편모나 편부이든 원치 않는 임신을 했든 체외수정이든 생식세포 난관이식술이든 쌍둥이든 세쌍둥이든 네쌍둥이든 다섯쌍둥이든 그어느 것도 아기가 태어난다는 사실보다 중요하지 않다. 우리는 복제를 비롯한 보조생식기술로 태어난 아이가 세상 속에서 자신을 열등한 존재로 인식하게 해서는 안 된다.(중략)

우리가 버려야만 하는 또 다른 어리석은 생각이 있다. 그것은 바로 복제기술을 이용한 장기이식이다. 복제를 통해 태어나는 인간 역시 사람이므로 우리에게 장기가 필요하다고 해서 그들을 죽일 수는 없다. 이것은 당신 형제를 쓰러뜨려서 병원으로 옮기고 마취시킨 후 이식을 위해 그의 장기를 꺼내는 것과 같은 비윤리적이고 불법적인 행위이다. 칸트의 고전적 용어를 빌리자면 새로운 방식으로 태어나는 사람을 다른 사람의 이익을 위한 '수단'으로 이용해서는 안 된다는 것이다. (중략)

허구 속에서 복제 인간은 좀비나 벌레 같은 존재로 암시된다. 때로는 복제 인간 군대나 노예로 인식되기도 한다. 그리고 지금 '복제'란 용어는 한 사람의 인종적 · 성적 기원을 헐뜯는 수십 가지의 다른 역겨운 말들과 같은 부류에 있다. 그러므로 '복제로 태어난 사람'

에 대해 훨씬 더 중립적으로 표현하기 위해 '체세포핵이식' 또는 '인간의 무성생식'이라는 용어로 제한해야 한다.

그레고리 E. 펜스, 『누가 인간복제를 두려워하는가』, 이용혜 옮김, 양문출판사, 2001, 78, 80, 82쪽.

1. 〈자료 1〉, 〈자료 2〉에 나타난 인간복제 논쟁의 쟁점을 비교하고 각 입장의 강점과 약점에 대해 토론해 보자.

2. 인간복제를 비난하는 논거 중에 종교적 믿음에 근거한 반대가 과연 비종교인에게도 유효할지에 대해 토론해 보자.

3. 인간복제가 기술적으로 안전하다고 가정할 때, 인간복제를 할 때의 윤리적 제약들에 대해 토론해 보자.

6장 유비쿼터스 혁명과 미래사회

정보혁명은 물리공간을 컴퓨터 속에다 집어넣은 혁명이지만 유비쿼터스 혁명은 물리공간에다 컴퓨터를 집어넣는 혁명이라 할 수 있다. 유비쿼터스 공간에서는 물리적 환경과 사물들 간에도 전자공간과 같이 정보가 흘러 다니며 마치 사람이 그 속에 들어가 있는 것처럼 지능화돼 정보를 주고받고 사람들이 원하는 활동을 수행한다. 결국 유비쿼터스 혁명은 물리공간과 전자공간의 한계를 동시에 극복하고 사람, 컴퓨터, 사물이 하나로 연결됨으로써 최적화된 공간을 창출하는 마지막 단계의 공간 혁명이다.

"이 세상 어디에나 존재하면서 모든 사물을 보고 느끼며 사람과 사물이 조화를 이루도록 조종한다." 유비쿼터스는 인간의 생활공간 전체가 거대한 네트워크로 연결된 컴퓨터가 되어 '알아서 척척' 인간에게 봉사하는 새로운 형태의 정보화 사회 모델이다. 하지만 처음으로 유비쿼터스의 존재를 부각시켰던 마크 와이저의 연구에 따르면 미래의 각 가정에는 지각할 수 없는 컴퓨터가 100여대 이상 설치될 것이라고 한다. 이런 사실을 두고 각 개인의 프라이버시와 개인정보 보호가 잘 될 것인지에 대한 걱정도 크게 늘고 있다. 최첨단 기술의 명암을 보여주는 서로 다른 두 편의 글을 읽고, 자신의 입장을 정리해 보자.

〈자료 1〉

인류역사는 공간개척의 노력과 그 위에서 꽃피운 공간혁명의 역사로 규정할 수 있다. 과거와 현재를 통틀어 인류 역사에 가장 많은 영향을 미친 4대 공간혁명으로는 도시혁명, 산업혁명, 정보혁명에 이어 유비쿼터스 혁명이 될 것이다.

도시혁명이 인류의 활동 공간인 물리공간을 원시적 평면에서 도시적 방식으로 창조한 1차 공간혁명이라고 한다면 산업혁명은 도시공간을 중심으로 물리공간의 생산성을 이전에는 상상조차 할 수 없었던 수준으로 고도화한 2차 공간혁명이다. 산업혁명에 이은 정보혁명은 인류의 활동기반으로서 물리공간이 아닌 인터넷과 같은 완전히 새롭고, 보이지도 않는 전자공간을 창조한 3차 공간혁명이다. 정보혁명은 물리공간에만 고착돼 있던 공간개념을 뒤엎고 만질 수도 볼 수도 없는 전자공간을 탄생시킨 탈공간 혁명의 성격을 지닌다.

그러나 전자공간은 전혀 이질적인 물리공간과의 충돌로 여러 제약이 나타났다. 우리의 주변에는 여전히 물리적 공간 속에 남아 컴퓨터 속으로 들어올 수 없는 대상들이 더 많이 존재하고 있으며 인간이 그 대상 속으로 들어가기 전에는 그것들 안에서 어떤 변화가 일어나고 있는지, 무엇이 잘못되고 있으며 어떠한 조치가 필요한지 알 수가 없다. 인터넷과 같은 전자공간에 접속하는 것도 시공의 제약을 받을 수밖에 없으며 항상 컴퓨터를 들고 다니는 것도 거추장스러운 일이다.

다가올 유비쿼터스 혁명은 서로 이질적인 물리공간에 전자공간을 연결해 물리공간과 전자 공간이 하나로 통합되고 공진화할 수 있는 4차 공간혁명이라고 할 수 있다. 정보혁명은 물리공간을 컴퓨터 속에다 집어넣은 혁명이지만 유비쿼터스 혁명은 물리공간에다 컴퓨터를 집어넣는 혁명이라 할 수 있다. 유비쿼터스 공간에서는 물리적 환경과 사물들 간에도 전자공간과 같이 정보가 흘러 다니며 마치 사람이 그 속에 들어가 있는 것처럼 지능화돼 정보를 주고받고 사람들이 원하는 활동을 수행한다. 결국 유비쿼터스 혁명은 물리공간과 전자공간의 한계를 동시에 극복하고 사람, 컴퓨터, 사물을 하나로 연결함으로써 최적화된 공간을 창출하는 마지막 단계의 공간혁명이다.

이를 실현하는 데는 공간화 측면이 강조된다. 첫째, 물질공간을 구성하는 장소, 시설, 사물, 동 · 식물 등에 전자공간을 심는데 있어 부처나 행정구역의 경계를 초월해야 한다. 범국가적인 차원에서 정부 · 산업경제 · 교육 · 환경 · 국방 · 치안 등 모든 기능의 유비쿼터스화가 필요한 것이다. 또 광역지역 공간이나 제한된 범위의 특정 공간은 물론 사무실이나 집과 같은 아주 좁은 공간까지도 개별 기능에 특화된 유비쿼터스 공간화가 요구된다. 이 과정에서 공간을 구성하는 모든 환경과 사물에 빠짐없이 전자공간을 심는 치밀함도 필요하다.

유비쿼터스 환경에서는 컴퓨터가 센서, 칩, 태그, 배지의 형태로 소형화돼 신발, 옷감, 손목시계 등 생활필수품을 비롯해 냉장고나 커피잔 혹은 인체내부에까지 컴퓨터가 내장돼 주변 물품의 기능을 검색, 주위 환경과 사용자의 특성에 따라 이를 실시간으로 조합하여 맞춤형 서비스를 제공한다. 완성된 형태의 유비쿼터스 세상에서는 몸 상태, 위치, 갖고 있는 물건, 타고 있는 교통수단 등이 주인도 모르게 집안의 홈 서버에 입력돼 음식 준비, 공기 조절, 냉동고와 냉장실 비율 변경, 일정 알림 등이 시간에 맞춰 이뤄질 수 있다.

이집트의 피라미드도 중국의 만리장성도 인간의 손으로 해낸 일들이다. 그리고 유비쿼터스 기술은 허망한 꿈이 아니라 대비해야 할 우리의 미래이다. '우리가 세상을 변화시킨다'는 IT강국의 자부심으로 모두가 애정과 관심을 가지고 힘을 모을 때, 세상이 우리를 위해 움직이는 유비쿼터스 세상은 생각보다 훨씬 빨리 실현될 것이다.

오길록, 「유비쿼터스 현황과 미래」, 『경영과 컴퓨터』, 통권 311호, 2002년, 163-166쪽.

〈자료 2〉

정보화가 급속하게 진행됨에 따라 개인의 프라이버시에 대한 침해 문제가 중요한 사회적, 윤리적 문제로 등장하고 있다. 프라이버시에 대한 침해 문제는 과거에도 존재했으나 정보화 사회에서는 컴퓨터의 광범위한 사용으로 인해 개인의 정보에 대한 새로운 위협으로 등장하고 있다. 수집되는 정보의 양이 증가하고 처리가 용이해짐에 따라 그만큼 오용될 소지가 커진다고 볼 수 있다. 이러한 사생활 침해 문제는 정보통신사회가 거대한 국가적 통제사회가 될 것이라는 문명사적 비관론의 단초를 이룬다.

프라이버시는 사생활의 내용을 공개당하지 않을 권리, 자신에 관한 정보를 스스로 관리 · 통제할 수 있는 권리 등을 내용으로 하는 인격권으로서 오늘날 정보사회가 급속히 진행되면서 그 보호가 절실한 권리이다.

프라이버시에 대한 개념은 오래전부터 있었지만 정보화 사회로 진입한 현대에서는 개인 정보에 대한 통제권이라는 보다 적극적인 개념으로 바뀌고 있다. 이 권리의 개념은 미국에서부터 발전해 온 것인데 정보화 사회 진전에 따라 사생활 보호에 대한 권리가 소극적으로 사생활의 평온을 침해받지 아니하고 사생활의 비밀을 함부로 공개당하지 아니할 권리에서 나아가 적극적으로 자신에 관한 정보를 관리, 통제할 수 있는 권리를 포함하는 의미로 이해되고 있다. 이처럼 개인의 프라이버시권 개념이 적극적으로 바뀌는 경향은 커뮤니케이션 기술의 발달로 쌍방적 의사소통이 가능해졌기 때문이다.

프라이버시는 중요한 개인적 가치와 사회적 가치를 동시에 가지고 있다. 프라이버시의 개인적 가치는 개인의 정체성, 존엄성, 창조성 그리고 자율성과 관련이 있고 사회적 가치는 친밀한 인간관계, 다양성, 민주주의 등과 관련되어 있다.

우리나라의 예만 보아도 많은 사생활 침해 사건이 일어나고 있음을 알 수 있다. 수사기관이 영장에 기록한 기간을 초과하거나 영장 없이 임의로 도청하는 등 불법적으로 도청해 온 사실 등이 밝혀지면서 범죄수사상의 방법과 개인의 인권이 대립되는 큰 문제를 발생시키기도 한다. 또한 회사 내 컴퓨터통제시스템을 도입하여 24시간 PC모니터링을 함으로써 직원 개인의 사생활을 침해하는 사례도 나타나고 있다. 전화국 직원이 전화가입자의 주소 및 전화번호 등 개인정보를 유출, 이동통신업체가 제휴카드사에 고객들의 개인정보를 유출시키는 등 내부적으로 개인정보가 유출되는 경우뿐만 아니라 해킹에 의해 개인정보를 외부에서 대량으로 유출시키는 사례도 빈번히 일어나고 있으며, 개인신상정보를 사고파는 사이트가 생겨 네티즌 사이의 논란거리가 되기도 하였다.

특히 인터넷을 이용한 CRM(Customer Relationship Management) 사업과 컨텐츠 유료화가 본격적으로 추진되기 시작하면서 그 기반 정보인 개인정보 수집에 대한 관심이 그 어느 때보다 높아지고 있다. 이는 많은 사람들이 인테넷이라는 개방된 공간에서 폭넓은 정보와 즐거움을 편리하게 얻어 가면서도 한편으로는 프라이버시 침해 문제가 날로 심각해지고 있음을 나타낸다.

'원하지 않은 정보 수신'은 마케팅 수단으로 전화와 전자메일을 이용하는 사례가 늘면서 수신자가 수신거부 의사를 밝혔음에도 불구하고 계속 광고성 전화나 전자메일을 수신한 경우이다. 이러한 사례는 보통 자신의 핸드폰 번호와 이름, 전자메일 주소 등이 무단 유출되어 발생한 것이기 때문에 '이용자 동의 없는 개인정보 수집' 사례와 맞물려 있는 경우가 많다.

'이용자 동의 없는 개인정보 제3자 제공'은 인터넷 서비스가 대중화되고 서비스제공자 연합이 활성화되고 있는 요즘 가장 논란의 대상이 되고 있는 사례이다. 회원수가 갖는 마케팅의 효과를 대신하여 새롭게 채택되고 있는 서비스 제공자간 업무제휴라는 마케팅 전략은 개인정보의 이동 및 공유를 확산시켰고, 그 과정에서 이용자의 동의를 제대로 받지 못하는 일이 빈번히 발생하게 된 것이다.

정보화가 진전됨에 따라 개인정보에 대한 접근이 용이해 질수록 개인의 프라이버시에 대한 주의를 더욱 기울여야 하며 이는 인간이 주체가 되는 정보화 사회로의 필수적인 요건이다. 따라서 정부기관이나 시민단체 공히 개인정보보호 및 프라이버시침해 방지를 위한 방안 마련에 적극적으로 개입하고 있는 실정이다.

김동선 편저, 「투명한 사회의 비애: 정보 네트워크는 사람의 모든 것을 감시할 수 있다」, 『정보화 사회에서는 무슨 일이 일어나고 있는가?』, Jinhan M & B, 2004, 57-60쪽.

1. 〈자료 1〉을 읽고, 장소, 시설, 사물, 동 · 식물 등에 전자공간을 심어 네트워크화 함으로써 생길 수 있는 개인적 · 사회적 문제들에 대해 토론해 보자.

2. 〈자료 2〉를 읽고, 인터넷 개인정보의 취급에 대해서는 왜 도덕적으로 쉽게 무감각해지는지, 그리고 프라이버시가 일방적 보호의 대상으로 여겨져야 하는지 토론해 보자.

3. 〈자료 1〉과 〈자료 2〉를 비교하여 읽고, "이 세상 어디에나 존재하면서 모든 사물을 보고 느끼며 사람과 사물이 조화를 이루도록 조종한다"는 유비쿼터스 혁명의 의의와 한계에 대해 토론해 보자.

7장 의무투표제와 국민주권

낮은 투표율은 인터넷상의 정치적 의사표현을 제한하고 단체든 개인이든 후보선거운동원이 아닌 한 정치적 의사표현을 할 권리를 거의 차단하는 등 새로운 형태의 다양한 유권자 참여를 담아내지 못하는 잘못된 선거법에 기인한 측면이 크다. 결국 구태의연한 정치권의 행태와 구시대적 선거법이 지속하는 한 투표 참여 호소든 투표 인센티브제 도입이든 백약이 무효로 귀결될 것이다. 이 시점에서 필요한 것은 의무투표제나 페널티제 같은 궁여지책이 아니라 정치권이 유권자와 소통하고 생활정치로 거듭남으로써 투표율 저조의 근본적 원인을 제거하는 일이다.

"투표는 총알보다 강하다"고 했던 링컨의 말처럼 투표는 민주주의의 영원한 원칙이고 토대다. 그러나 투표권을 권리라고만 이해한 나머지 최근 한국의 유권자들은 특별한 몇몇 경우를 제외하고는 좀처럼 투표에 참여하지 않는다. 1987년 민주주의 이행 이후 유권자의 투표참여가 계속해서 큰 폭으로 떨어지고 있는 현실에서 '대의 민주주의의 위기론'과 더불어 '의무투표제'가 그 대안으로 부상하고 있다.

인류 역사상 가장 처음 의무투표제를 실시한 나라는 벨기에이다. 벨기에는 보통선거권이 도입되기 전인 1893년부터 강제투표를 실시하여 상류계층이 교육을 못 받았거나 가난한 사회적 약자들의 투표권을 억압하지 못하도록 제도화 하였다. 그 후 이 제도는 전 세계로 확산되어 30여 개국이 사용하였거나 사용하고 있다. 의무투표제는 무엇보다도 투표참여가 사회에 대한 시민적 책임과 의무라는 것에 주목한다. 또한 의무투표제야말로 선택의 자유를 최대한 보장하는 동시에 그 선택을 보다 정확하게 집계하여 공동체 전체의 의견을 잘 대변하도록 만든다고 주장한다.

그러나 의무투표제에 대한 논쟁은 한국뿐 아니라 의무투표제를 실시하고 있는 국가에서도 계속 일어나고 있다. 이는 시민의 자유와 책임에 대한 미묘한 해석의 차이에 기인한다. 특히 한국의 국민들은 일반적으로 기권을 유권자의 고유한 자유로 인식하기 때문에 '의무'가 강조되는 이 제도에 대해 거부감이 크다. 다음 상반된 자료를 읽고, 의무투표제에 대한 생각을 정리해 보자.

〈자료 1〉

지난 대선(2007년) 63%, 총선(2008년) 46% 투표율 수치는 그 전의 선거에 비해 낮아지고 있음을 보여준다. 특히 총선에서 30%대의 투표율을 보이는 곳이 20여개 소에 이른다. 최근 들어 벌어지고 있는 교육감선거의 경우 15~20% 정도의 투표율을 보였다. 예상은 더 악화되는 방향이다. 가령 35% 투표율에 35% 득표한 당선자라면 유권자의 12.3%의 지지를 얻은 셈이다. 100명 중 12명의 지지로 '대표'가 되다니, 좀 많이 아쉽다고 생각되지 않는가?

선거(투표)는 시민의 권리이면서 의무다. 해야 한다는 말이다. 그런데 하지 않는다. 그러면서도 전혀 부끄럽게 생각하지 않는다. 기권의 자유라는 '주장'도 일리가 없지는 않다. 그러나 최선이 없다면 차선(次善)을 고르고, 모두 나쁘다면 그 중 덜 나쁜 쪽을 고르는 것이 더 타당하다. 영국 정치가 윈스턴 처칠의 얘기지만, 더 설명할 필요가 없는 원칙론일 터다.

중앙선관위은 매번 선거가 끝나면 투표율을 높이기 위한 장치를 만들자는 의무투표제에 관련한 의견을 국회에 낸다. 필요성에 대한 공감은 크다. 그러나 정작 국회에서는 메아리가 없다. 이번 법률안 발의는 이런 생각의 틀에서 보면 좀 뜬금없는 것이다. 저조한 투표율, 물론 시민으로 하여금 정치를 허망하게 바라보게 한 정치가들의 소행이 이제까지 쌓여온 결과도 그 탓의 하나일 것이다. 그렇다고 하여 그 정치를 고칠 유일한 시민의 의사표시 수단인 투표를 스스로 포기하는 것은 망발이다. 이런 저조한 투표율로 나타나는 시민의 정치의식 부재 또는 왜곡은 치료가 필요한 정도라고 느껴진다.

투표를 하지 않으면 벌금이나 사회봉사를 부과하기도 하고, 불참의 이유를 적은 사유서를 제출하게 하는 나라도 있다. 몇 번 연신 투표하지 않으면 선거권에 제한을 두는 나라도 있다. 20여개 나라가 이런 식의 제도를 채택한다. 벌금 액수 등은 심리적 부담을 주는 정도지만 효과는 '만점'이란다. 30% 정도 투표율이 의무투표제 이후 90% 정도까지 높아졌다고 한다. 매번 투표에 참가하지 않는 사람들은 대개 의무투표제를 반대할 것이다. 이런 생각 또는 '그럴 것'이라는 개연성을 '여론'이라고 포장하여 의무투표제 관련 논의를 은근히 막는 분위기가 국회에 없지 않다는 말도 들린다.

의무투표제로 새롭게 투표에 참여하게 될 유권자들이 대개 젊은 층일 것이며 이 계층은 '바꿔보자'는 성향이 강하기 때문에 현재 국회의원인 자신의 차기 당선에 걸림돌이 될 것이라는 셈법 때문이라는 것이다. 또 이제까지처럼 낮은 투표율의 선거라면 보수 성향의 노장층의 영향력이 커서 자신에게 유리할 것이며 자신의 지지기반 구성이 다양하더라도 자신을 뽑아준 현재의 유권자 층을 일부러 나서서 뒤집을 이유가 없지 않느냐는 것이다.

유권자의 책임을 묻기가 황공해서 정공법(正攻法)인 의무투표제를 피하는 것인가? 필요하다면 (일부)유권자에게 구박을 받을 법안도 내놓아야 한다. 의무투표제의 필요성에 견주면 투표소 가는 길을 편하게 하는 일쯤은 변죽을 울리는 것에 불과할 터다. 누가 제 발등 찍을 일을 스스로 할 것인가, 역사는 그를 기억한다.

「의무투표제와 아전인수 셈법」, 시민사회신문, 2009년 5월 25일 사설.

〈자료 2〉

18대 총선 결과 한나라당의 턱걸이 과반수 확보, 친박 · 무소속의 약진, 통합민주당 · 민주노동당 · 창조한국당의 선전으로 끝났다. 다소 총선결과가 복잡하긴 하나 확실한 것은 17대 진보진영 우위의 국회가 이번 총선 결과 보수진영 우위의 국회로 변화되었다는 사실이다. 하지만 더욱 더 중요한 사실은 역대 총선은 물론 선거사상 최저 투표율을 기록했다는 점이다. 대의 민주주의제 하의 대표성의 위기는 물론 민의가 왜곡될 수 있는 민주주의의 위기라 할 수 있다. (중략)

유권자의 입장에서 보면 이번 18대 총선은 후퇴한 공천민주화, 급조된 정당들, 정당 없는 선거에 오히려 정당이 코미디를 연출하고 길거리의 웃음거리만 제공했으며, 정책은 실종되고, 말로만 유권자 축제라면서 정작 선거에서 유권자를 철저하게 소외시킨 선거라고 본다. 이런 상황에서 어떤 유권자가 투표 참여의 의지를 갖출 수 있겠는가? 오히려 투표기권의 이면에는 구태의연한 정치권의 행태에 실망한 유권자들의 항의의 표시가 담겨 있음을 알아야 한다.히 막는 분위기가 국회에 없지 않다는 말도 들린다.

의무투표제로 새롭게 투표에 참여하게 될 유권자들이 대개 젊은 층일 것이며 이 계층은 '바꿔보자'는 성향이 강하기 때문에 현재 국회의원인 자신의 차기 당선에 걸림돌이 될 것이라는 셈법 때문이라는 것이다. 또 이제까지처럼 낮은 투표율의 선거라면 보수 성향의 노장층의 영향력이 커서 자신에게 유리할 것이며 자신의 지지기반 구성이 다양하더라도 자신을 뽑아준 현재의 유권자 층을 일부러 나서서 뒤집을 이유가 없지 않느냐는 것이다.

유권자의 책임을 묻기가 황공해서 정공법(正攻法)인 의무투표제를 피하는 것인가? 필요하다면 (일부)유권자에게 구박을 받을 법안도 내놓아야 한다. 의무투표제의 필요성에 견주면 투표소 가는 길을 편하게 하는 일쯤은 변죽을 울리는 것에 불과할 터다. 누가 제 발등 찍을 일을 스스로 할 것인가, 역사는 그를 기억한다.

「의무투표제와 아전인수 셈법」, 시민사회신문, 2009년 5월 25일 사설.

1. 위의 자료를 바탕으로 의무투표제 찬 · 반 여론이 어떤 쟁점에서 대립되는지 정리해 보고, 이러한 쟁점을 중심으로 찬 · 반을 정하여 토론해 보자.

2. "투표는 국민의 당연한 권리임과 동시에 민주주의의 성립의 전제가 되므로 의무이기도 하다"는 주장이 있다. 국민의 참정권에 대해 조사해 보고, 참정권의 성격에 대해 토론해 보자.

3. 투표율과 국민주권의 연관성에 대해 생각해 보자. 가령 투표율의 높고 낮음을 통해 대표자의 정당성을 판단하는 것이 올바른 태도인지, 투표율의 높고 낮음에 상관없이 국민의 선택인 투표결과는 그 자체로 의미 있는 것은 아닌지, 대표자의 정당성은 임기 중의 정책적 결과물 등 다른 판단 기준이 더 중요한 것은 아닌지 토론해 보자.

8장

기부금 입학제와 기회균등

수험생들이 자기 실력을 토대로 공정한 경쟁을 거쳐 대학에 들어가는 것은 우리 사회를 지탱하는 하나의 축으로서 절대 무너져서는 안 될 원칙이다. '돈이면 된다'는 배금주의와 학벌주의가 만연하고 흡사 전쟁과 같은 대입 경쟁이 벌어지고 있는 상황에서 경제력 있는 가정의 자녀들이 손쉽게 입학할 수 있는 길을 터놓으면 여기서 파생할 각종 부작용은 불을 보듯 뻔하다. 교육기회 균등을 보장한 헌법정신의 훼손은 물론이고 경제적, 계층적 위화감으로 인해 국민적 분열을 초래할 것이다.

기부금입학제에 대한 논의는 1986년부터 이어져오고 있으며 현재까지는 이 제도가 비교육적 방법이라는 점과 황금만능주의를 연상시키며, 국민들 간의 위화감을 조성한다는 이유로 반대 여론이 지배적이다.

그러나 기부금입학제의 도입을 주장하는 측에서는 기부금입학제가 정당한 제도가 아닌 것은 맞지만, 사립대학의 재정문제를 해결할 수 있는 유일한 대안으로서 궁여지책으로 선택할 수밖에 없다고 주장한다. 즉, 우리나라 대학생 1인당 공교육비는 OECD 국가의 평균과 비교하여 75% 정도에 머물고 있으며, 대학교육의 70% 이상을 사립대학이 담당하고 있는데 반해 국가의 지원은 연간 예산의 2~4%에 불과하기 때문에 현실적으로 어쩔 수 없다는 것이다. 또한 대학 재정의 안정이 무엇보다 대학교육의 필수 요소이기에 정부의 대폭적인 지원이나 대학 자체의 획기적인 수단이 없는 이상 결국 기부금 수입에 기대할 수밖에 없다고 말한다.

대학 재정의 안정적 확보는 질 좋은 교육으로 이어진다. 글로벌 시대에 국내의 대학이 외국 대학들과 경쟁하고 세계 상위권 대학으로 진입하기 위해서는 막대한 재정이 필요하다. 따라서 우리나라 정부와 사립대학 모두 자원이 풍족하지 않은 것이 현실이기에 당위성과 윤리성에서 여러 문제가 있고 반대 여론이 지배적인 상황임에도 불구하고, 기부금입학제를 쉽게 부정하기 여의치 않은 것이 사실이다. 다음 상반된 자료들을 읽고, 기부금입학제에 대한 생각을 정리해 보자.

〈자료 1〉

미국의 유명 사립대학에는 '메니지먼트 컴퍼니'가 있다. 엄청난 규모의 기부금을 관리하는 회사이다. 기금이 2백억달러에 육박하는 하버드 대학의 경우는 기금증식을 위해 8천6백여개의 펀드가 운영되고,전문 펀드매니저만도 40명이 넘는다고 한다. 이에 힘입어 하버드는 총운영비의 30%를 기금으로 충당하고 있다. 동부의 아이비 리그(Ivy League)인 예일 프린스톤 브라운 등은 물론이고 대부분의 유명대학들도 대학운영에 기금이 절대적이기는 마찬가지이다. 심지어는 총장을 뽑을 때도 얼마큼의 기부금을 유치할 수 있느냐 하는 능력을 따진다. 지난해 7월 로렌스 서머즈(47)전 재무장관이 하버드 대학 총장에 취임한 것도 같은 맥락으로 보여진다.

기부가 일상화 돼 있는 미국에서는 모교에 돈을 쾌척하는 사례가 허다하다. 마치 기네스 북의 진기록을 경신하듯 독지가들의 기부금액수가 언론의 조명을 받곤 한다. 지난해에는 익명의 독지가가 뉴욕주 트로이 시에 있는 렌슬리어 폴리테크닉 인스티튜트(RPI)대학에 무려 3억6천만 달러라는 사상 최대의 기부금을 내 전 미국대학을 깜짝 놀라게 했다. 이들 기부금은 장학금,이공계의 첨단기자재 구입에 쓰여지면서 궁극적으로 대학의 경쟁력을 높이고 있다. 기부자가 원한다면 자녀들에게 가산점을 주는 등의 방법으로 입학을 허가하기도 한다. 일종의 "기여 입학"인 셈이다. 각 대학은 자율적으로 학생선발기준을 정하기 때문에 기부입학이 문제가 되는 경우는 거의 없다. 그렇다고 입학기준이 공개되는 것도 아니다.

연세대학교는 최근 '연세 사랑, 한 계좌'제도를 신설하고,아울러 이를 관리할 기여금 관리위원회를 설치했다. 이는 사실상 기여입학제로 간주돼 벌써부터 찬반 양론이 첨예하게 맞서 있다. 지난해에도 격한 논란이 있었던 터라 그 추이에 관심이 크다. 기여입학제는 재정적으로 취약한 우리 사립대학들을 획기적으로 변화시킬 수 있는 제도라는 데에는 별 이견이 없는 것 같다. 방법과 절차가 문제라면, 이를 전적으로 대학 자율에 맡겨보면 어떨까.

박영배, 「천자 칼럼」, 한국경제, 2002년 2월 14일.

〈자료 2〉

한국개발연구원(KDI)이 '비전 2011' 최종보고서에서 대학 기부금입학제도를 단계적으로 허용해야 한다고 주장해 다시 논란이 일고 있다. KDI 주장에 진념 부총리가 가세하고 교육인적자원부가 이에 맞서, 교육정책을 둘러싼 정부 내 마찰음이 증폭되고 있다. 결론적으로 말해 수험생들이 자기 실력을 토대로 공정한 경쟁을 거쳐 대학에 들어가는 것은 우리 사회를 지탱하는 하나의 축으로 이 원칙이 무너져서는 안 된다고 본다. '돈이면 된다'는 배금주의와 학벌주의가 만연하고 흡사 전쟁과 같은 대입 경쟁이 벌어지고 있는 상황에서 경제력 있는 가정의 자녀들이 손쉽게 입학할 수 있는 길을 터놓으면 여기서 파생할 각종 부작용은 불을 보듯 뻔하다. 교육기회 균등을 보장한 헌법정신의 훼손이 거론될 것이고 국민적, 계층적 위화감도 문제가 아닐 수 없다.

경제위기 이후 빈익빈부익부 현상이 심화되고 있고, 부유한 가정의 자녀들이 비싼 과외를 통해 일류대에 들어가는 비율이 점차 높아지고 있는 실정이다. 여기에 기부금입학제마저 도입하면 교육에 있어서의 부익부빈익빈을 부추기고, 부와 계층의 세습화 및 구조적 불평등으로 이어질 위험성이 우려된다. 부의 축적에 대한 사회적 신뢰가 확립되지 않고 있는 가운데, 돈이면 대학에도 들어갈 수 있다는 사고가 청소년들의 가치관에 어떠한 영향을 미칠지도 숙고해보아야 한다.

물론 사립대의 재정은 취약하다. 재정이 건전해야 경쟁력도 강화될 수 있다는 말도 옳다. 사립대 재정건전화를 위해 현재 4%에 불과한 국가의 지원을 크게 확대하거나 세액공제 혜택을 적극적으로 활용해 건전한 기부문화 정착에 앞장서는 등 사회적 중지를 모아야 할 필요성이 있다. 사립대들은 경영 투명성과 진지한 자구노력을 요구하는 사회적 지적에 귀를 기울여야 한다. 공정경쟁이라는 원칙을 훼손하면서까지 기부금으로 재정 취약성을 충당하려는 발상은 국민적 공감을 얻기 어렵다.

「기부금 입학 허용 안 된다」, 경향신문, 2002년 2월 16일 사설.

1. 위의 자료를 바탕으로 기부금입학제 찬 · 반 여론이 어떤 쟁점에서 대립되는지 정리해 보고, 이러한 쟁점을 중심으로 찬 · 반을 정하여 토론해 보자.

2. ‘기부’와 ‘기부금입학제’, ‘기여입학제’ 각각의 정의를 내려 보고, 서로 어떠한 공통점과 차이점이 있는지 정리해 보자. 또한 기부금입학제가 기부로서 인정될 수 있는지 토론해 보자.

3. 대학의 재정확충을 위한 수단으로서 기부금입학제는 윤리적 문제가 없는지 ‘공정경쟁’(학생 선발의 공정성)과 ‘기회균등’(가난한 학생들에 대한 장학금 조성)이라는 화두를 중심으로 토론해 보자.

참고문헌

제1부 1장

박정하 · 장은주 · 최훈,『대학인을 위한 논술』, 세종서적, 2002.

방송통신대학교 편,『세상읽기와 논술』, 예하 미디어, 2006.

이윤일,『논리로 생각하기 논리로 말하기』, 도서출판 씨엘, 1999.

박은진 · 김희정,『비판적 사고』, 아카넷, 2008.

〈국어와 문학〉 편찬위원회,『현대인을 위한 글쓰기 기술』, 동인, 2005.

2장

소흥렬,『논리와 사고』, 이화여자대학교출판부, 2003.

김희정 · 박은진,『비판적 사고를 위한 논리』, 아카넷, 2004.

이광모 외 2인,『논증과 글쓰기』, 형설출판사, 2006.

손동현 외 6인,『학술적 글쓰기』, 성균관대학교 출판부, 2007.

5장

강석우 외,『대학생을 위한 학술적 글쓰기』, 아카넷, 2009.

권혁래 외,『읽기와 쓰기』, 숭실대학교 출판부, 2009.

이찬규 외,『글쓰기I』, 중앙대학교 출판부, 2010.

정희모 외,『대학 글쓰기』, 삼인, 2008.

한국교육학회(박종렬 외),『논문 작성법 KPM』, 교학사, 2007.

한국외국어대학교 한국어교육과(남성우 외),『우리말 글짓기』, 한국외국어대학교 출판부, 2003.

움베르트 에코,『논문 잘 쓰는 방법』, 김운찬 옮김, 열린책들, 2001.

웨인 C 부스 외,『학술논문 작성법』, 양기석 외 옮김, 나남, 2012.

제2부 1장

미셸 푸코,『지식의 고고학』, 이정우 옮김, 민음사, 2000.

장 폴 사르트르,『지식인을 위한 변명』, 박정태 옮김, 이학사, 2007.

3장

진중권,『진중권의 현대미학 강의』, 아트북스, 2004.

마셜 맥루언,『미디어의 이해』, 김성기 · 이한우 옮김, 민음사, 2002.

미셸 푸코,『말과 사물』, 이규현 옮김, 민음사, 2012.

4장

안진태,『엘리아데 · 신화 · 종교』, 고려대학교 출판부, 2005,

미셸 푸코,『감시와 처벌』, 오생근 옮김, 나남, 2011.

슬라보예 지젝,『전체주의가 어쨌다구?』, 한보희 옮김, 새물결, 2008.

조르조 아감벤,『호모 사케르 - 주권 권력과 벌거벗은 생명』, 박진우 옮김, 새물결, 2008.